# 행복 건축
# 설명서

# 행복 건축 설명서

✳ ✳ ✳

크리스천 여성을 위한
행복커뮤니케이션

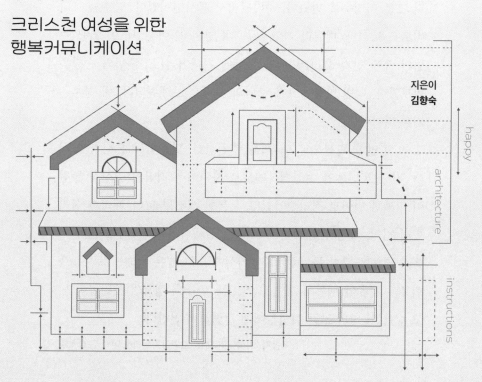

지은이
김향숙

happy

architecture

instructions

담북
Next Book

# 추천사

앞만 보고 달렸다. 정신없이 바빴다. 죽을 힘을 다했다. 점차 지쳐 갈 즈음 러빙유를 만났다. 하나님의 스톱사인이었다. 멈추고 보니 비로소 보였다. 메말라 가고 있는 내 영혼이! 아니, 내 존재가! 주님의 품에 안겨 울고, 주님의 무릎에 기대어 쉬고, 주님의 손길을 맛보았다. 텅빈 마음탱크가 주님의 사랑으로 채워졌다, 내 영혼은 기뻐 뛰놀았다.

이 충만한 확신으로 이 책을 추천한다. 단순한 이론서가 아니다, 지난 20년동안 여성행복멘토로 사역해온 저자의 임상적 통찰이 명쾌한 언어로 정리되어있다. 튼튼한 성경적 토대, 해박한 심리학적 지식, 가정사역 30년의 노하우, 신체심리학자로서의 몸과 마음과 영혼에 관한 통합적 접근, 여성에 대한 깊은 이해는 독자들을 회복과 치유와 행복의 세계로 인도할 것이다, 행복의 주인공이 되고 싶은 이 땅의 모든 여성들에게 강력히 추천한다.

**구성자** 기석무역 대표, 고양상공회의소 여성 CEO 회장

나는 김향숙 사모님을 나의 남편 최일도 목사님의 각별한 친구인 송길원 목사님의 아내로 처음 만났다. 그러나 지금은 목회자의 아내로, 치유의 동역자로 삶의 굽이굽이에서 겪는 애환을 깊이 나누는 내 친구로서 만나고 있다.

무엇보다도 김향숙 사모님이 체계를 세우고 20여년 동안 진행해 온 힐링 캠프 'Loving You'에 참가하면서 그녀만의 독특한 신체 심리학적인 힐링에 하나님의 깊은 사랑에서 형성된 영성적 치유가 녹아 있음에 감탄하지 않을 수 없었다. 더욱이 삶의 자리에서 빚어낸 체험적이고 쉬운 설명과 마음 깊이 각인되어 변화로 이끄는 전달력이 이 책에 고스란히 담겨 있어 읽는 사람마다 치유의 체험을 하게 되리라고 확신한다.

행복을 꿈꾸는 모든 여성들을 위한 그녀의 성실한 노력과 치열한 열정에 큰 박수를 보낸다. 여성 행복 설계사로 독보적인 자리에 선 내 친구 김향숙 사모님께 큰 신뢰와 사랑을 보낼 수 있음을 자랑스럽게 생각한다.

**김연수** 시인. 다일복지재단 상임이사

나는 아내 진양혜와 동종 업계 종사자이다. 우리는 방송인이라는 공통점이 있지만 때로 같은 사람, 같은 공간, 같은 시간을 경험해도 서로 다른 생각을 할 때가 많다. 바로 이 점에서 이 책의 저자인

김향숙 사모님과 남편 되시는 송길원 목사님 부부는 내게 동병상
련을 느끼는 인생 선배요 신앙의 선배들이다.

함께 살아온 시간들이 쌓일수록 내가 한 가정의 가장으로, 아이
들의 아빠로, 아내의 남편으로, 무엇보다 하나님 앞에서 최선을 다
해 노력하는 믿음의 사람으로 살아가도록 힘을 얻으려면 아내가
건강해야 함을 절실히 느낀다. 함께하는 시간이 많아도 바쁘게 지
내다 보면 아내에게 언제 어떻게 어떤 힐링이 필요한지도 모른 채
살아간다. 김향숙 사모님이 결혼한 여자들을 위해 20여년 간 꾸준
히 진행하시는 힐링캠프를 책으로 출간하게 되어 진심으로 축하
를 드린다. 결혼 공부, 아내 공부야말로 아무리 늦더라도 시작해야
할 공부인데, 김향숙 사모님의 이 책은 아내의 속 깊은 이야기를
들은 것 같았다. 내 아내가 행복해지는 길을 알려 준 고마운 지침
이다.

**손범수** 아나운서, 방송인

# 프롤로그

요즘 행복하세요?

이 진부한 질문을 나에게 던지면서 알았다. 한때 나는 행복하지 않았다! 행복하지 않을 이유가 꼬리를 물고 이어졌다. 불행에 익숙하다 해서 행복은 아니다. 불행의 정점에 있어보니 진저리가 났다. 행복하고 싶었다. 그런데 행복해지는 법을 모르겠다. 배워본 적도 없다. 가르쳐주는 사람도 없다. 이러니 상대방만 고치면 행복할 것이라고 내 멋대로 생각했다.

애벌레처럼 산 것이다. 애벌레는 만나는 모두가 장애물이다. 작은 돌멩이는 넘어야 할 큰 산이다. 웅덩이는 건너야 할 넓은 강이며 흙더미는 피해야 할 높은 담이다. 주저앉아서 돌멩이, 웅덩이, 흙더미만 사라지면 행복할 것이라며 없애 달라고 기도했다. 하나님은 이 기도에 응답하지 않으셨다. 여전히 돌멩이, 웅덩이, 흙더미는 나를 짓눌렀다. 변화하지 않는 상황을 탓하며 불행한 얼굴로 불행을 전염시키며 살았다.

시간이 흐를수록 변화되지 않는 상대방은 멀쩡한데 변화시키려는 나는 만신창이가 되었다. 상처입은 피해자가 된 것이다. 애벌레에서 번데기가 된 나는 사방천지가 막혀있는 좁디 좁은 곳에서 웅크린 채 탄식했다.

"아파요, 아프다구요, 마음이, 저 깊은 곳이…"

빛이 차단된 곳에는 어둠만 깔렸다. 아무도 없었다. 홀로였다. 아니, 혼자인 줄 알았다. 그런데 혼자가 아니었다. 주님이 계셨다. 나의 상처는 주님의 임재 앞에 녹아내렸다. 주님은 일하셨다. 씨줄 날줄 엮어서 날개를 만들고 화려한 무늬를 새겨넣어 형형색색 칠을 하셨다. 때가 차 매 나비의 힘찬 비상이 시작되었다. 날 수 있는 날개가 있음에 감탄했다. 나비가 된 나에게 세상은 더 이상 풀어야 할 문젯거리가 아니었다. 즐길 수 있는 구경거리였다. 탓이 사라지니 남의 손에 들려있던 내 행복이 내 손안으로 들어왔다. 그러고 보니 나는 원래부터 나비였다. 바닥을 기어 다닌다고 애벌레는 아니다. 번데기 속에 들어있다 해서 번데기가 아니다. 마찬가지다. 상처가 있다 해서 불행의 주인공은 아니다. 여전히 행복의 주인공이다. 주인공 자리를 되찾은 나는 행복도 되찾았다. 행복은 나를 향한 주님의 최대 관심사였다.

나비의 일생과 닮은 치유의 여정에서 행복의 원리들을 발견했다. 찾고 보니 이미 여성들을 위한 하나님의 행복건축설계도에 기록되어 있었다. 본 적도, 들은 적도, 배운 적도 없으니 성공을 향한 세상의 가치에 속아서 행복을 향한 성경의 가치를 내팽개쳤던 것이다. 둘러보니 행복을 꿈꾸지만 불행이 습관화된 수많은 크리스천 여성들이 보였다. 겪어보았기에 지나칠 수 없었고, 아파보았기에 모른척 할 수 없었다. 우는 자들로 함께 울라는 말씀이 가슴을 울렸다. 치유받은 치유자가 소명임을 받아들여야 했다. 상처가 곧 사역이었다.

20년간 한국과 미국을 오가며 진행해 온 크리스천 여성들을 위한 치유와 회복축제 '러빙유'Loving You는 그렇게 탄생되었다. 행복과 상처는 함께 갈 수 없다. 병든 마음, 상한 마음, 찢긴 마음으로 행복을 노래할 수는 없다. 여행길여성이 행복한 길!의 걸림돌인 상처는 치료되어야 한다. 이 길에 "상한 자를 고치시며 상처를 싸매시는 치료의 하나님"시147:2-3이 동행하신다.

이 책은 나비의 비상을 꿈꾸며 행복의 주인공이 되고 싶은 크리스천 여성들을 위한 행복건축학 개론서다. 이 속에는 러빙유를 통해 행복자로 세워진 수많은 여성들의 회복스토리가 성경적 행복건축원리와 함께 설득력있게 펼쳐진다. 화려하게 날개짓하며 행복으로 춤추면서 날아오르는 여성들은 또 다른 행복세상을 열어간다.

행복에 맛들이면 불행은 맛이 없다. 이 맛을 선물하고 싶다.

책을 덮을 즈음, 행복의 맛에 중독돼 있기를 소원해본다.

영혼의 친구이자 영적 멘토인 남편, 사랑스럽고 자랑스러운 아들들과 며느리와 손녀, 그리고 80여 회에 이르기까지 한결같은 동역자로 헌신해온 한국과 미국 러빙 유 이사님들께 사랑과 감사를 전한다. 내 존재의 이유인 하나님께 이 책을 바친다.

2023년 08월 04일. 김향숙

# ✳ ✳ ✳ 차례

# 행복한 게
# 뭐지?

건축을 하기 전에 건물의 콘셉트를 먼저 잡아야 한다. 건축주가 원하는 목적, 추구하는 방향, 이루고 싶은 철학이 분명해야 한다. 아니면 건축사, 설계사, 시공사, 인테리어 디자이너 모두가 건축주가 된다. 각자가 각각의 주장대로 건축을 하다보면 결국, 제멋대로 된 형편없는 건물이 나온다. 본 건축의 목적은 여성이 행복으로 춤추는 세상을 만드는 것이다. 건축의 방향은 세상의 제도나 사상이 아닌, 하나님의 여성행복 건축론을 실현시키는 것이다. 건축의 철학은 여성행복 인권을 회복하는 일이다. 궁극적으로 여성의, 여성에 의한, 여성을 위한 행복 건축을 꿈꾼다.

***

*Happiness for Christians*

# 행복의 주권을
# 회복하라

여성은 '살림이'다. 집에서 살림만 한다는 뜻이 아니다. 살려낸다는 의미이다. 죽어가는 화초도 여성의 손길이 닿으면 싱싱해진다. 기죽어 있는 아들도 엄마의 부드러운 눈길 하나로 살아난다. 피곤에 지쳐있던 남편도 아내의 환한 미소에 살맛을 느낀다. 아내를 '집안의 해'라 부르는 이유다. '집안의 해', '안의 해'가 '안 해'로 '아내'가 되었다. 그러나 환해야 할 해가 달처럼 기울 때가 있다. 찬바람이 분다. 따스하지도 포근하지도 않다. 서늘한 냉기가 감돈다. 시들어버린 꽃 같다. 꽃잎은 떨어지고 축 처진 앙상한 가지만 남아 있다. 웃음기 잃은 얼굴에 어두운 달그림자가 비친다.

다시 활짝 핀 꽃이 되고 싶다. 화사한 해가 되고 싶다. 누가 물 좀 뿌려주면 좋겠다. 비료 좀 공급해 주면 좋겠다. 그러나 아무도 안 해 준다. 손길을 주었던 이들은 또 손길을 기다린다. 더 이상 내어줄 것이 없는데 말이다. 다시 웃을 수 있는 법을 알면 좋겠다. 그러나 한번도 배워본 적이 없다. 행복은 아득한 먼 나라말처럼 생소하게 들린다.

여성이라면 누구나 이런 순간을 한 번쯤 맞이한다. 역할의 무게에 짓눌리는 때다. 여성들은 한평생 '누구누구의'로 살아온다. 누구누구의 딸, 아내, 어머니, 며느리, 시어머니 등. 역할에는 역할기대가 있다. 앞에 수식어가 붙는다. 착한 딸, 좋은 엄마, 현숙한 아내, 현명한 며느리, 신세대 시어머니, 성공한 직업인 등. 스스로를 향한 기대다. 이 기대를 채우는 것이 성공이고, 이는 곧 행복의 보증수표라 여긴다.

어느 것 하나 놓칠세라 초인적인 힘을 발휘한다. 아니, 초인적인 힘이 기대된다. 여성 한 명에 부과된 여러 개의 역할 그 자체가 이미 역할 과부하다. 게다가 초인적인 힘을 요구하게 만드는 누군가가 곁에 있기 마련이다. 대개는 이렇다. 착한 딸이 되고 싶은데 상처만 주는 엄마가 있다. 좋은 엄마가 되고 싶은데 공부 안 하고 말썽부리는 자녀가 있다. 현숙한 아내가 되고 싶은데 무능하고 이기적이고 철없는 남편이 있다. 현명한 며느리가 되고 싶지만 못된 시어머니가 있다. 좋은 사모가 되고 싶은데 속 뒤집는 성도가 있다. 너그러운 시어머니가 되고 싶은데 제멋대로인 며느리가 있다. 성공한 직업인이 되고 싶은데 지독한 상사가 있다.

이 중 하나는 걸리기 마련이다. 행복하지 않을 이유가 누구나 하나쯤은 있는 것이다. 이때부터 불행도식이 시작된다. 못된 시어머니 때문에, 무뚝뚝한 남편 때문에, 말 안 듣는 아들 때문에 내 삶이 불행하니 이 사람들을 변화시켜야겠다고 선언한다. '남이 변해야 내가 행복해진다'는 공식이다. 남이 나를 행복하게 해 줄 것이라 착각한다. 예를 들어 남이 남편이라 치자. '남편이 변해야 내가 행복해진다'가 된다. 이는 내 행복을 남편에게 넘겨준 꼴이다. 남의 탓을 하니 행복도 남의 것이 된다. 중요한 것은 이것이다. 변화될 리 없는 남편이 변화되길 기다리는 동안 누가 행복하지 못한가? 내가 행복하지 못하다. 누가 죽어 가는가? 내가 죽어간다. 내 행복이 다른 누군가에 의해 침해당했다. 내 속에서 만들어진 불행 바이러스는 남편을 감염시킨다. 불행 바이러스에 감염된 남편은 더 강력한 불행 바이러스를 전염시킨다. 온 가족이 감염된다. 나는 불행의 주인공이 된다.

불행이 익숙하다 해서 행복은 아니다. 행복하지 않음은 그 자체가 이미 고통이다. 고통에도 등급이 있다. 위의 경우는 보통 사람들이 당하는 보통의 고통이다. 보통의 고통이라 할지라도 코끼리에게 한 짐이나 개미에게 한 짐이나 힘들기는 매한가지다. 언제까지 이러고 살 수는 없다. 어제는 바꿀 수 없다. 내일은 내 권한 밖이다. 오늘만 내 것이다. '불운'은 내가 선택한 것이 아니다. 그러나 '불행'은 내가 선택한 것이다. 행복도 마찬가지다. 행복은 오늘 나의 선택이다.

행복도식은 다르다. '그들' 때문이 아니라 '그들 때문이라고 생각하는 것' 때문에 행복하지 못하다. '때문에'Because of가 아닌, '그럼에도 불구하고'Even if의 삶, 이것은 행복의 주권을 되찾는 일이다. 남이 변하지 않아도 스스로 행복을 디자인할 수 있는 능력이다. 내 행복이다. 남의 것이 아니다. 내 행복은 내가 만들어 가는 것이다. 그 누구도 내 행복의 주인이 될 수는 없다. 행복 발전소는 내 안에 있다. 이것은 결단이요, 선택이며, 선포다. 행복의 주권을 회복하는 일이다. 내 속에 만들어진 행복 바이러스는 남편을 감염시킨다. 행복 바이러스에 감염된 남편은 더 강력한 행복 바이러스를 전염시킨다. 온 가족이 감염된다. 나는 행복의 주인공이다. 행복에 몰두하다 보면 불행에 빠질 겨를이 없다.

불행도식을 포기하고 행복도식을 선택하는 순간, 행복은 이미 가까이 와있다.


# 힘 들 면
# 힘 내 지   마 !

"수고한 당신, 떠나라!" 몇 년 전 유행했던 광고 문구다. 참 당당하다. 맞다. 마땅한 권리다. 당연히 떠날 자격이 있다. 그럼에도 왠지 그러면 안 될 것 같다. 속에서는 절박하게 외치는데 겉으로는 또 참아내고 견뎌낸다. 괜찮은 척하며 역할을 감당한다.

여성들은 집 떠나면 죽는 줄 안다. 아니, 가족들이 죽는 줄 안다. 내가 없어지면 빈자리가 너무 커서 난리가 날 것으로 생각한다. 아니, 그렇게 기대한다. 천만의 말씀이다. 집에서는 축제가 벌어진다. 며칠 더 있다 왔으면 한다. 질문이 있다. 자녀가 떠나면? '적막강

산'이다. 아내가 떠나면? '막막 강산'이다. 남편이 떠나면? '금수강산'이다. 그러면 아이들에게 "엄마가 떠나면?"이라고 물어보자. 아마 숨도 안 쉬고 "금수강산!"이라고 답할 것이다. 아이들은 자유를 만끽한다. 그런데도 엄마는 못 떠난다. 아니, 안 떠난다.

일과 직장을 병행하는 여성들도 마찬가지다. 둘 다를 잘해야 한다. 생계형이든 자아실현 형이든 상관없다. 육아, 가사, 업무에 치여 이리 뛰고 저리 뛴다. 숨 돌릴 틈이 없다. 아무리 최선을 다해도 한계가 보인다. 어느 순간 전업주부가 부럽다. 쉬고 싶다는 생각이 자꾸 든다.

한 사람이 동시에 여러 가지 지위를 가지거나 나의 지위에 대하여 요구되는 역할이 다양할 경우 역할 충돌과 역할 긴장이 생긴다. 여성들의 삶이 그렇다. 한 명의 여성에게 요구되는 대여섯 개의 역할은 그 자체에 이미 역할갈등이 존재한다. 어느 하나를 우선하면 다른 하나가 밀려서 문제가 발생한다. 여기다 완벽주의 신화까지 합세한다. 모든 것을 잘 해내고 싶은 스스로를 향한 역할기대다. 결국 역할 과부하에 걸린다. 과도한 역할 부여로 인해 심적인 부담과 압박을 받게 되는 상태를 말한다. 역할에 짓눌려 살든지. 역할에 매달려 살든지, 역할에 푹 빠져 산다. 역할을 감당할 힘을 역할이 공급해 주지는 않는다. 역할은 언제나 더 많은 희생과 노력과 헌신과 인내를 요구한다. 여성들은 이 이상 무엇을 얼마나 더 할 수 있을까 싶을 정도로 온 힘을 다한다.

이런 식으로 역할에만 충실하게 살다 보면 어느새 내팽개쳐지는 것이 있다. '누구누구', 즉 내 이름 석 자다. '누구누구'가 누구인가? 김 향숙. 이름 앞에 붙은 수식어를 없애면 존재 그 자체만 남는다. 바로 그 존재가 찌그러지든지, 사라지든지, 텅 비어버린다. 역할을 감당할 힘은 존재에서 나온다. 존재에 문제가 생기면 역할 상실로 이어진다. '더는 못하겠다'는 소리가 절로 나온다. 모든 역할을 던져버리고 싶다.

주님은 여성, 특히 나를 만나고 싶어 하신다. 요즈음 크리스천 여성들은 주님의 일을 하느라 얼마나 바쁜지 주님조차 나를 만날 시간이 없다. 나도 나를 만나주지 않는다. 내가 누구인지, 어디로 가고 있는지, 제대로 가고 있는지, 내 몸은 괜찮은지, 내 마음은 아픈 곳이 없는지 관심도 없다. 돌봄 받지 못해 결핍상태가 된 '나'가 마음 한구석에 처박혀서 울고 있다.

아직도 살아야 할 날이 절반은 남았는데 역할을 감당할 존재의 힘은 바닥나 버렸다. 엄마에게도 엄마가 필요하다. 역할의 소리가 아니라 존재의 소리에 귀 기울여야 한다. 힘내란 소리는 이제 그만하자. 더 이상 낼 힘이 없다. 지금은 멈추어야 할 때다. 역할의 전쟁터에서 살아남기 위해 애쓰다 부상 입은 나를 돌보아야 한다. 누군가를 돌보던 손으로 나를 토닥이면서 말해보자. '힘들면 힘내지 마!'

나를 돌보기 위해 떠나는 여행길에 동행자가 있다. 주님이시다. 그 품에 안겨서 쉬어보자. 무릎에 기대보자. 주님의 시선에 눈맞춤 하고 햇살처럼 쏟아지는 따스한 눈빛을 쬐자. 귀 기울여보면 나를 향한 특별한 언어가 들린다. '사랑하는 내 딸아, 많이 힘들었지? 내가 다 안다. 잘하고 있어. 괜찮아. 고생했어'. '나 홀로'가 아니라

'주님 함께'임을 확인하는 순간, 내 존재는 주님의 존재감으로 가득 채워진다. 하늘의 기쁨이다. 다시 웃는다. 존재가 행복하니 역할도 행복하다.


# 평등과
# 공평사이

행복의 초석인 가정이 빈번하게 해체되고 있다. 상처받은 아이들의 신음소리가 곳곳에서 들린다. 모성애母性愛는 헌신짝처럼 내던져지고, 여성성은 구시대 유물로 취급받는다. 웬 구닥다리 같은 생각이냐 한다. 구정물을 버리다 애까지 버리는 격이다. 여성해방 운동의 그림자다. 분명, 여성해방 운동은 가부장제하에서 차별받고 억압받던 여성의 지위를 향상시켰다. 여성을 넘어서서 인간으로서 존재가치를 회복시켰다. 이제 여성해방 운동은 양성평등 운동에서 남성해방 운동으로까지 발전되고 있다. 바야흐로 남성 상위시대에서 여성 상위시대가 도래한 것이다.

양성평등은 말 그대로 '평등'equal이다. 이는 남녀 간에 끝없는 전투를 불러 일으킨다. 분명 가정 안의 성역할은 고정되면 안 된다. 아내가 아프면 당연히 남편이 설거지하고 밥해야 한다. 사랑하기 때문이다. 사랑이 동기가 되어야 한다.벧전3:7 그러나 평등이 동기가 되면 50 대 50의 전쟁이 벌어진다. '당신만 일하냐? 나도 일한다. 당신만 돈 버냐? 나도 돈 번다. 왜 나만 집안일 해야 해? 당신도 해야지! 내가 빨래했잖아? 당신은 설거지해야지. 내가 애 봤잖아? 당신도 애 봐야지!'라는 식이다.

더 큰 문제는 원래부터 여자와 남자로 창조되었음에도 창1:27 남성성과 여성성을 부정한다. 여성 스스로 여성성을 버리고 평가절하한다. 가치상실이다. 남자 같은 여자, 여자 같은 남자가 가정을 지키려니 역할 갈등과 역할 혼란에 빠진다.

여성해방은 남성의 억압이 아니라 가사일로부터의 해방이 되고 있다. '성공한 커리어 우먼'이 모든 여성의 꿈이다. 가정을 지키는 여성에게는 '경력단절'이라는 꼬리표가 붙는다. 아내나 엄마로서 역할가치는 저절로 평가절하된다. 경쟁에서 뒤처진다는 초조함, 불안감, 원망이 자리 잡는다. 아이는 자아실현의 방해물이니 아이 기르는 일이 행복할 리 없다.

친정엄마는 사회적 분위기에 편승해서 딸을 일터로 내모는 주역이다. 이들은 가부장제의 희생양으로 가정을 지키기 위해 온갖 설움을 견뎌냈다. 내 딸에게만은 절대로 물려주고 싶지 않았던 유산이 있다. 가정 안에서 엄마와 아내로서만 살아가는 삶이다. 그것은 자아실현과 반대개념이다. 자녀양육의 목표는 "너는 나처럼 살지 마라"다. 그렇게도 물려주고 싶은 유산은 성공한 커리어우먼이다. 못다 이룬 꿈을 딸을 통해서라도 실현하고 싶다. 엄마, 아내로서의 삶은 꿈 축에 끼지도 못한다.

한 많은 인생을 딸에게는 결코 물려주고 싶지 않았던 엄마들은 없는 살림 아끼고 쪼개서 최상의 교육을 시킨다. 집안일? 절대 안 시킨다. "어차피 평생 손에 물 묻히고 살아야 해. 뭐 벌써부터 손에 물 묻히려고? 걱정 마라, 네 딸은 내가 키워주마!"한다. 딸 바보 아빠에게 공주, 왕비 대접받고 살아온 이 시대의 딸들이다. 그러나 결혼하고 보니 아내, 엄마, 무수리가 되어야 한다. 철 안 든 남자와 살려니 미치는 거다. 보따리 싸 들고 못 살겠다며 엄마한테 달려온 다. 엄마들은 양팔 벌려 환영한다. 품에 안고 같은 편이 된다. 사위 를 성토한다. 당사자보다 더 펄펄 뛴다.

"미쳤니? 참고 살게? 네가 뭐가 모자라서? 내가 너를 어떻게 길 렀는데… 애 데리고 여기서 살아. 김 서방 애초부터 글러 먹었다니 까. 안 되는 놈은 안 되는 거야. 참아봐야 아무 소용 없어. 돈 있겠 다 직장 있겠다 뭐가 무서워?"

든든한 응원군을 만난 딸은 그대로 눌러앉는다. 부부는 다투며 문제해결력이 길러지고 서로를 알아가다가 마침내 하나가 되는데, 갈등의 무풍지대에 주저앉았으니 성장을 멈춘 어린아이가 된다. 이러니 요즈음 사위들의 구호가 '자나 깨나 장모조심!'이다.

결혼이란 미완성과 미완성이 만나서 완성을 향해 나아가는 과 정이다. 미완성으로 인한 충돌의 시간을 견뎌내야 한다. 긴 시간 서로 기다려주고 믿어주고 용서하며 기회를 주어야 한다. 모성애 도 여성성도 가족가치도 상실한 여성들은 버틸 힘이 없다. 결국 가 정이 깨지고 친정엄마 눈에서는 피눈물이 난다.

일을 하든 가정을 지키든 각자의 선택이다. 선택에 대한 가치평 가를 사회나 부모가 일방적으로 몰아가며 내리는 것은 공정하지 못하다. 대부분의 여성들이 '과연 나는 행복한가?'를 질문하지 않 는다. 당연한 필수코스로 내몰리듯 걸어간다. 일하는 여성 또한 가정과 일을 병립하기 어려운 사회제도 때문에 양쪽을 병행하느라 지치기 십상이다. 경제적 이유 때문이든 자아실현의 욕구 때문이든 일하는 여성이 행복하기란 쉽지않다.

성경은 단 한번도 여성해방이나 양성평등을 말한 적이 없다. 여성회복과 양성연합을 말하고 있다. 여성회복이란 하나님이 원래 창조한 질서, 즉 "돕는 배필"로 회복되는 것이다.창2:18 양성연합은 각각 다른 면에서 서로 도우며 하나가 되는 것이다.창2:24

태초에 하나님이 설계하신 남녀관계는 이러했다. "에덴동산에서 남자와 여자는 서로가 동등하며, 두 사람 모두 하나님의 형상을 지녔으며, 그래서 각자가 하나님과 인격적인 관계를 맺고 있다는 사실을 알았다. 뿐만 아니라 상대방이나 자신의 가치를 의심하지 않았다. 그들은 각자 다른 방법으로, 즉 남자는 머리로서, 그리고 여자는 돕는 배필로서 자신들의 임무를 수행했다. 그들은 참으로 한 몸, 한 사람처럼 일했다." 그리고 하나님은 이 모든 것을 보시니 보기에 심히 좋았더라1:31고 말씀하신다.

이제 정신 차려야 한다. "나는 행복한가?"를 물어야 한다. 행복하지 않다면 다시 물어야 한다. "누가 내 행복의 주권을 쥐고 있는가?" 뒤에서 조용히 내 삶을 조종하고 있는 거대한 담론이 무엇인지 똑똑히 봐야 한다. 여성해방인가? 양성평등인가? 남성해방인가? 친정엄마인가? 말씀으로 돌아가야 한다.

여성 행복 시대다. 행복의 주권을 되찾아야 한다. 내 행복이 아닌가. 누가 뭐래도 행복의 주권은 나에게 있다. 사회나 부모가 부과해놓은 가치평가가 내 선택보다 더 중요하지는 않다. 가정을 지키든, 일을 하든 등 떠밀려 해서는 안 된다.


## 지극한 사랑을 넘어
## 지독한 사랑으로

부산의 한 경찰서에서 있었던 일이다. 어느 날 신고가 들어왔다.

"할머니 한 분이 보따리 두 개를 들고 한 시간째 동네를 서성거리며 울고 있어예"

경찰이 출동했다. 자신의 이름도 주소도 모르는 할머니는 딸이 아기를 낳아 병원에 있다는 말만 되풀이했다. 경찰은 주소지 파악에 나섰다. 이런저런 시도 끝에 연락처를 알아냈고, 할머니의 딸이 입원해 있는 병원도 찾았다. 경찰은 할머니를 순찰차에 태워 병원으로 모셨다.

병원에 도착한 할머니는 갓 낳은 아기와 함께 누워있는 딸을 보자 꼭 끌어안고 있던 보따리를 풀어놓았다.

"어서 무라"어서 먹어라

보따리 안에는 출산한 딸을 위해 준비한 미역국, 나물 반찬, 흰밥, 이불이 있었다. 온전치 못한 정신임에도 자신을 위해 미역국을 끓여온 엄마를 보고 딸은 하염없이 눈물을 흘렸다.

2014년 9월 20일자 일간지에 소개된 사연이다. 치매를 뛰어넘는 모성애!母性愛 그것은 원초적 본능이며 맹목적이다. 그리고 절대적이다. DNA에 새겨져 있다. 살아가는 법은 머릿속 기억에서 사라지지만, 사랑하는 법은 몸속 근육에 남아있다. 근육의 힘은 사랑을 행동으로 옮기게 했다. 일어나 걸어나가 장을 봐왔다. 쌀을 씻었다. 미역을 불렸다. 가스레인지를 켜서 국을 끓였고 나물도 볶았다. 김이 모락모락 나는 흰밥을 담았다. 보따리를 싸서 집을 나섰다. 어디로 가야할지, 어떻게 가야 할지도 몰랐다. 아는 것이라고는 그저 딸에게 가서 따끈한 밥을 먹여야 한다는 것이었다.

딸을 만난 엄마는 보따리를 풀며 사랑도 풀었다. 밥을 먹이고, 밥을 먹으며 희미해져 가는 사랑의 끈이 이어졌다. 이제 한 엄마의 딸이었던 여성은 그 사랑의 힘으로 한 아이의 어미로 태어난다.

사라져가는 기억 저편에 또렷하게 남아있는 그것의 실체는 바로 '모성애'母性愛다. 자식을 향한 어미의 지독한 사랑 말이다. 핏덩이를 열 달 동안 배 속에 품으면서 생긴 사랑이다. 탯줄을 통해 양분이 흘러가고, 사랑의 밀어蜜語가 오간다. 엄마의 심장박동 소리와 태아의 발차기는 리듬을 타며 놀이가 된다. 주고받는 언어는 없지만 몸 감각을 통한 감정교류는 최고조에 이른다. 엄마가 슬프면 달라진 엄마의 심장박동 주기에 아기도 슬프다. 아기가 신바람 나게 움직이면 엄마도 행복하다. 원초적인 감각 언어를 주고받으며 엄마와 아기는 하나가 된다. 나는 너고 너는 나다. 마침내 죽음의 출산 레이스를 함께 통과한다. 뼈마디가 벌어지면서 자궁 문이 열려야 하는 엄마나, 진통이 시작되면 수축 이완을 반복하는 자궁근육의 조여듬을 견뎌내고 자궁문을 빠져나와 좁은 산도를 통과해야 하는 태아나 모두 극한의 고통을 경험한다. 공통증共痛症이다. 이 모두가 엄마의 가슴에서 모성애로 영글어진다. 모태로부터 형성된 강력한 정서적 유대감, 그것이 여자를 엄마로 만든다.

모성애는 하나님 사랑의 모형이다. 불가능해 보이는 무조건적 사랑을 가능케 하기 위한 하나님의 설계다. 때문에 아무도 사랑할 수 없다고 핑계 댈 수 없다. 모성애는 사랑할 수 없는 상황에서도 사랑하게 하는 초인적인 힘이며, 연약한 여자를 강인한 엄마로 거듭나게 하는 원동력이다. 철없는 남자가 철들 때까지 버티게 해 주는 자원이요 가정을 지켜내는 에너지원이다. 파괴된 가정, 망가진 자식을 살려내는 마지막 희망이기도 하다.

모성애는 여성에게 주신 하나님의 특별한 선물이다. 모성애가 없는 여성은 없다. 시대적 조류에 휩쓸려 갔을 뿐이다. 찾아와야 한다. 모성애로 장착된 여성은 불가능한 행복을 가능케 하는 기적의 주인공이다.

내 이름 석 자 기억하는 것쯤이야 아무것도 아닌 우리가 모성애를 잊어버렸다. 행복건축에 반드시 필요한 자재임에도 말이다.


# 벼 랑 끝 에 서
# 찾 은   행 복

극한의 고통을 당하는 여성들을 부지기수로 만났다.

50대 여성이다. 막내아들은 지적장애 1급이다. 둘째 딸은 미국에서 한국으로 귀국한 지 한 달 만에 교통사고로 죽었다. 설상가상으로 본인은 갑상선 암 투병을 하고 있다. 그 와중에 남편은 바깥으로만 맴돌며 집안일에는 무관심하다. 그럼에도 하나밖에 없는 장애 아들을 극진히 돌보았다. 산 만한 덩치에 말도 통하지 않는 아들은 아무리 노력해도 나아질 기미는 없다. 그렇다고 내팽개칠 수도 없다. 장애 아들은 그녀가 살아야 할 유일한 이유였다. 그러다 지쳐서 찾아왔다. "정말이지 더는 못 견디겠어요. 며칠 전에 남편이 그러는 거예요. '당신은 아들하고 결혼한 여자야. 나는 안중에도 없지? 비정한 여자 같으니라고'. 아니, 도와주지는 못할망정 이런 상황에서 어떻게 그런 말이 나와요? 정말이지 자기밖에 모르는 이 남자, 정떨어져서 더는 못 살겠어요". 그 말끝에 그녀는 말했다. "그래도 애가 불쌍해서…"

얼마나 힘들면 이혼하겠다는 말까지 할까? 그러나 말은 그렇게 했지만 정작 본인은 이혼하면 안 되는 이유를 찾고 있었다. 메마른 머리의 언어가 즉각적인 실천에 들어가지 않도록 주저하게 하는 언어가 있다. 가슴의 언어다. 그 한가운데 모성애가 있다. 주님은 여성의 모성애를 사용해 기적을 연출하는 행복PD다. 모성애와 주님이 만나면, 불가능한 행복이 연출된다.

한 여성의 고백이다. "은혜의 단비를 맞았습니다. 흠뻑 맞고 나는 웃었습니다. 또 흠뻑 적시고 나는 울었습니다. … 나의 몸이 다시 살아 움직입니다. 숨을 쉽니다. 이제 나는 주님이 나를 사랑함을 압니다. 만신창이가 된 나를 사랑합니다. 나도 나를 사랑합니다. 이 사랑으로 남편을 사랑하렵니다."

한평생 역할의 무게에 짓눌려 완전히 탈진한 여성들조차 주님의 품에서 주님의 다스림을 회복하면서 행복을 되찾았다. 극한의 불행 속에서 극치의 행복은 주님만이 줄 수 있다. 확실한 행복원칙 하나가 있다. 어떤 최악의 경우라도 행복의 주인공이 될 수 있다는 것이다. 이 원칙이 가능한 행복비밀은 행복 PD의 품을 떠나지 않는 것이다.

진돗개를 기른 적이 있었다. 산책을 데리고 나가기만 하면 통제 불능 상태가 되었다. 짝퉁 진돗개였음에 틀림없다. 그날은 어린 여자아이를 보더니 달려들었다. 사색이 된 아이는 비명을 지르며 도망갔다. 개는 그 뒤를 쫓고, 나는 개를 잡으러 있는 힘을 다해 뛰었다. 도저히 잡을 수가 없어 포기할 즈음, 나는 아이를 품에 안았다. 개는 안겨 있는 아이와 아이를 안고 있는 나를 보더니 조용히 물러갔다. 아이는 평온을 되찾았다. 고통은 한평생 누군가의 무릎이 되어주느라 지친 여성들을 주님의 품으로 초대하는 초대장이다. 고통을 피해 달아나거나 고통과 싸우는 대신 고통을 안고 주님의 품속으로 뛰어들면 된다. 그 속에서 어린아이가 되어 마음껏 뒹굴며 주님을 호흡하고, 주님께 할 말 다 쏟아내고, 주님이 하는 말에 귀 기울여보자. 감정 연금술사인 주님과의 데이트가 끝날 때 즈음, 우리 모두는 툭툭 털며 어른처럼 다시 일어선다. 이 비밀을 아는 여성들은 비록 사방으로 우겨쌈을 당했지만, 우겨쌈을 당하지 않은 채 살아갈 수 있다. 비록 고통스런 상황이지만 불행하지 않을 권리는 나에게 있다. '주님 품에 안긴 나'와 '주님 품을 떠난 나'는 행복과 불행의 갈림길이다.

고인이 된 소설가 최인호 씨가 남긴 말이다. "하나님께서 우리를 벼랑 끝으로 부르시는 것은 우리가 날개를 가진 거룩한 천사임을 깨닫게 하시려는 것입니다." 주님의 품에서 주님의 통치를 경험한 여성들은 불행을 다스릴 힘을 가진다. 이들에게 벼랑 끝은 절망의 종착지가 아니다. 행복의 날개 짓이 시작되는 출발지다. 새삼 날개가 있음에 감탄한다. 날 수 있음에 감동한다. 그리고 소리친다.
"사망의 골짜기쯤이야"


# 끝 까 지
# 사 랑 하 다

전화가 걸려 왔다. "원장님! 드디어 남편이 돌아왔어요. 오피스텔에서 짐을 정리하고 집으로 돌아 왔다구요. 기적 같아요." 이 한마디를 외치고는 하염없이 눈물을 쏟아냈다. "감사합니다"를 연발했다.

올해 초 만난 내담자다. 남편이 외도를 했다. 잘못을 저지른 남편은 오피스텔을 구해 집을 나가버렸다. 충격은 이루 말할 수가 없다. 온몸이 고통을 호소했다. 원인모를 다리 통증, 불면증, 호흡곤란, 제멋대로 펄떡거리는 심장, 손 떨림, 칼로 찌르는 듯한 가슴통증 등. 산더미 같은 약을 복용하며 겨우 목숨만 이어가고 있었다.

문제는 중1 아들이었다. 수업 중에 갑자기 통증이 찾아온다. 머리가 아팠다가 배가 아팠다 했다. 양호실에 누워있는 일이 다반사였다. 결국, 신경정신과에서 우울증 진단을 받아 약을 복용하게 되었다. 함께 상담 받던 날, 아들은 나에게 고백했다. "가슴 한가운데가 너무 아파서 숨을 쉴 수가 없어요. 어제는 횡단보도에서 길을 건너는데 건너고 싶지 않았어요. 엄마 손을 놓고 그대로 서 있었어요." 자살을 시도한 것이다.

이렇게 모자는 한 남자의 실수로 망가져 가고 있었다. 아내는 아들을 위해, 자신을 위해 이혼이 최선의 길이라고 판단했다. 그러면서도 주저했다, "원장님, 이제 더는 못 견디겠습니다. 이혼할래요. 그런데 애를 보면 불쌍해서… 어떻게 해야 할지 모르겠어요."

상담자인 나의 목표는 이혼을 막는 것이 아니다. 행복이다. 이혼이 불행 끝 행복 시작인가는 본인에게 선택권이 있다. 나는 그녀가 현명한 판단을 통해 후회 없는 선택을 하도록 도와야 한다. 문제는 현재 판단력을 잃은 상태다. 산더미 같은 부정적 감정의 홍수 속에 휩싸여 있다. 일일이 다 나열할 수 없을 정도다. 이혼하고 아들 데리고 혼자 살 것에 대한 불안감, 아들이 잘못될까 하는 두려움, 왜 내가 이런 일을 당해야 하는지 억울함, 그때 좀 더 잘해줄걸 하는 후회감, 아무것도 할 수 없는 무기력, 분노, 연민, 미움, 원망, 적개심, 우울 등등. 갑자기 불어닥친 감정의 쓰나미에 마음은 풍비박산이 났다. 마음이 맑아야 진짜 마음의 소리를 들을 수 있다. 먹구름이 잔뜩 끼여 있으니 내 마음이 무엇을 원하는지 나도 알 수가 없다.

감정 치유가 시급했다. 마음이 제 기능을 발휘하도록 감정의 독소를 해독하는 일이 우선이었다. 단단하게 뭉쳐진 감정 덩어리를 부드럽게 만들었다. 말랑해진 감정들은 하나하나 수면위로 올라와 마음에서 빠져나갔다. 시커멓던 마음이 말갛게 비워졌다. 비로소 선명하게 드러나는 마지막 정서, 그것은 아들에 대한 사랑이었다.

모성애였다. 남편에 대한 분노가 아니었다. 그토록 아빠를 원하던 아들이었다. 이 아들에게 아빠를 없앨 수는 없었다.

그녀는 단호하게 말했다. "이혼하지 않겠습니다. 가정을 지킬 수 있도록 도와주세요." 내담자는 여자에서 아내에서 어머니로 성장했다. 부정적 감정이 주인이었던 마음에 부정적 감정이 빠져 나가니 진짜 주인이 돌아왔다. 하나님이다. 둘 사이에 가로막힌 담이 뚫리니 하나님의 음성이 들렸다. 회복을 선택했고, 용서를 결단했다. 상담은 이제 2단계로 접어들었다.

이 와중에도 남편은 가끔씩 아들을 보러 왔다. 아빠가 오기로 한 날이면 아들은 기뻐서 어쩔 줄 몰라 했다. 우울증뿐 아니라 머리, 배의 통증이 씻은 듯이 나았다. 조금이라도 빨리 아빠를 만나려고 바깥에서 내내 기다렸다. 그런데 못 오겠다는 전화가 온다. 아들은 통곡을 하며 운다. 남편과 모자간의 기나긴 줄다리기가 시작되었다. 남편은 수시로 말을 바꾸었다. 오늘 오겠다 했다가 오늘은 도저히 안 되겠다 했다. 하루만 자고 가라는 아들의 간청에도 주말에, 다음 주에, 나중에, 1달 뒤에 등등 끝없이 미루었다. "아빠, 언제와?"라는 물음에 "언젠가… 그러나 지금은 아니야!"라고 했다.

마음이 회복된 아내는 힘이 생겼다. 어쩌다 한번 오는 날이면 따스함으로 대했다. 믿을 수 없는 말을 하는 남편을 바라보면서도 아내는 믿었다. 믿음을 심어주었다. 언젠가는 돌아올 거라고. 한순간도 희망의 끈을 놓지 않았다. 기다리다 지쳐서 우는 아들을 달래며, 쓰다듬고, 보듬고, 품으며 그렇게 버텨냈다.

그 남편이 돌아왔다. 돌아온 것이다! 그는 아내의 무릎에 얼굴을 파묻고 엉엉 소리 내며 울었다. 아내도 울었다. 죄책감과 미안함과 외로움과 고통을 토해냈다. 끝없는 배신 앞에 끝없는 신뢰를 보여준 아내의 품속에서 그는 남자에서 남편에서 아버지로 다시 태어나고 있었다.

이제 그녀는 행복하다. 아들도 행복하다. 남편도 행복하다.

오늘도 집집마다 자녀들의 반항, 남편의 일탈, 시어머니의 반란이 이어지고 있다. 이들 모두는 묻는다. "이런 형편없는 나를 믿으세요? 이런 나를 사랑하세요?" 이들 모두는 기다린다. "그럼에도 불구하고, 그렇지 못할지라도 너를 믿는다. 너를 사랑한다"라고 말해줄 한 사람을. 끝까지 포기하지 않는 사랑이다. 사랑하기 힘든 사람, 사랑하기 싫은 사람, 사랑할 수 없는 사람을 사랑하는 것, 이것을 가능하게 하는 것이 모성애다. 우리 모두는 후일 웃을 것이다.잠31:25


## 여 성 행 복 헌 장

행복의 주인공이 되기 위해 우리는 중요한 약속을 공유해야 한다. 헌장은 어떤 사회적 약속을 위해 만든 규범이다. 여성의 행복을 위한 규범을 '여성행복헌장'이라 이름짓고 가능하면 자주 이 약속을 되뇌인다.

첫째, 누구나 행복할 권리가 있다. 인간에게 단 하나의 의무가 존재한다면 그것은 행복하게 사는 것이다. 행복이란 욕구가 충족

된 상태를 말한다. 나이, 인종, 외모, 학력, 경제력, 역할 등과 상관이 없다. 모든 여성이 행복으로 춤추는 것, 이것은 하나님의 최대 지상명령이다.

둘째, 행복은 작은 연습의 총합總合이다. 행운처럼 저절로 굴러오는 것이 아니다. '아이와 춤추며 놀기, 산책하기, 숨멍때리기, 스트레칭 하기' 등 매일 5분만 투자하라. 표정이 아니라 근육에 새겨진 작은 행복은 평생 행복을 보증한다.

셋째, 행복은 생각이다. 생각을 스트레칭하라. 인간의 고개는 좌우 180도밖에 돌지 않는다. 인간의 사고는 360도 한 바퀴를 돌릴 수 있다. 생각을 바꾸면 다른 세상이 보인다. 행복과 불행을 여는 열쇠다. 행복하다고 생각하는 사람은 행복하지만, 불행하다고 생각하는 사람은 불행하다.

넷째, 행복은 해석이다. 해석은 사건보다 더 중요하다. 행복이나 불행은 삶 속에서 일어나고 있는 사건의 본질보다 그 사건을 대하는 방법에 따라 좌우된다. 행복은 가진 것을 사랑하지만 불행은 가지지 않은 것을 사랑한다.

다섯째, 오늘이 행복이다. 예약된 행복은 없다. 현재present가 곧 선물present이다. 과거는 떠나갔고, 미래는 오지 않았고, 현재만 내 손에 있다. 지금 행복하지 못하면 내일도 행복하지 못하다. 지금여기now&here의 행복을 붙잡아라. 행복은 어디에나everywhere 널려있다.

여섯째, 행복은 마음이다. 외적인 조건이 아니다. 돈으로 침대는 살 수 있지만 잠은 못산다. 책은 사지만 지혜는 살 수 없다. 음식은 사지만 입맛까지는 못산다. 행복은 부富가 가져다 주는 것이 아니라 부를 사용함으로 얻어지는 것이다.

일곱째, 행복은 나눔이다. 행복은 입맞춤과 같다. 행복을 얻기 위해서는 누군가에게 행복을 주어야 한다. 신이 두 손을 주신 것은 한 손은 자신을 위해서 또 한 손은 다른 사람을 위해서 쓰라는 뜻이다. 행복부자가 되어서 주지 말고 주어서 행복부자가 되어라.

여덟째, 행복은 감사하는 마음에 있다. 장미 속의 수많은 가시만 보면 불평이 나오지만 가시 속의 한송이 장미를 보면 감사가 나온다. 불행은 있는 것에 만족하지 못하고 없는 것에 불평한다. 행복은 있는 것에 만족하며 작은 것에 감사한다. 감탄과 감동의 하루가 열린다.

아홉째, 행복은 선택이다. 행복해지겠다고 선택하는 순간 행복해진다. 행복과 불행은 크기가 미리부터 정해져 있는 것이 아니다. 다만 그것을 받아들이는 사람의 마음에 따라서 작은 것도 커지고 큰 것도 작아질 수 있다. 바로 지금 행복을 선택하라.

열째, 행복은 나로부터 시작된다. 행복은 향수와 같아서 먼저 자신에게 뿌리지 않고는 다른 사람에게 향기를 발할 수 없다. 몸이 굽으니 그림자도 굽는다. 내가 먼저 행복해야 남도 행복하다. 나 이외에 불행을 치료해 줄 사람은 없다.

# 하나님의
# 여성행복 건축설계도

건축을 하기 전에 가장 중요한 것은 설계도다. 설계도는 건축주의 의도와 설계사의 전문지식이 결합해서 완성된다. 설계도가 잘 완성되어야 건물도 아름답게 완공된다. 여성들의 행복을 건축하기 위한 설계도가 성경에 있다. 가정안에서의 남녀관계와 역할, 특히 여성들의 행복에 결정적으로 영향을 미치는 남편사용매뉴얼까지 구체적으로 작성되어 있다. 문제는 정작 건축주인 여성들은 엉뚱한 설계도를 본다는 것이다. 지금이라도 늦지 않았으니 하나님의 설계도를 보면서 잘못된 부분을 수정해야 한다.

*Happiness for Christians*

# 끝 내   헤 어 지 지   않 은
# 하 와 와   아 담

신혼 초에 남편이 던진 질문이다. "여보, 하와의 뜻이 무엇인 줄 알
아?" 나는 성경지식을 총 동원해서 '산 자의 어미'라고 대답했다.
"어허, 당신은 하나만 알고 둘은 모르는구면. 하와란 말이야 '하늘
처럼 남편을 받들어 모시는 와이프'를 말하는 거야. 그 첫 글자를
따봐. 하~와!"

어이없는 주장에 나는 반박했다

"여보, 당신이 어떻게 해서 하늘이에요? 한번 증명해 보세요. 그
러면 내가 당신을 하늘처럼 모시고 살게요"

"내 이름 '송길원'의 영문 첫 글자를 따봐. Song Kil Yon, Sky, 맞
잖아!"

그때 나는 속으로 은근히 반발했다. 남자는 하늘이고, 여자는 땅

이란 말인가 싶었다. 남편은 여기에다 또 덧붙였다. "자, 한자어 '지아비 부夫'를 잘 봐. 획이 '하늘 천天'보다 위에 있잖아? 하늘만큼이 아니라 하늘 이상이라는 뜻이지. '남편을 하늘 이상으로 받들어 모셔야 하는 거라고".

그러나 나는 애초부터 동의하지 않았다. 자신이 하늘임을 주장하는 남편과 그가 하늘임을 거부하는 아내. 여자는 초장에 잡아야 한다는 남편의 가부장적 사고와 그 힘에 꺾일 수 없다는 아내의 고집이 맞물려서 팽팽한 신경전이 벌어졌다.

언제나 사소한 것들이 화근이었다. 남편은 하늘 높이 군림하면서 멋대로 아내를 개조하려 했다.

"치약을 왜 이렇게 짜? 밑에서부터 차곡차곡 짜야지" "화장품 뚜껑은 어디 뒀어?" "신문지 좀 밟고 다니지 마!" "문지방 좀 넘지 말라니까!" "똑바로 걸어!" "내가 준 시간계획표 어디 있어?" "미리미리 계획 좀 해!" "이 그릇 설거지한 것 맞아?" "신발 정리 좀 해!"

뜻대로 되지 않으면 배운 게 없다며 비난하기 일쑤였다. 사소한 신경전은 치열한 전투로 발전했다. 나는 남편의 잔소리에 맞섰다. 고치기는 커녕 더 어질러 놓았다. 미안하다는 소리는 죽어도 안했다. 기분 나쁘면 이불을 덮어썼다. 동굴 속으로 들어가 마음 문을 닫았다. 본 척도 안하고 말도 안했다. 무표정한 얼굴로 몇 날 며칠을 버텼다. 견디다 못한 남편의 성질이 폭발했다. "이렇게 할 거면 헤어져!"

남편은 성질로 나의 고집을 꺾으려 했고, 나는 고집으로 남편의 성질을 이기려 했다.

창살 없는 감옥을 사는 기분이었다. 출구 없는 미로 속을 걸어가는 느낌이기도 했다. 싸워도 싸워도 끝이 없고 이제 더 이상 싸울 기력조차 없는 인간 한계에 도달했다. 내가 믿는 하나님은 저 멀리서 희미한 손짓을 하고 계시지만 나의 문제엔 조금도 도움이 되지 않아 보였다.

결국 결혼생활 7년만에 이혼장을 썼다. 최후통첩을 보내기로 결단했던 것이다. 서글퍼 목놓아 울며 울며 버스를 잡아타고 가정법원에 들어섰을 때 모든 사람의 시선이 나를 비난하는 듯했다. 서둘러 서류를 작성했지만 그것은 마지막 실날 같은 희망이기도 했다. 혹시라도 충격을 받아 '내가 이렇게 아내를 힘들게 했구나'하고 회개할까 하는 희망 말이다. 그러나 다 부질없는 일이었다. 남편은 이혼하자 했다. 짧지만 강한 한마디였다.

새삼 하늘을 바라보았다. 거기 우리 가정의 건축자이신 주님이 계셨다. 그분이 묻고 계셨다. 누가 이겼냐고. 어디에도 승자는 없었다. 둘 다 패자였다. 주님은 피투성이가 된 채 쓰러진 나를 슬피 바라보셨다. 몇 날 며칠을 뒹굴며 울었다. 주님을 찾았고 아버지를 불렀다.

"아버지, 어떻게 해야 할까요? 이 남자랑은 도저히 못살겠습니다. 지옥이 따로 없어요. 같이 안 살고 싶다구요! 이제 끝낼래요".

순간, 아이들 얼굴이 떠올랐다. 더 못 견딜 고통이었다. 어미로서 차마 못할 일이었다. 가슴 찢어지는 아픔이었다. 울부짖고 또 울부짖기를 다하고 나자 주님의 세미한 음성이 들렸다.

"네가 변해라, 네가 변해야 한다."

나는 강하게 항변했다.

"아니, 주님, 제가 뭘 잘못 했어요? 왜 저더러 변하라 하십니까? 남편이 먼저 바뀌어야죠."

주님은 계속 말씀하셨다.

"네가 먼저 변해라."

"싫습니다!"

"네가 변하면 남편도 변할 것이다."

"그걸 왜 제가 먼저 해야 하죠? 성질 나쁘죠, 잔소리 심하죠, 공감 못하죠, 걸핏하면 소리 지르죠, 화 폭발하죠, 이기적이죠…"

나는 끝도 없이 남편의 단점을 열거했다. 남편이 먼저 변해야 할 이유를 고자질했다. 그때 주님이 말씀하셨다.

"너는 완전하니? 그래서 내가 너를 사랑하는 거니? 그 사람이 부족하고 모자라니까 옆에 둔 것 아니냐? 완전하면 아내가 왜 필요하겠어?"

작은 속삭임은 큰 울림으로 다가왔다. 차츰 목소리가 잦아들었다. 내 모습이 보였다. 절대 미안하다고 말할 줄 모르는 고집, 남편을 이기려는 교만, 거칠고 급하고 빠른 성격, 앞뒤 잘라먹고 결론만 말하는 습관, 단점만 보고 불평하는 부정성, 거친 남성성으로 남편을 고치려는 어리석음, 무질서, 열등감, 게으름, 우울감 등 내가 변해야 할 이유는 더 많았다.

이혼해도 고통이요, 참고 살아도 고통이다. 그러나 또 다른 고통이 있다. 내가 변하는 고통이었다. 앞의 두 고통에는 희망이 없다. 그러나 세 번째 고통에는 희망이 있다. 마침내 항복했다.

"주님, 제가 먼저 변하겠습니다."

주님의 사랑 때문이었다. 이런 나를 용서하고 용납하고 한결같이 사랑하는 그 사랑 말이다. 이 고백 끝에 깊은 평화가 찾아왔다. 이혼장을 찢어서 쓰레기통에 던졌다.

그리고 남편을 다시 바라봤다. 그는 남자였다! 내 힘으로는 도저히 감당할 수 없는 사람이었다. 아니, 이길 수 없는 존재였다. 그런데도 이기려 하니 만신창이가 되었다. 나는 이기고 지는 승부게임을 내려놓았다.


# 남 자 와  여 자 의
# 파 워 게 임

지금 이 순간에도 가정 안에서는 남성과 여성의 전투가 벌어지고 있다. 힘과 힘의 대결이다. 유교 문화의 전통인 가부장적 사고를 기반으로 한 남성우월주의다. 자신을 하늘이라 주장하면서 여성은 남자보다 열등한 존재라 생각한다. 여성을 짓누르고 억압하고 인격을 무시하며 비하한다. 폭력이 난무한다. 여성도 이에 맞서서 대항한다. 남성과 똑같아지려 한다. 힘으로 남자를 이기려 한다. 남성에게 덤벼들고 맞서고 고집부리고 무시하며 함부로 대한다. 성性이나 밥을 무기로 사용하기도 한다. 그 결과는 다음 세 가지 중 하나다.

첫째, 승부가 나지 않는 경우다. 둘의 힘이 비슷해 끊임없이 충돌이 일어난다. 둘 다 기어코 이기려 한다. 만나기만 하면 싸운다. 집안이 언제나 시끄럽다. 한마디도 지지 않고 절대 참지 않는다. 감정싸움 끝에 분노가 폭발할 가능성이 높다. 둘 다 몸과 마음과 영혼이 황폐해진다. 자녀들은 불안에 시달린다. 부모의 신앙이나 결혼을 거부하기도 한다. 이 경우는 둘 중 하나가 죽어야 끝난다. 지옥과 같은 가정이다.

둘째, 남성이 늘 승리하는 경우다. 남편의 힘을 감당할 재간이 없어 아내가 포기한다. 할 말은 많지만 말해봐야 소용없으니 일방적으로 참고 산다. 말대꾸라도 할라치면 "입 닥쳐, 뭔 여자가 말이 그렇게 많아? 남편이 그렇다면 그런 줄 알지!" 하고 소리친다. 아내는 억울하고 분하고 속상하고 화가 난다. 속으로 감정을 억누르며 다짐한다. "그래, 나 하나 참으면 집안이 조용하지. 참자, 참아. 애들 불쌍해서 이혼은 안 돼!" 겉보기에는 조용하나 속은 부글부글 끓고 있다. 아내의 몸과 마음은 병들어 간다. 그러다 어느 날 갑자기 이혼장을 내민다. 황혼이혼이 바로 이런 경우다.

셋째, 여성이 승리하는 경우다. 최근 젊은 부부들에게 많이 나타나는 현상이다. 아내의 힘을 감당할 수 없어 남편이 일방적으로 지고 산다. 아내는 남편의 인격을 무시하고, 함부로 대하고, 명령하고 지시한다. 남존여비男尊女卑도 "남자는 여자에 의해 비위를 맞추는 존재"로 해석이 바뀐다. 여필종부女必從夫도 "여자는 필히 남자를 종처럼 부려야 한다"로 엉뚱하게 해석된다. 자존심이 상하지만 참고 살기 때문에 역시 겉으로는 조용하다. 그럼에도 남자다. 공격성과 분노가 한꺼번에 폭발하면, 즉시 폭력으로 발전한다. 우울증에 걸리기도 하고, 외도를 해서 아내에게 보복을 하기도 한다. 이때 외도 대상자는 주로 여러 면에서 부족한 여성이다. 이유는 단 하나, 편하고 자존심을 긁지 않기 때문이다.

이기고 지는 승부 게임을 하는 한 행복은 없다. 누가 이기든 지든 상관없이 행복은 없다. 남편은 적군, 즉 전투의 대상이 아니다. 아군이다. 남편을 아군으로 만들어야 한다. 그래야 내가 행복하다, 내가 행복하면 남편이 행복하다. 부부가 행복하면 아이들이 행복하다. 그래야 가정이 행복하다. 가정이 행복하면 내가 행복하다. 행복의 선순환 구조다.

여성의 삶의 목표는 억압으로부터의 해방도 아니고, 불평등으로부터의 평등도 아니다. 이기고 지는 것, 평등과 불평등보다 더 중요한 것은 행복과 불행이다. 유교문화, 가부장적 제도, 여성해방, 양성평등 등 세상의 제도나 문화가 여성의 행복을 보장해 주지 않는다. 여성과 가정을 창조하신 하나님의 행복 설계도가 담긴 성경으로 눈을 돌려야 한다. 무너진 행복을 재건축해야 한다.


# 사 랑 하 면
# 변 화 한 다

철없는 남편 때문에 여성들은 미친다. 오죽하면 가족소개를 이렇게 하겠는가?

"3남 1녀를 두고 있는데요. 큰아들 키우기가 제일 힘들어요. 말도 제일 안 듣는다니까요. 딱 세 살이에요. 성장을 멈춘 세 살 박이 남자아이"

아내들의 성토는 끝이 없다.

"왜 남자들은 양말을 뒤집어 벗어놓죠? 반찬 차려놓으면 뚜껑 열어놓은 것만 먹고 있어요. 게다가 꼭 없는 반찬만 찾는다니까요. 정리정돈이라곤 죽어도 안 해요. 특히 양말 뒤집어 놓는 데는 질렸어요. 어디 그뿐인 줄 알아요? 물건이 바로 코앞에 있는 데도 못 찾아요. 일부러 그러는 거 맞죠? 옆집 여자 말은 잘 들으면서 내 말은 절대 안 들어요. 아파 누워 있는 사람한테 밥 차려 달라질 않나, 한참 자는데 물 달라고 깨우질 않나, 왜 남자들은 똑같은 것을 몇 번이고 말해줘야 하는 거죠? 며칠 전에는 차 사고가 났는데 다쳤나 안 다쳤나 물어보지도 않고 '차 얼마나 망가졌냐'고 묻더라구요. 그리고 부엌일 도와주려면 알아서 좀 하면 안 되요? 하나하나 말해줘야 하니 차라리 혼자 하고 말지! 그리고 내 편 좀 해주면 어디 덧나요? 꼭 시어머님 편만 든다니까"

속이 뒤집힌 아내들은 남편개조사업에 뛰어든다. 주먹을 불끈 쥐고 구호를 외친다.

"나는 남편을 변화시키라는 역사적인 소명을 띠고 이 땅에 태어났다!"

남편을 변화시키는 것, 그것이 하나님이 바라는 아내의 유일한 역할이라 생각하고 목숨을 건다. 이때 주로 사용하는 방식은 잔소리다. 잔소리란 무엇인가? 잘못한 행동만 콕 집어서 고치라는 이야기를 되풀이 하는 것이다. 잔소리를 하는 사람은 마땅히 해야 할

바른 소리라고 생각하지만, 듣는 사람은 일종의 소음으로 여긴다. 잔소리와 소음의 공통점은 세 가지다. 시끄럽고, 불쾌감을 주며, 오래 지속되면 귀를 막아 버린다는 것이다. 아무리 말해도 들리지 않는다. 그래서 들은 척도 하지 않는 소통장애로 진행된다. 잔소리 하는 아내들의 불행도식이 있다. 1단계는 남이 하는 건 성에 차지 않는다. 2단계는 차라리 내가 하고 만다. 3단계는 왜 나만 이래야 하나 싶다. 4단계는 아무도 돕지 않는다며 불평한다. 5단계는 종일 쓸고 불고 털고 닦느라 온몸에 성한 곳이 없다.

잔소리 듣는 남편들의 불행도식도 있다. 1단계는 좋은 남편으로 인정받고 싶어서 돕는다. 2단계는 실컷 도왔더니 감사와 인정은 커녕 지적만 받으면서 괜히 했다 후회한다. 3단계는 해도 잔소리, 안 해도 잔소리니 차라리 하지 말고 잔소리 듣자 결론 내린다. 4단계는 도와 달라고 요청해도 꿈쩍 않는다. 5단계는 집안일에 무관심해진다.

이러니 교정은 커녕 더 나빠진다. 그래도 포기할 수 없는 아내의 손가락질은 점차 행동이 아닌, 남편 존재 자체를 향하게 된다. 인격을 공격하고 형편없는 남자 취급을 하니 관계 파괴로까지 발전한다.

"당신이 제대로 하는 게 뭐가 있어요? 당신이 이러니 애들이 저 모양이지! 당신은 내 평생 최악의 선택이야. 그때 엄마 말을 들었어야 했는데."

공격하는 아내 앞에서 남편은 성공감 대신 실패감을 더 많이 경험한다. 스스로를 형편없는 남자로 인식한다. 자존감을 무너뜨린

아내에 대한 반감이 생긴다. 남편의 엇박자가 시작된다. 1단계는 말 안하기, 삐치기, 늦게 들어오기, 거친 행동하기, 신경질 내기, 트집잡기, 휴일에 혼자 놀기, 원하는 것 안 해주기, 자녀에게 아내 욕하기, 싫어하는 짓만 골라 하거나 원하는 것 안 해주기 등으로 진전된다. 2단계는 분노폭발하기, 소리 지르기, 생활비 안 주기, 외박하기, 자녀 안 돌보기 등으로 발전된다. 그러다 3단계인 외도나 폭력으로 진입하게 되고, 상황은 걷잡을 수 없을 만큼 심각해진다. 말은 현실이 되어 아내 말대로 진짜 형편없는 남편이 되어 간다. 이쯤되면 가족해체 위기 단계로 접어든다.

이러한 아내의 모습은 이샤의 전형이다. 이샤여자는 아담이 지어준 이름으로창2:23 '바라는 배필'을 말한다. 남편에게 악한 영향력을 행사하고 죄를 짓도록 만들었다. 이샤의 잔소리와 손가락질은 결코 남편을 변화시킬 수 없다. 애초부터 남편개조사업은 불가능한 일이었다. 하나님은 여성들에게 이 사명을 부여한 적이 한번도 없다. 대신, 돕는 배필창2:18, 즉 에젤의 사명을 부여하셨다. 이것은 변화시키라는 명령이 아니라 사랑하라는 명령이다. 내가 남편을 사랑하면 하나님이 남편을 변화시킨다. 변화는 하나님의 영역이다. 하나님만 변화시킬 수 있다. 변화의 주도권을 하나님께 위임하면 하나님이 일하신다. 변화시켜서 사랑하는 것이 아니라 사랑해서 변화시킨다. 사랑해서 변화시키는 것이 변화시켜 사랑하는 것보다 쉽다.

# 행복의 갈림길인
# 이샤와 에젤

창세기에는 인간창조에 관한 두 개의 기사가 있다. 1장은 인간의 독특함과 동등함에 관한 이야기다. 남성과 여성, 둘 중 누구도 우월하거나 열등하지 않다. 남녀 모두는 하나님과의 관계돌다 동물들과는 달리 하나님의 형상대로 지음을 받았다와 사명돌 다 땅에 충만하고 그것을 정복하고 다스리라는 명령을 받았다에 있어서 동등하다.창1:28

창세기 2장은 차이에 관한 이야기다. 남성과 여성은 동등하지만 목적과 역할이 다르다. 하나님은 남성을 가정의 리더로, 그리고 여성은 남성의 돕는 배필로서 각각 역할을 달리 맡기셨다. 이것은 가정 안에 만드신 하나님의 창조질서다. 가부장적 질서와 다르다. 높고 낮음, 우월과 열등이라는 차별이 아니다. 차이일 뿐이다.

남성의 '머리 됨'headship은 여자를 힘으로 마음대로 지배하고 다스려도 된다는 의미가 아니다. 그것은 영적권위와 책임을 의미한다. 분명 하와가 먼저 뱀의 유혹에 넘어갔다. 원인을 제공한 아내의 죄가 큼에도 불구하고 하나님은 아담을 먼저 부르셔서 "네가 어디있느냐"창3:9 "네가 먹었느냐"창3:9,11라고 책임을 직접적으로, 개별적으로 추궁한다. '머리 됨'은 철두철미 사랑의 리더십이다. 힘의 리더십이 아니다. 하나님이 여자를 만들어 아담에게로 이끌어오니 아담이 "이는 내 뼈중의 뼈요 살중의 살이라"고 고백한다. '네가 곧 나'라는 말이다. 아내를 소유물이나 종속물이 아니라 하나님이 본래 만드신 내 몸으로 인식할 때 자신의 뼈와 살이므로 자신의 몸처럼 사랑하게 된다는 말이다. 바울 또한 아내 사랑하기를 제 몸같이 하라고 남편들에게 명하고 있다.엡5:28, 벧전3:7, 엡5:25, 엡5:33

여성의 역할은 딱 한마디로 "돕는 배필"창2:18이다. 영어로는 "suitable helper", 즉 그의 필요에 꼭 맞춰져 있는 돕는 배필이라는 뜻이다. 나는 이 말이 매우 못마땅했다. '아니, 도대체 뭐가 모자라서 여자는 한평생 남자 뒷바라지나 하고 살아야 하나? 그렇게 열등한 존재인가?' 나는 여전히 성경을 가부장적 시각으로 해석하고 있었다.

연세대 박준서 교수는 히브리어 원문을 인용하여 그 뜻을 소개한다. 돕는 배필의 히브리어 원문은 '에젤 케네그도'인데 여기서 사용되는 '에젤'이라는 말은 '도움' 또는 '돕는 자'라는 뜻이다. 대개 하나님께서 그의 백성을 도와줄 때 사용하는 말이다.시115:9, 시121:1-2, 히13:3

무엇 하나 부족함 없으신 하나님이 인간인 우리를 돕고 계신다. 하나님은 왜 우리를 도우시는가? 사랑 때문이다. 미성숙하고 죄투성이며 어리석기 짝이 없는 우리를 사랑하신다. 손가락질 하지 않으신다. 눈물방울 하나까지도 헤아리시고 토해내는 작은 신음소리에도 귀 기울이신다. 돕기 위해 두 팔 벌리고 계신다. 독생자를 아낌없이 주기까지 인간을 사랑하는 그 사랑이다. 인간인 우리는 하나님의 도우심이 없이는 한 순간도 살아갈 수 없다. 도와주셔도 되고 안 도와 주셔도 되는 선택사항이 아니다. 그분의 도우심은 반드시, 절대적으로 있어야 한다. 때문에 인간을 돕는 사역은 지금도 하나님이 가장 즐겨하는 사역이다.

마찬가지로 아내가 남편을 돕는다는 의미는 여성이 남성보다 부족해서가 아니다. 열등해서도 아니다. 노예와 같은 신분으로 돕는다는 의미가 아니다. 아내는 주연을 위해 존재하는 열등한 조연이 아니다. 오히려 반대다. 돕는 사람과 도움을 받는 사람 중 누가 능력이 더 많은가? 도움을 주는 사람이 더 능력이 많다. 여성에게 돕는 역할을 맡기셨다는 말은 무엇인가? 도울 것이 있다는 말이다. 남편에게 철없음, 모자람, 미성숙이 있다는 의미다. 남편에게 아내의 도움은 있어도 되고 없어도 되는 선택사항이 아니다. 아내인 나를 절대적으로 필요로 한다. 아내의 도움이 있어야 완성된다. 완벽하다면 아내가 왜 있어야 하는가? 그것은 하나님의 사역과 성품에 참여하는 것이다.

그러나 이샤인 아내들은 모자람을 발견하는 순간 손가락질, 고자질, 지적질을 한다. "제 남편이요? 어유, 말도 마세요. 걸핏하면 성질부리고 집안일엔 도통 무관심해요. 아이들이 어떻게 되어 가는지 신경도 안 쓰고요, 생전 놀아주지도 않는다구요. 그러면서 중요하지도 않은 일에는 왜 그리 신경을 쓰는지, 하여튼 피곤한 사람이예요."

불만을 토로하는 그녀들의 모습을 본 적이 있는가? 빳빳하게 치켜든 고개, 쏘아보는 눈짓, 오만하게 내민 턱, 힘이 잔뜩 들어간 어깨, 한발 내민 공격적인 발 등 온몸은 말한다. 남편이 얼마나 형편없는 남성인지. 사실이다. 종종 남편들은 그렇다. 그것은 당신 남편이 부족하다는 증거이다. 바로 그 이유 때문에 아내인 당신, 즉 돕는 배필이 필요하다. 완벽하다면 왜 아내가 필요하겠는가? 아내의 도움 없이는 절대로 완성될 수 없는 존재, 그가 바로 남편이다.

돕는 배필로서 아내들은 억울하다. '도대체 나는 언제 위로받고, 나는 언제 격려받는 다는 말입니까? 도대체 언제까지 저만 맞추어야 합니까? 제 욕구와 필요가 충족되지 않는 상태에서 남편의 필요와 욕구를 채워주는 일이 어디 쉽습니까?' 그러다 지친 아내들의 신음소리와 눈물방울이 곳곳에 흘러넘친다. 그러나 동역자이신 주님이 아신다. 얼마나 힘든지도 아신다. 그 신음에 귀 기울이며 눈물을 닦아주신다.

이 땅의 아내들은 기억해야 한다. 돕는 배필의 역할을 감당할 수 있는 근원적인 힘은 남편으로부터 오지 않는다. 그것은 주님으로부터 온다. 홀로 감당할 수 없기에 주님과 나누어야 한다. 주님이 먼저 아내들을 도우시기 위해 두 팔을 벌리고 계신다. 그 품에 푹 안겨 있어야 한다. 한순간도 떨어지면 안 된다. 탯줄처럼 직통으로 연결된 은혜의 통로를 통해 공급받은 힘으로만 이 역할을 감당할 수 있다. 그러므로 돕는 배필은 놀라운 특권이요 은혜요 축복이다.

'이샤'는 아담이 지어준 이름이고 '에젤'은 하나님이 지어주신 이름이다. 이샤는 아담이 죄를 짓도록 파괴적인 영향력을 행사했고 에젤은 아담이 회복되도록 선한 영향력을 행사했다. 이샤는 남편의 모자람을 손가락질하지만 에젤은 그 모자람을 채워준다. 이샤는 남편만 바라보지만 에젤은 하나님만 바라본다

크리스천의 여성운동은 여성해방이 아니라 여성회복이다. 원래

의 창조질서를 회복하는 일이다. 그것은 '다시 에덴으로' 돌아가는 것이다. 에젤로서 역할을 회복하는 일이다. 물고기는 물을 떠나면 죽는다. 얼음이 영하의 기온을 거부하면 녹아버려서 기능을 상실한다. 여성이 돕는 배필로서 역할을 거부하고, 가정의 초석이 되기를 거부할 때 그것은 곧 하나님에 대한 도전이며 여성의 정체성을 부정하는 일이다.

나는 바라는 배필인가? 돕는 배필인가?

## 순종으로 명령하다

결혼 전, 인사드리러 온 예비 사위에게 친정아버지는 딸을 이렇게 소개했다.

"얘는 연한 배야. 힘주어 씹을 것도 없어. 한입 베어물면 아삭아삭한 맛이 기가 막히거든." 마음만 내키면 입안의 혀처럼 비위를 잘 맞추며 싹싹하기 이를 데 없는 둘째 딸을 두고 하신 말씀이다. 남편은 연한 배 같다는 나를 아내로 맞아들였다. 그리고 그 아삭거리는 감촉을 기대하며 한입 덥석 베어 물었다. 순간, 남편은 치아들 사이를 맴도는 낯선 것들로 인해 당황했다. 씨였다. 다른 과일 씨들과는 달리 아무리 씹어도 부서지지 않는 작고 까맣고 딱딱한 씨들. 겉보기에 여성스럽고 부드러워 순종 잘 할 것 같은 내 속에 고집과 불순종의 씨들이 숨겨져 있었던 것이다. "여보, 미안해요"

라는 부드러운 한마디가 우는 사자를 달랠 수 있음에도 나는 끝까지 입을 다물고 있었다. 이 완고함으로 인해 남편은 점점 상해갔다. 남편은 나를 "힐러리 김"이라 불렀다. 절대 꺾이지 않고 자신의 뜻대로 남편을 조종한다는 뜻으로 말이다.

미국의 신디에이고에 있는 동물원에 가면 머리가 두 개인 뱀이 있다. 그런데 그 뱀이 갇혀 있는 방 앞에는 다음과 같은 글이 적혀 있다. "이 뱀은 생명이 7년 정도밖에 안 된다. 왜냐하면 머리가 두 개여서 항상 싸움을 하기 때문이다." 이쪽저쪽으로 가려고 서로의 방향을 주장하면서 살기 때문에 단명한다는 것이다.

성경은 가정 안에 머리는 하나임을, 그리고 머리는 남편이며 아내는 그 머리에 순종해야 함을 가르친다. 아내들이 남편에게 순종하는 것이 "주안에서 마땅한 것"골3:18이다. 이는 곧 남편의 머리됨headship에 대한 인정이다.

때문에 순종은 남편의 명령 이전에 주님의 명령이다. 이것은 열등함의 표현이 아니라 하나님의 속성에의 동참이다. 아들이신 예수님이 아버지이신 하나님과 동등하심에도 복종하셨듯 아내는 하나님 앞에서 독특한 인격체이면서 동시에 남편에게 순종해야 한다. 그러므로 이 순종은 노예들이 주인에게 하듯 수동적이고 맹목적인 반응이 아니다. 그것은 하나님이 설계해 놓으신 권위구조에 대한 자발적이며 의지적인 반응이자 결단이다. 내가 남편에게 순종할 때 그것은 곧 하나님에 대한 순종이다. 그 구조를 성경은 이렇게 정리하고 있다. "아내들이여 자기 남편에게 복종하기를 주께 하듯 하라 이는 남편이 아내의 머리됨이 그리스도께서 교회의 머리됨과 같음이니 그가 친히 몸의 구주시니라 그러나 교회가 그리스도에게 하듯 아내들도 범사에 그 남편에게 복종할지니."엡5:22-24

뿐만 아니라 성경은 아내의 순종의 한계를 규정하지 않는다. 베드로는 이렇게 말한다. "아내된 자들아 이와같이 자기 남편에게 순복하라 이는 혹 도를 순종치 않는 자라도 말로 말미암지 않고 그 아내의 행위로 말미암아 구원을 얻게 하려 함이니 너희의 두려워하며 정결한 행위를 봄이라."벧전3:1-2

오히려 믿는 아내들이 믿지 않는 남편에게 순종해야 한다고 강조한다. 순종할 가치가 있어서 순종하는 것이 아니라 순종할 가치가 없는 사람에게조차 순종해야 한다는 말이다. 믿지 않는 남편들이라 할지라도 아내의 행실을 보고 구원을 받을 수 있기 때문이다.

아내들은 잔소리나 질책이 아닌 경건한 행실로 말해야 한다. 신실하고 조용한 순종이 다른 어떤 것보다 제일 크게 말하는 것이다. 머리를 마음대로 돌릴 수 있는 것은 목이다. 목이 뻣뻣하고 굳을수록 머리는 잘 돌아가지 않는다. 그러나 목이 부드러울수록 머리는 잘 돌아가게 마련이다. 아내는 순종함으로 명령한다.

고집과 불순종이라는 죄성의 고리를 끊어내는 일은 인간적인 노력만으로는 불가능하다. 베드로는 순종을 가능케 하는 힘의 원천이 하나님께 있음을 강조한다. 남편을 소망의 근원으로 여기며 의지하는 아내들은 실망하기 마련이다. 그러나 하나님으로부터 힘을 얻어 주의 이름 때문에 남편에게 순종하는 아내야말로 가정을 세우는 여인이다.

고집을 꺾고 보니 행복이 보였다. 이제 남편으로부터 새롭게 얻은 별명이다. "씨없는 배". 예수 그리스도와 접붙임 되어 유전자를 변형해서 얻은 새로운 품종이다. 나의 영원한 별명이고 싶다.


## 아 내 가
## 필 요 해

나는 전형적인 몰입형이다. 한번 필이 꽂혔다 하면 정신을 못 차린다. 일상적인 일들은 다 잊어버린다. 프로젝트가 끝나야 원래대로 돌아온다.

2006년 겨울에 사모 및 크리스천 여성들을 위한 치유와 회복축제 '러빙유'를 개발하게 되었다. 탈진한 여성들을 회복시켜 행복으로 춤추게 하는 사역이다. 이 역동적인 사역은 내 가슴을 뛰게 만들었다.

러빙유 시작 3달 전부터 동역자들과 함께 사역준비에 들어간다. 기도로 준비하고, 사역자들을 훈련시키고, 프로그램을 점검하고, 준비물을 챙기고, 참가자를 모집하는 등 발걸음은 바빠진다. 마침내 세미나가 진행된다. 말라비틀어져 가던 영혼들이 성령의 섬세한 터치로 살아난다. 남편 탓, 자녀 탓, 시어머니 탓, 교인 탓만 하며 빳빳이 고개를 치켜들고 원망하던 이들이 말씀의 능력 앞에 겸손히 고개 숙인다. 빳빳하던 몸에 리듬이 흐른다. 스트레스가 저 멀리 달아난다. 하염없이 쏟아지는 눈물과 함께 오래 묵은 독기가 빠진다. 말개진 얼굴에 웃음꽃이 피어난다. 행복의 주인공으로 다시 태어난다. 성장한 여성들의 얼굴은 해처럼 빛난다.

모든 이들이 떠난다. 홀로 남은 나는 집을 향한다. 몸은 녹초가 되었지만 영혼은 충만한 기쁨으로 가득 차 있다. 승리의 개선장군이 되어 남편의 환영사를 기대하며 보무도 당당하게 현관문을 열고 들어선다.

그의 첫마디는 이것이다. "여보, 밥 줘!" 황당하다. "여보, 수고했어. 당신 대단해. 힘들었지? 역시 당신이야. 좀 쉬지 그래?"가 아니다. 그냥 배고프니 밥 달란다. 그 말끝에 남편은 슬픈 목소리로 말했다. "여보, 나는 사역자가 아니라 아내가 필요해!"

아내가 필요한 순간은 또 있다. 어느 날 아침, 거울을 들여다보았더니 주름살투성이의 낯설고 꺼칠한 얼굴과 마주하고 있을 때. 동갑내기들이 모르는 사이에 나보다 몇 배 더 성공한 것을 발견했을 때. 자식 유학 보내고 죽을 힘을 다해 뒷바라지했는데 유학 한번 안 보낸 친구 아들이 더 잘나갈 때. 어쩌다 한번 운동이라도 하고 나면 며칠을 끙끙대면서 앓아야 할 때. 암으로 먼저 떠난 친구일이 남의 일 같지 않을 때. 구조조정을 겨우 피했는데 월급 줄었다고 아내가 잔소리할 때. 2차, 3차까지 접대 치른 후 늦은 밤 쓰린 속을 부여잡고 집에 들어왔는데 불 꺼진 거실에서 강아지가 맞이할 때. 한 달 내내 아이들이 좋아하는 반찬만 식탁에 올라올 때. 아내에게 며칠 동안 고르고 고른 선물을 전달했더니 고맙다는 말 한마디 없이 마음에 안 든다며 바꿔오라 할 때 등.

이럴 때 남자들은 힘이 빠진다. 그래도 상처 입은 사자처럼 위엄을 지키느라 홀로 괴로워한다. 속 좁다는 소리 들을까봐 혼자 삼키며 견뎌낸다. 추워도 안 추운 척, 힘들어도 안 힘든 척, 외로워도 씩씩한 척 "괜찮아"를 연발하면서 말이다. 모 제약회사의 광고카피다.

성경은 말한다. "누구든지 자기 가족을 돌보지 아니하면 믿음을 배반한 자요 불신자보다 더 악한 자니라."딤전4:8 아무리 수천 명의 사람들을 배불려주는 위대한 사역을 한다 하더라도, 가장 가까이 있는 한 사람이 배고프다면 그 한 사람을 먼저 배불려야 한다는 것이다. 힘이 빠져있다면 손잡아주어야 한다. 모른 척 내팽개친다면 악하다고까지 말한다. 믿음을 배반한 자라고까지 말하지 않는가? 사역, 아이들, 직장 등 그 어떤 것도 핑곗거리가 될 수 없다.

아내가 필요하다는 남편의 호소는 하늘의 음성이었다. 하나님의 브레이크 장치였다. 나는 급히 멈춰 섰다. 남편이 보였다. 아내의 따뜻한 돌봄이 필요한 남편 말이다. 그는 외롭고 쓸쓸해 보였다. 배고파 보였다. 밥 달라 했지만 실은 밥이 아니었다. 밥 속에 담긴 아내의 사랑에 굶주린 것이다.

다시 아내의 자리로 돌아왔다. 이제 나는 기도한다. "주님, 수많은 사람들의 치유자가 되기 전에, 한 남자의 아내가 되겠습니다."

어느 시인이 노래했다. "늘 사랑해서 미칠 것 같은 그런 아내가 아니라, 아주 필요한 사람으로 없어서는 안 되는 그런 공기 같은 아내가 되겠습니다. 그래서 행여 내가 세상에 당신을 남겨두고, 먼저 떠나는 일이 있어도 가슴 한구석에 자리 잡을 수 있는 그런 현명한 아내가 되겠습니다. 지혜로와 슬기로와 당신의 앞길에 아주 밝은 헤드라이트 같은 불빛은 되지 못한다 하더라도, 호롱불처럼 아니 반딧불처럼 당신 가는 길에 빛을 비출 수 있는 그런 아내가 되겠습니다."

　그리고 꿈꾼다. 흰서리 내린 인생의 마지막 길에서 "당신은 내게 정말 필요한 사람이었소. 당신을 만나 행복했었소"라는 고백을 듣는 아내가 되는 꿈 말이다.


# 존경으로
# 세워주다


요즘 남자들이 추락하고 있다. 문제는 추락하는 남자들에게 날개조차 없다는 것이다. 한 남성의 고백이다.

　"저는 두 형과 어머니 그리고 아버지가 식탁에 둘러 앉아서 식사를 하는 도중에 어머니가 아버지에게 퍼부어대는 욕설에 수긍해야 했던 일을 생생하게 기억합니다. '네 아버지 좀 봐라' 어머니는 노골적으로 대놓고 말했습니다. '어깨는 구부정하고 으이그! 당신은 실패작이야! 쥐꼬리만한 봉급에 야심도 없는 인간 같으니라구! 허구헌 날 밥이나 축내고 차라리 내 등뼈를 깎아 먹으라지'

　아버지는 고개를 수그리고 그저 접시만 쳐다보면서 아무런 말대꾸도 하지 않으셨습니다. 어머니는 결코 아버지의 장점이 될 만한 것, 예를 들면 인내심이라든가 성실함 같은 것은 한번도 말한 적이 없습니다. 그 대신 항상 아버지의 부정적인 면에 초점을 맞추고 우리 세 형제에게 자기가 감당할 수 없는 세계에 짓눌려 실패해버린 남성상을 심어주는 데 손쉽게 성공했던 것입니다. 나는 어머니로부터 혹독하게 당해왔던 아버지를 보면서 어느 순간 아버지로서 역할에 자신감을 잃었습니다."

이와 대조적인 여성의 고백이다.

"어머니는 별 볼 일 없는 아버지를 그럴듯한 아버지로 포장하는 재주가 있었습니다. '참 자상하지? 저러니 사람들이 아버지를 좋아하는 거야' '얘야, 저기 걸어오는 모습 좀 봐라. 저 당당한 모습 말이다 든든하지 않니?' '키가 작은 사람이 야무진 법이야.'

심지어 당연한 일을 특별한 일로, 안 괜찮은 일도 괜찮은 일로 만들면서까지 아버지를 추켜 세웠습니다. 귀가 시간이 늦어지면 일을 잘하니 일감이 많아 늦는 거라 하셨고, 성질부리면 '성질도 못 내는게 남자냐? 기죽어 있는 꼴은 더 못본다' 하셨지요. 전화 없이 약속을 펑크 내도 '약속 어긴 적이 없는 사람인데 중요한 일이 잡힌 게 틀림없어. 계약이 드디어 성사되나보다'하며 기뻐하셨습니다. 이 대책 없는 긍정성에 마지못해 수긍하며 자라다보니 어느새 내 속에 긍정적인 남성상이 자리 잡게 되었습니다. 이제 내 딸들에게 매일 하나씩 들려줍니다. '네 아버지 같은 사람 없다.'"

남편을 존경하는 아내와 남편을 무시하는 아내, 이 둘의 차이는 '주 되심'의 고백, 혹은 거부에 있다. 사실 가정의 리더로서 남편을 인정하고 존중하는 일은 결코 쉽지 않다. 아내들은 항변한다. "아니, 존경할 만해야 존경하죠. 존경할 만한 사람이 못 되는데 어떻게 존경하냐고요?"

이처럼 현대판 이샤들은 존경할 수 없는 이유를 들이대면서 하나님의 질서를 마음대로 무너뜨린다. 남편을 함부로 대하며 모욕하고, 하찮게 여기면서 조종하려 든다. 불완전함이나 과거의 실패와 실수를 들추어내고 비난한다. 심지어 다른 사람 앞에서 빈정대며 헐뜯고 원망하기까지 한다. 남편의 '머리 됨'을 철저히 훼손한다.

하나님은 다시 물으신다.

"아니, 마땅히 존경할만한 사람이면 왜 존경하라고 명령하겠니?"

이것은 남편에 대한 존경이 아니다. 남편을 가정의 리더로 세워 놓은 하나님의 창조질서, 즉 주 되심에 대한 존중이다. 내 안에 존재하는 예수님 때문에 남편을 존경하는 것이다. 비록 지금은 존경할만한 요소가 없다하더라도 내가 하나님의 창조질서에 순종하여 남편을 존경할 때 그가 존경할 만한 사람으로 변화된다. 이때 존경은 무조건 그에게 동의한다는 것과는 다르다. 종의 위축된 두려움이 아니다. 완벽하기 때문에 주어지는 것이 아니다. 남편이 아니라 남편에게 지위를 부여하신 하나님에 대한 존경이다.

남편은 아내의 존경을 먹고 산다. 존경 탱크가 채워지면 아내의 사랑탱크를 채워줄 수 있다. 남성은 세 가지 욕구만 채워지면 행복하다. 자존심, 성性, 밥이다. 그중에서 자존심은 가장 강력한 욕구다. 존경은 자존심을 세워주는 최선의 도구다. 온유함벧전3:4이 특징이다. 이미 여성들 속에 내재되어 있는 곡선, 즉 부드러움, 유연성, 따스함, 긍정성, 공감, 포용하는 힘 등으로 표현된다. 직선과 직선이 만나면 날카로운 모서리끼리 부딪히며 전투가 일어난다. 이기고 지는 승부게임이 벌어지면 둘 다 피투성이가 된다. 남편과 전쟁하는 아내는 행복하지 않다. 그러나 곡선은 직선을 무장해제시킨다. 남성들 속에 잠자고 있는 짐승, 즉 공격성과 폭력성을 달래서 잠재워준다. 순한 양이 된다. 심지어 흑기사가 되어 아내를 위해 목숨 걸고 충성한다. 이 땅의 모든 에젤들을 위해 주님은 다시 말씀하신다.

"네 남편을 존경하라."


## 나 와  다 른  남 과
## 평 화 롭 게  지 내 다

결혼 전 남편은 자상하고 세심했다. 차 문 열어주는 건 기본이었다. 길을 걸을 때는 언제나 인도 안쪽으로 걸을 수 있도록 배려했다. 의자에 앉기 전에 얼른 손수건을 꺼내 먼지를 닦아주었다. 좋아하는 음식, 음악, 냄새, 색깔까지 파악해서 맞춰 주었다. 언제나 나를 우선시했다. 특히 남편의 방은 감동이었다. 먼지 하나 없었다. 가지런히 꽂혀있는 책들은 종류별, 색깔별, 크기별, 주제별로 정리되어 있었다. 어수선하고 엉망진창인 집에서만 지냈던 나는 감탄했다.

"우와, 와, 대단해, 이렇게 깔끔할 수가…"

감탄은 감동으로 바뀌었다. "이런 남자라면 평생을 맡겨도 되겠구나" 싶었다. 곧 결혼으로 발전했다.

결혼하고 보니 감탄사는 한탄사로 바뀌었다. 자상한 게 아니라 쫀쫀한 것이었다. 하나에서 열까지 잔소리를 했다. 깔끔하다 못해 결벽증이 있나 싶을 정도였다. 나는 정리정돈과는 거리가 먼 사람이었다. '아니, 어질러 놓으면 한꺼번에 치우면 되는 거지 사람 사는데 그게 뭐가 그리 중요하나' 싶었다.

이뿐만이 아니다. 남편은 외향형이고 나는 내향형이다. 모임에 가면 나는 뒷전이다. 남편은 모인 모든 사람과 인사 나누고 이야기하며 사귀느라 바쁘다. 낯가림이 심한 나는 외톨이로 내팽개쳐진다. 남편은 논리적이고 현실적이다. 나는 감성적이고, 비현실적이다. 남편은 내가 아프다고 말하면 "집에서 뭐 했다고 아퍼?"라고 말한다. 이 말을 듣는 순간, 아파서 서러웠는데 남편 때문에 더 서러워진다. 내 기분은 종종 종잡을 수가 없다. 괜히 기분이 나쁘면 종일 말없이 우울하게 지낸다. 논리적인 남편은 또 이유를 따져 묻는다. 사실 이유가 없다. 나도 모른다. 그냥 기분이 안 좋을 뿐이다. 이런 마음을 그냥 받아주면 좋겠는데 남편은 이유를 모르는데 그 기분에 어떻게 장단을 맞추냐며 도리어 화를 낸다.

나는 이런 남편을 감정도 못 읽는 정서장애자 취급했다. 일에 매달리는 남편을 일 중독증 환자라 몰아붙였다. 정리정돈에 목숨 거는 남편을 쫀쫀한 사람으로 여겼다. 매사에 빈틈이 없는 남편을 인간미가 없다고 공격했다. 계획에 따라 움직이는 남편을 답답하다고 무시했다.

나와 너무도 다른 남편이 불편했다. 거부했다. 나와 같은 성향을 가진 사람으로 고치려 했다. 나처럼 되라고 요구했다. 당신이 틀렸으니 나한테 맞추라고 말했다. 나는 내 방식만 옳은 줄 알았다. 그러나 아무리 노력해도 남편을 나와 같이 만들 수는 없었다. 남편을 한탄하다가 이런 남편을 만든 하나님을 한탄하다가, 애초부터 잘

못 만난 우리의 결혼을 한탄했다. 나는 돕는 배필이 아니었다. 남편은 점점 멀어져갔다.

성경에도 판이하게 다른 두 사람이 등장한다. 마리아와 마르다. 마르다는 이성적, 현실적, 활동적, 언어적, 논리적, 분석적이다. 반면, 마리아는 비현실적, 비논리적, 직관적, 창의적, 감정적이다. 성격차이는 우선순위의 차이로 나타났다. 마르다는 예수님 맞을 준비를 하느라 부엌에서 분주하다. 반면, 마리아는 예수님 앞에 앉아 말씀을 듣고 있다. 비현실적인 마리아는 예수님과의 교제가 우선이다. 현실적인 마르다는 접대하는 일이 우선이다.눅10:38-42 마르다는 마리아가 영 마음에 들지 않는다. 혼자 일하는 것이 왠지 억울하다. 예수님께 이른다.

"주여 제 동생이 나 혼자 일하게 두는 것을 그냥 보고만 계실거에요? 동생에게 저를 도와주라 명령해 주세요."

그러나 예수님은 어느 누구도 잘했다, 잘못했다 판단하지 않으신다. 각자 자신에게 좋은 편을 택했다고 인정하신다.

마르다와 마리아의 차이는 한 번 더 드러난다.요11:17-35 오라비 나사로가 죽었을 때 예수님은 나흘이 지나서야 도착한다. 마르다는 예수님이 오신다는 말을 듣고 곧 나가 맞이한다. 그러나 마리아는 집에 앉아있다. 마르다는 예수님을 만나자마자 진작 오셨더라면 죽지 않았을 거라며 따져 묻는다. 예수님은 왜 따지냐고 묻지 않으시고 부활에 대해 논쟁하고 가르치신다. 반면 마리아는 예수님을 만나자마자 발 앞에 엎드려서 운다. 이를 보고 예수님은 함께 울어주신다. 예수님은 감정적인 사람에게는 감성적으로, 이성적인 사람에게는 이성적으로 다가가셨다.

예수님이 두 자매를 만나는 장면이 한 번 더 나온다.요12:1-8 예수님을 위한 잔치 자리다. 마르다는 여전히 일을 하고 있다. 이때 마리아가 돌발행동을 한다. 값비싼 향유를 예수님의 발에 붓고 자신의 머리털로 그 발을 닦은 것이다. 제자들은 분개한다. 비싼 것을 낭비하고 있다며 판단하고 공격한다. 이때도 예수님은 여전히 마리아의 행동을 기쁨으로 받아들이신다.

여기서 중요한 것은 마리아의 헌신이 아니라 마르다의 침묵이다. 성격상 분명히 제자들보다 먼저 그 행동을 지적하고 공격했어야 한다. 그런데 가만히 있다. 무슨 의미일까? 마리아를 다루시는 예수님을 보면서 마르다 역시 변한 것이다. 자기의 방식만이 절대적으로 옳은 것이 아님을 이해했다. 자신과 다른 헌신, 다른 봉사, 다른 성격, 다른 섬김이 틀린 것이 아님을 받아들인 것이다. 마르다도 좋은 편을 택할 줄 알게 된 것이다. 마르다는 변화했다.

바로 이 마르다의 모습이 나의 모습이어야 했다. 결혼은 차이와 차이의 결합이다. 돕는 배필은 차이를 알고 인정하고 수용하는 데서 출발한다. 그것은 본래 남편을 지으신 하나님의 창조 설계도를 받아들이는 일이다. 내 설계도와 다르다고 틀린 설계도는 아니다. 왜냐하면 하나님은 애초부터 실패작을 만드신 적이 없기 때문이다.

나하고 다르기 때문에 하나님이 '송길원'이라는 사람을 남편으로 주신 것이다. 달라야 보완할 게 있을 것 아닌가? 다른 점을 없애버리면 보완할 게 사라진다. 학의 다리가 길다고 자를 수는 없다. 학은 다리가 긴 것이 매력이다. 길다고 잘라버리면 학은 더 이상 학이 아니다. 학의 다리가 왜 긴지 질문할 수는 있다. 그러나 다리를 잘라서 생명을 훼손할 권한은 없다. 나와 다름에 대해 왜 그런지 물어볼 수는 있다. 그러나 다름을 불평하면서 없애버리고 똑같이 만들 권한은 없다. 그것은 하나님의 작품을 훼손하는 일이다. 교만이고 오만이다. 그럴 능력도 없다.

나는 감정적이고 남편은 이성적이다. 그래서 세미나를 진행할 때 내가 감정적인 분야를 맡고 남편은 논리적인 기초를 놓는다. 남편은 계획적이지만, 나는 즉흥적이다. 돌발상황이 발생하면 나는 창조적인 아이디어를 내고 남편은 체계적인 계획 수립을 통해 아이디어를 실행시킨다. 남편은 사실만 보지만 나는 사실 이면의 세계를 본다. 나는 직관과 통찰로 문제의 핵심을 파악하고 남편은 현실적인 대안을 마련한다.

각각은 불완전한 하나였다. 불완전한 두 사람이 만나 온전한 하나가 되었다. 다름을 받아들이고, 다름을 존중하고, 다름으로 돕고, 다름을 즐긴 결과다. 돕는 배필의 구체적 역할이다.


# 중년의 성性이 주는 9가지 효능

한 젊은 부부가 이혼하겠다고 찾아왔다. 사랑 없는 결혼 생활에 진저리가 난다고 했다. 사랑 결핍증이 있는 아내와 사랑 표현 대신 분노 폭발만 있는 남편, 둘 다 욕구불만 상태였다. 성생활을 점검했다. 따로 잔 지 3년이 넘었다. 부부 관계 횟수도 6개월에 두세 번 정도였다. 분방이 생활화되어 있었다. 온종일 떨어져 지내는 부부가 잠자리까지 따로 하니 몸이 만날 시간이 없다. 몸이 멀어지면 마음도 멀어진다. 몸이 친하지 않으니 마음도 낯설다. 친밀감 제로인 부부다.

따로 노는 부부, 각자 자는 부부, 남과 같은 부부! 이들을 일러 결혼한 독신남, 독신녀라 한다. 행복한 부부의 99%는 만족스러운 성생활을 누리고 있다. 불행한 부부의 99%는 불만족스러운 성 문제를 가지고 있다.

행복 디자이너를 꿈꾸는 여성들은 성에 대한 하나님의 설계도를 따라야 한다. 침실에서의 시간bed time이 불유쾌한 시간bad time으로 변질되지 않도록 하는 것은 돕는 배필의 첫 번째 역할이다. 하나님의 성 설계도를 들여다보자.

첫째, 성은 행복 결정 인자다. 남편은 남자다. 몸속에 남성호르몬인 테스토스테론이 흐르는데, 이 호르몬은 성적 욕구와 밀접한 관련이 있다. 즉 남성 설계도 한가운데에 성적 욕구가 자리 잡고 있다. 남편의 욕구와 필요 1순위란 의미다. 남편의 행복과 불행은 성적 욕구의 충족과 좌절에 달려있다. 욕구가 충족되면 행복하고, 욕구가 좌절되면 불행하다. 행복한 남편은 아내를 행복하게 만든다. 불행한 남편은 아내를 불행하게 만든다. 남편의 성적 욕구는 오직 아내만이 채워 줄 수 있다. 그 누구도 대신해 줄 수 없다. 돕는 배필인 아내에게 내려진 하나님의 특명이다.

둘째, 성은 정서적 친밀감이다. 정서적 친밀감은 하나라는 느낌이다. 가깝다는 느낌이다. 사랑하고 사랑받는 느낌이다. 부부 관계의 토양이다. 이 느낌이 부족하면 가뭄에 논밭 갈라지듯 마음 밭이 메말라 쩍쩍 갈라진다. 자극을 흡수하는 스펀지가 아니라 튕겨 내는 콘크리트가 된다. 작은 일에도 신경질을 부리며 짜증을 내고 화를 낸다. 정서적 친밀감은 성적 친밀감으로부터 온다. 때문에 성경은 "분방하지 말라"고전7:5고 말한다. 아니, 보다 적극적으로 성을 나누며 즐기라고 권면한다.잠5:15-19

셋째, 성은 마음의 대화다. 단순히 육체와 육체의 결합이 아니다. 몸은 감정을 담고 있는 집이다. 몸이 만나면 정서가 전달된다. 살갗과 살갗이 만나면 마음과 마음도 연결된다. 반면 몸과 몸이 만나지 않으면 저절로 마음과 마음 사이에 거리가 생긴다. 마음이 멀어진다. 멀어진 마음을 가깝게 만드는 신속하고 효과적이며 강력한 방법은 다시 몸과 몸을 가까이하는 것이다. 그것이 바로 성이다.

넷째, 성은 여성을 위한 행복 비타민이다. 몸과 몸의 만남에는 세 단계가 있다. 1단계는 터치touch다. 손과 각 신체 부위의 만남이다. 쓰다듬고 토닥거리고 만지작거리면 사랑하고 사랑받는 느낌이 생겨난다. 2단계는 접촉contact이다. 몸의 각 부위끼리 만나는 것이다. 배와 머리가 만나면 엄마 품에 안긴 아이처럼 편안하고 따뜻한 느낌이 생겨난다. 등과 등이 만나면 지지받고 격려받는 느낌이 전달된다. 3단계는 포옹molding이다. 몸통이 만나는 것이다. 성적으로 연합할 때 두 개의 몸은 빈틈없이 연결되어 완벽하게 하나가 된다. 강력한 힘에 의한 밀착감이 있다. 이는 깊은 안정감과 소속감, 친밀감을 선물한다. 몸이 하나 되면 마음도 하나 된다.

다섯째, 성은 사랑탱크를 수리하는 도구다. 아내들은 남편이 무관심하고 사랑해 주지 않는다고 불평한다. 정작 가장 강력한 사랑 전달의 도구인 성을 날마다 거부하면서 말이다. 성은 남편과 아내를 연결해 주는 사랑의 언어다. 하나님은 남편이 정기적이고 규칙적으로 아내를 찾도록 설계해 두셨다. 여성의 성과 달리 남성의 성은 생물학적이고 본능적이다. 마치 소변이 차면 배출되어야 하듯 정액이 차면 배출되고 싶어 한다. 자연스럽게 아내의 몸을 그리워한다. 때가 되면 알아서 찾아들어 오는 남편을 거부하지 않고 품에 안아 환영해 주다 보면 아내의 사랑탱크는 저절로 채워진다.

여섯째, 성은 치유제다. 성은 남편의 정서적 욕구를 채워 준다. 사실 남편은 많은 것들에 대해 두려움을 갖고 있다. 실패할까 봐 두려워하고, 자신의 약점이 노출될까 봐 두려워하며, 인생이라는 드라마에서 위대한 주인공 자리를 잃게 될까 봐 두려워한다. 그럴 때 남편은 아내 쪽으로 손을 뻗어 아내를 껴안고 그 체취를 들이마시며 다시 힘을 되찾는다. 아내는 생명 유지 장치와 같다. 그것은 아내의 몸이 가진 놀라운 치유력이며 남편에게 줄 수 있는 축복의 선물이다.

일곱째, 성은 해독제다. 성은 남성의 공격성을 잠재우는 최고의 무기다. 제멋대로 날뛰는 짐승을 순한 양으로 길들일 유일한 도구다. 여성은 잘 운다. 눈물로 스트레스를 해소한다. 남성은 울지 않는다. 대신 아내와 성을 나누면서 분노, 공격성, 스트레스를 해소한다. 정액이 배출되는 순간, 남성은 머리끝에서부터 발끝까지 이 땅에서 맛볼 수 있는 최고의 쾌락을 경험한다. 근육이 이완되고 세포 하나하나가 황홀함으로 춤춘다. 이때 뇌에서 분출되는 엔도르핀은 감정의 독소를 배출하고 공격성을 몰아내는 기능을 한다. 부드러운 아내의 품속에서 남자임을 확인하고, 남자로서 자존심을 회복한다. 대부분 남성들은 어떤 교육도 상담도 치유도 받지 않으려 한다. 그러나 성을 나누는 순간만큼은 아내가 상담자이자 치료사다. 백 마디 말보다 단 한 번의 성이 남편을 부드럽게 만든다. 아내를 향한 사랑의 감정을 용솟음치게 한다.

여덟째, 성은 분노 조절 장치다. 남성 속에는 두 개의 인격이 들어있다. 하나는 짐승, 다른 하나는 흑기사다. 버튼을 잘못 누르면 짐승이 튀어나오는데, 그 형태는 다양하다. 분노를 폭발하고, 죽어도 말을 듣지 않으며, 미운 짓만 골라 가며 한다. 아내가 좋아하는 일은 절대 안 한다. 외도로 발전할 가능성이 크다. 아내를 만신창이로 만든다. 반면 버튼을 잘 누르면 흑기사가 나온다. 분노를 조절하고, 말을 잘 들으며, 싫어하는 일은 안 한다. 아내가 좋아하는 일을 하고 인정받고 싶어 안달이다. 아내를 행복하게 만든다. 목숨을 바칠 정도로 충성하는 충복忠僕이 되어 만반의 준비를 갖춘 채 묻는다. "무엇을 도와드릴까요?" 아내는 짐승과 살 수도 있고, 흑기사와 살 수도 있다. 성은 누구와 살 것인지를 결정하는 버튼이다. 어떤 버튼을 누를지 선택할 권한이 아내에게 있다.

아홉째, 성은 행복의 초석이다. 남성을 창조하신 분도, 여성을 창조하신 분도 하나님이시다. 선하신 하나님의 선한 의도가 설계도 전체에 깔려있다. 설계도의 기본 콘셉트는 행복이다. 누구보다 여성이 행복하기를 원하시고, 어떻게 해야 여성이 행복한지를 가장 잘 아시는 하나님의 설계도다. 남성만 행복하게 하려는 설계도가 아니다. 여성을 골탕 먹이려는 설계도는 더더욱 아니다. 건축주의 설계 의도를 파악해서 그에 따라 삶을 만들어 가야 한다. 그런데 하나님의 설계 의도를 모르거나 오해한 아내들이 설계도대로 못 살겠다며 항변한다.

"아니, 하기 싫어 죽겠는데 어떻게 해요? 평소에는 거들떠보지도 않다가 자기 필요할 때만 다가오는데 어떻게 마음이 열리냐고요? 온종일 일하랴 애 키우랴 피곤해 죽겠어요. 만사가 귀찮다니까요! 게다가 끝나자마자 등 돌린 채 씩씩거리며 자요. 정나미가 떨어지고 하나도 재미없어요."

맞다. 충분히 공감한다. 아내들이 성을 거부할 만한 이유를 남편들이 산더미같이 제공했다. 그래서 아내들은 성을 내팽개치고 예사로 잠자리를 거부한다. 심지어 남편의 자존심을 건드리기까지 한다. 아예 각 방을 쓴다. 그 결과, 부부간의 성은 무관심의 사각지대에 방치된 채 녹슬어 간다. 구석에 방치된 채 먼지가 겹겹이 쌓인다. 사탄의 도구가 된다. 외도만 불충실이 아니다. 부부 사이에 적극적으로 성을 나누고 즐기지 않는 것 또한 불충실이다. 침실을 소중히 여기고 가꿀 줄 아는 아내야말로 행복의 주인공이다.

# 기대를 관리하는
## 지혜

부부란 무엇일까? 기대하는 게 있어서, 그 기대가 채워지길 바라는 마음으로 서로에게 기대어 사는 것이 바로 부부다. 과도한 기대는 병이 되고 기대가 없으면 남남이 된다. 부부란 적절한 기대를 가지고 밀고 당기면서 서로를 지지해야 한다.

적절한 기대 관리를 통해 기대가 충족되면 긍정적인 영향이 나타난다. 자존감이 높아지고, 행복감을 느끼며, 감사하게 되고, 삶의 의욕이 올라간다. 그러나 부적절한 기대 관리로 기대가 좌절되면 부정적인 결과가 나타난다. 슬픔, 절망, 비애, 무력감, 좌절, 실망, 낮은 자존감, 저항, 변명, 핑계 등의 감정과 행동이 나타난다. 이것이 반복되면 서로 포기하면서 불행이 쌓여 간다. 반복적인 기대 좌절은 아내로 하여금 돕는 배필로서 역할 의욕을 상실하게 만든다. 행복을 좀먹는 악성 바이러스인 것이다.

어떻게 해야 서로 간의 수많은 기대들을 잘 조율해서 조화를 이룰 수 있을까? 행복으로 가는 지름길인 기대 충족을 경험하면서 말이다. 기대를 정리하고 관리하는 노하우 5가지를 소개한다.

첫째, 기대 보따리를 풀어서 정리하라. 결혼 연수가 높아 갈수록 기대 보따리에 내용물이 가득 찬다. 한번도 내려놓고 정리하지 않은 채 계속 짊어지고 다니면 그 무게 때문에 부부의 등이 휘어진다. 내 멋대로 모든 것을 기대하면 안 된다. 보따리를 풀어서 내용물을 꺼낸 다음, 어떤 기대들이 들어있는지 찬찬히 살펴서 정리하라. 조금만 노력하거나 조절하면 채울 수 있는 기대인지, 알려 주지도 않고 혼자만 바라고 있는 애매모호한 기대인지, 혹 100% 불가능한 기대인지 점검하라. 뒤죽박죽된 기대 보따리를 정리하는 것만으로도 기대 충족 수위가 조절되고 기대 충족 경험이 늘어난다.

둘째, 불가능한 기대는 과감하게 쓰레기통에 버려라. 누구에게나 100% 이루기 힘든 기대가 있다. 그 이유 3가지를 생각해서 나눈 다음, 서로의 한계를 인정한다. 포기도 하나의 방법이다. 포기가 무조건 나쁜 것은 아니다. 애초부터 불가능한 것을 기대함으로 기대 좌절을 반복적으로 경험하는 것이 더 나쁘다. 과감하게 쓰레기통에 버리면 기대 보따리가 한결 가벼워진다. 이때 포기한 것은 '나'가 아니라 '기대'일 뿐이다. 그러니 자책할 필요가 없다. 한결 가벼워진 기대 보따리는 짊어지기도 수월하다. 그 가벼움에 행복 지수도 올라간다.

셋째, 은근히 기다리지 말고 직면하라. 부부는 고도의 난해한 게임을 하는 사람들이 아니다. 말도 안 해 놓고 알아서 해 주기를 바라면 안 된다. 애매모호한 말로 넌지시 암시해 놓고 채워 주는지 시험하지 말라. 남편은 독심술사나 암호해독가가 아니다. "오늘 뭐 달라진 거 모르겠어?"라고 묻지 말고 "오늘 머리 새로 했는데 어때?"라고 물어본다. 표현하지 않으면 모른다. 구체적으로, 정확하게, 주관식보다는 객관식으로, 그리고 솔직하게 표현해보자. 무엇을, 언제, 어떻게, 얼마만큼 원하는지 말해보자. 남편이라면 누구나 아내의 기대를 채워 주기 원한다. 그러나 모르면 채워 줄 수 없다.

무엇을 원하는지 상대방이 알지도 못하는데 나의 기대를 채워 주지 않는다고 혼자 분노하고 있으면 기대 좌절만 경험할 뿐이다.

넷째, 50%만 채워져도 행복하다고 여겨라. 충분히 채워 줄 수 있는 것 같은데 채워지지 않는 기대가 있다. 남편을 탓하기 전에 먼저 나의 기대 수준을 점검해서 조절해야 한다. 능력보다 너무 높게 잡으면 배우자에게 좌절감만 느끼게 한다. 능력보다 조금 낮게 잡으면 배우자에게 성취감을 심어 주게 된다. 비록 내가 원하는 방식과 수준이 아니라 할지라도, 서툴고 보잘것없을지라도 상대방의 방식대로 최선을 다했으면 감사하고 격려하자. 100% 채워지길 기대하다가 이미 채워진 50%마저 놓칠 수 있다. 과도한 기대를 내려놓으면 서투름 속에 최선이 보인다.

다섯째, 기대가 연속적으로 좌절되었을 때 자신의 감정을 돌보아야 한다. 기대가 좌절되면 배신감, 분노, 허무, 좌절, 절망, 고독 등이 밀려온다. 이어서 파괴적인 행동이 따라온다. 질책, 비난, 일그러진 표정, 성관계 거부, 생트집 잡기, 무시하기, 화 폭발하기, 가출하기 등이 지진 후의 쓰나미처럼 몰려와서 그동안 쌓아 놓은 기대 충족 경험까지 휩쓸어 간다. 이미 좌절된 기대를 되돌릴 수는 없다. 상황이 더 악화되지 않도록 예방하는 것이 최선이다. 좌절당한 감정을 외면하지 말고 보살펴 준다. 스스로에게 이렇게 말하면서 다독여 주자. '정말 속상하겠구나.' 내 감정을 다스릴 수 있는 사람은 나 자신밖에 없다.

# 나는
# 누구인가?

***

자화상 설계는 건축에서 기초공사에 해당된다. 기초가 튼

튼하지 않으면 아무리 값비싼 건축자재를 사용해도 소용

없다. 멋진 설계도를 따라 완벽한 건물을 지었다 해도 부

실공사가 될 수밖에 없다. 모래위에 세운 성과 같다. 벽에

금이 가고, 물이 새고, 흔들리다가 결국 무너진다. 행복의

집은 건강한 자화상이라는 견고한 반석위에 세워져야 한

다. 그래야 비바람이 몰아치고, 폭풍우가 몰려와도 끄떡없

다. 자화상 회복은 행복이라는 건축물의 생명이다.

*Happiness for Christians*

# 자화상을 회복하는
## 시각 교정술

'가시나무 새'라는 노래가 있다. 가사를 가만 들어 보면, 내 속에 내가 너무 많아서 나도 내가 누구인지 모른다고 노래한다. 쉴 곳이 되어주고 싶은데 그렇게 해 주지 못하는 나! 머물게 하고 싶은데 가시로 찔러대서 날아가게 하는 나! 어둠, 슬픔, 외로움, 괴로움으로 가득 찬 나! 그래서 묻는다. "도대체 나는 누구인가?" 이를 일러 '자아정체성'self identity이라고 말한다. 나는 누구인가에 대한 자기개념이다.

우리 모두는 마음이라는 화폭에 자신의 모습을 그리는 화가들이다. 누구나 마음의 도화지에 "이게 나다"라고 할 수 있는 자신의 모습을 그려 놓았다. 자화상self portrait은 곧 자아정체성이다. 우리는 자화상에 맞춰 생각하고 말하고 느끼고 행동하며 살아간다. 이

때 내가 그려놓은 자화상이 실제의 모습과 차이가 날수록 병든 생각과 말과 행동을 하게 된다. 이를 '병든 자화상'이라 말한다.

이혼을 결심한 40대 부부가 찾아왔다. 남편이 하소연을 늘어놓았다.

"지나가는 여자를 쳐다보기만 해도 난리가 나요! 무심코 봤을 뿐인데 무슨 큰 죄를 지은 사람 취급한다니까요? 얼마 전 동창회에 아내를 데려갔다가 혼났어요. 어찌나 감시가 심하던지… 그 여자랑 왜 그렇게 다정하게 얘기했냐, 나한테는 손길 한번 주지 않는 사람이 남의 여자 어깨에 손은 왜 얹었느냐, 옛날에 사귀었느냐 등등 돌아오는 내내 따지는데 정말 사람 미치겠더라고요. 아무리 아니라 해도 소용없어요. 하루이틀도 아니고 이젠 못 살겠어요. 저도 지쳤어요."

세상은 있는 그대로 존재하는 것이 아니라 '내'가 보는 대로 존재한다. 어떤 시각으로 보느냐에 따라 사물에 대한 인식이 달라진다. 이 사례에서는 아내가 남편을 보는 시각에 따라 '아내를 사랑하는 남편', 혹은 '바람둥이 남편'이 될 수 있다. 이 시각을 결정하는 것이 '나'다. 문제는, 내가 병들어 있으면 남편도 병든 것처럼 보인다는 것이다. 결국 병든 남편으로 만들어 버린다. 왜곡된 해석을 객관적인 사실로 주장하면 객관적인 사실이 된다. 병든 자화상이 갖는 무서운 힘이다.

자화상을 또 다른 말로 표현하면 '마음의 운전사'다. 벤츠, 렉서스, 아우디 등 아무리 차종이 좋아도 운전사가 누구냐에 따라 폐차될 수도 있고, 가진 기능을 최고로 발휘할 수도 있다. 자화상은 세상을 바라보는 창이다. 창이 더러우면 세상도 더럽게 보인다. 창이 붉은색이면 세상도 붉게 보이고, 창이 깨져 있으면 세상도 깨진 것처럼 보인다. 망가진 안경을 쓰고 세상을 바라보면서 세상이 왜 이렇게 망가졌냐며 탓하고 고치려 들면 세상이 고쳐지겠는가? 고쳐지지 않는 세상 때문에 내가 망가진다. 쓰고 있는 안경을 바꿔야 한다.

문제는 시력이 아니라 시각이다. 시각과 시력! 병든 자화상과 건강한 자화상의 갈림길이다.


## 다른 사람의 기준이 언제나 옳지 않다

병든 자화상은 비교의식을 통해 형성된다. 비교의식이란 다른 사람의 눈과 다른 사람의 기준으로 자신을 들여다보는 것이다. 다른 사람이 나를 어떻게 대해주느냐에 따라 나의 존재가치가 달라진다고 여긴다.

어떤 바보가 랍비를 찾아가서 말했다.

"랍비여! 저는 제가 바보라는 것을 압니다. 그래서 이 일을 어떻게 처리해야 할지 모르겠습니다."

랍비는 감탄하면서 말했다.

"내 아들아! 네가 바보라는 사실을 안다면 너는 절대로 바보가 아니다."

"그런데 왜 사람들이 저를 바보라고 하지요? 그래서 저는 바보인 줄 알고 있었습니다."

랍비는 다시 말했다.

"너는 바보가 아닌데 사람들이 바보라 한다고 자기를 바보로 알고 있는 것을 보니 너는 틀림없이 바보로구나."

불안정한 자화상을 가진 이들은 항상 다른 사람의 시각으로 다른 사람과 자신을 비교해서 '나는 누구인가'를 정의한다. 자기보다 잘난 사람을 만나면 열등의식을 느끼고, 자기보다 못난 사람을 만나면 우월의식을 느낀다. 열등의식과 우월의식 사이를 왔다갔다 한다. 다른 사람과의 비교 기준은 수도 없이 많다. 학력, 외모, 키, 성격, 몸무게, 직업, 교회 직분, 아파트 평수, 거주 지역, 건강, 결혼 여부, 결혼 생활 행복도, 자녀 등이다.

한평생 비교의식의 희생양으로 살아간 대표적인 인물이 있다. 살리에르다. 영화 〈아마데우스〉에는 모차르트의 천재성과 비교하는 살리에르의 모습이 그려져 있다. 그는 절규하며 말했다.

"모차르트, 그 젊은 자는 내가 목숨 걸고 매달리는 음악에 놀이처럼 가볍게 접근한다. 나는 음악을 위해서라면 목숨이라도 버릴 각오가 되어 있지만 그는 놀 것 다 놀고, 여자와 농탕질 칠 것 다 치고, 경박하게 '하하하하' 웃어 대면서 남는 시간에 작곡을 한다. 그런데도 그의 음악은 시공을 뛰어넘는 불후의 명작이고 내가 쓴 곡은 당대에조차 아무도 기억하지 못한다. 내게 음악을 준다면 온 생명을 다 바쳐 신을 경배하겠다고 다짐한 바 있거늘, 세상은 어쩌면 이다지도 불공평하단 말이냐! 신이시여! 왜 저에게는 그런 천재를 알아볼 수만 있고, 그런 천재에 미치지 못하는 정도의 능력만을 주셨습니까!"

비참한 인생이다. 인생의 비참함은 가난에서 오는 슬픔이 아니다. 실패에서 오는 고통도 아니다. 배고파 흘리는 눈물은 더더욱 아니다. 재능이 모자라서 내뱉는 탄식도 아니다. 인생의 가장 큰 비참함은 비교로부터 온다. 비교는 인간이 선택할 수 있는 가장 어리석은 행동이다. 자살 폭탄과 같다. 속에서 폭발해 강점, 에너지, 열정, 재능, 자발성, 창조성 등 하나님이 주신 자아의 긍정성을 전멸시킨다. 세상을 살아갈 힘을 빼앗는다. 사탄은 끊임없는 비교를 통해 우리를 절망으로 유혹하고 타락으로 끌어내린다. 비교의식은 바보들의 놀이일 뿐이다. 지혜로운 여성은 비교 놀이에 빠지지 않는다.

# 남 의  소 리 에
# 아 랑 곳 하 지   않 기

건강한 자화상의 최대 적은 비교의식이다. 그러므로 건강한 자화상 설계의 첫 번째 단계는 비교의식을 제거하는 것이다. 비교의식은 우월의식과 열등의식으로 나뉜다. 각각은 다음과 같은 특성들을 가지고 있다. 당신은 어떤가? 각각 해당되는 내용에 표시해 보라.

## 우월의식

나와 남을 비교한다.

나의 강점은 과시하고 남의 약점은 공격한다.

강자는 비판하고 약자는 무시한다.

잘못을 지적하면 견디지를 못하고 상대방을 공격한다.

변명, 합리화, 거짓말을 한다.

칭찬을 못하고 칭찬받기만 좋아한다.

화를 바깥으로 폭발한다.

남이 나보다 인기 있을 때 견디지 못한다.

남의 고통이나 시선에 둔감하다.

남의 말을 듣지 않는다.

가르치기를 좋아한다.

남의 이목을 끌기 위해 노력한다.

자기를 기쁘게 하는 일에만 힘쓴다.

남이 잘못되면 은근히 즐긴다.

주위에 사람은 많지만 친구는 극소수다.

허황되고 과장되게 말을 한다.

인생의 멘토가 없다.

완벽주의 때문에 남이 처리한 일은 성에 차지 않는다.

내면을 성찰할 줄 모른다.

지나치게 적극적이며 활동적이다.

# 열등의식

자신과 남을 민감하게 비교한다.

남의 강점만 부럽고, 나의 약점은 자책한다.

강자에게는 비위를 맞추고 약자는 동정한다.

지적당하면 견디지 못하고 자책한다.

남의 시선에 지나치게 신경을 쓴다.

칭찬을 해줘도 못 받아들인다.

화를 속으로 삭인다.

쉽게 상처받는다.

타인의 시선에 지나치게 예민하다.

속마음이 들킬까봐 가면을 쓴다.

지나치게 소극적이며 비활동적이다.

주목받는 것이 부담스럽다.

남을 기쁘게 하는 일에만 신경을 쓴다.

거절을 못 한다.

누구에게도 속마음을 털어놓지 못한다.

자기를 드러내지 못한다.

인생의 멘토가 없다.

작은 실수도 용납하지 못하고 자책한다.

해준 만큼 돌아오지 않으면 상처 받는다.

희생적이다.

## 채점

\* 해당 문항들을 각각 1점으로 계산해서 기록하십시오.

우월의식     총      점

열등의식     총      점

총합              점

## 해석

| 총합 | 신호 | 진단 |
|---|---|---|
| 0-5개 | 녹색등 | 비교적 건강한 자화상 |
| 5-10개 | 청색등 | 건강한 자화상 |
| 10-15개 | 황색등 | 병든 자화상 |
| 15-20개 이상 | 적색등 | 매우 병든 자화상 |

우월의식과 열등의식에는 여러 차이점들이 있지만 공통점도 있다. 둘 다 비교의식에서 나오는 병든 자화상이라는 것이다. 자신의 존재 가치를 끊임없이 다른 누군가와 비교해서 평가한다. 외부지향형이냐, 내부지향형이냐의 차이가 있을 뿐이다. 우월의식은 남을 공격하는 방향으로 비교 잣대를 들이대지만 열등의식은 자신을 공격하는 방향으로 비교 잣대를 들이댄다.

예를 들어, 아들이 대학 입시에서 떨어졌다고 하자. 우월의식에 빠진 부모는 아들을 공격한다.

"꼬라지하고는… 내 이럴 줄 알았다. 도대체 제대로 하는 게 뭐가 있어? 그동안 들인 학원비랑 과외비랑 아깝지도 않니? 저리 가,

꼴도 보기 싫어!"

반면 열등의식은 자신을 공격한다. 모든 약속을 취소하고 방에 드러눕는다. 전화도 안 받고, 밥도 안 먹고, 잠도 못 잔다. 자식을 명문대에 보낸 부모를 만나면 기가 죽는다. 의기소침해지면서 모든 것을 후회한다. 학원을 잘못 선택한 것은 아닌지, 뒷바라지를 잘못한 건 아닌지 등 다 내 책임이라며 자책한다. 남을 공격하건, 자신을 공격하건 중요한 것은 둘 다 병든 자화상이라는 것이다.

가장 큰 공통점은 둘 다 텅 빈 마음탱크를 안고 살아간다는 점이다. 존재 그 자체로써 무조건적인 사랑을 받지 못했기 때문에 사랑 결핍증을 앓고 있는 것이다.

이는 양육 환경과 밀접한 연관이 있다. 특히 주 양육자의 양육 태도가 결정적인 영향을 미친다. 부모는 본능적으로 자녀에 대해 무조건적 사랑을 가지고 있다. 부성애요 모성애다. 그러나 표현 방식이 서툴다. 자녀는 자기 자신에 대한 무조건적 사랑을 가지고 태어나지 않는다. 그때문에 부모가 대하는 방식에 따라 건강한 자화상이 형성되기도 하고 병든 자화상이 형성되기도 한다.

병든 자화상은 주 양육자와의 불안정 애착 관계, 잦은 부부싸움, 무관심과 방치, 부모의 이혼, 버림받은 경험, 성적과 성공 위주의 억압적인 환경, 가정 폭력이나 성폭력, 편애, 과잉 역할 기대, 보상 심리, 분노 조절 문제가 있는 주 양육자의 언어폭력 등과 같은 요인들에 의해 영향을 받고 형성된다.

사랑받은 경험이 없는 사람은 스스로를 사랑하는 법을 모른다. 누군가로부터 사랑을 받아야 자기 자신도 사랑할 수 있다. 이때 사랑은 무조건적이어야 한다. 마음에 들면 다가와서 사랑해 주다가 마음에 들지 않으면 밀쳐 내고 사랑해 주지 않는 조건적이고 불안한 사랑이어서는 안 된다. 존재 자체에 대한 한결같은 사랑으로 마음탱크가 채워져야 한다. 그래야 '나는 사랑받을 만한 가치 있는 존재야'라는 건강한 자화상이 형성된다. 존재가치감이 뿌리깊은 나무처럼 확고해서 흔들림이 없다. 세상을 살아가는 강력한 힘이다.

텅 빈 마음 탱크는 존재 기반 자체가 없어서 나약하기 짝이 없다. 모래 위에 세운 집과 같다. 작은 바람에도 뿌리째 뽑혀버린다. 우월의식과 열등의식이 자라나는 온상이다. 텅 빈 마음 탱크에서 들려오는 소리는 주로 이렇다.

"아무도 나를 사랑하지 않아. 버림받을지도 몰라. 나는 못났어. 모자란다니까! 나는 뭔가 부족해. 아무도 믿을 수 없어. 아무도 나를 환영하지 않아. 나는 제대로 못해 낼 거야. 나는 할 수 없어. 다들 나를 무시해. 아무도 나를 좋아하지 않아. 내 편은 아무도 없어. 나는 혼자야."

병든 자화상이다. 거짓 자아의 목소리다. 이 모두를 통틀어 한 문장으로 줄이면, "나는 사랑받을 만한 자격이 없어!"다. 이러니 외부의 작은 자극에도 그대로 무너지고 만다. 결혼 생활에도 치명적인 영향을 미친다. 비교 의식을 극복해 건강한 자화상을 설계하는 것이야말로 행복을 세우기 위한 초석이다.

# 비교의식의
# 심리구조

성경에는 비교의식의 대명사가 나온다. 한나와 브닌나다. 그러나 한나는 결국 열등의식을 극복했다. 그 비결은 무엇일까? 두 사람의 대화를 들어 보자.

브닌나: 애도 못 낳는 주제에 뭔 유세를 그렇게 떨어?

한나: 무슨 유세를 떨었다 그래?

브닌나: 잘난 척하고 있잖아, 지금!

한나: 왜 생사람 잡고 그래?

브닌나: 맞는 말이잖아!

한나: …

브닌나: 왜 대답이 없어? 너 내 말이 우습니? 그리고 요즈음 내 남편한테 무슨 짓을 한 거야? 왜 자꾸 네 방을 들락거려?

한나: 격양된 목소리로 그럼, 보고 싶다고 찾아오는 걸 내쫓아?

브닌나: 당연히 그래야지! 네 남편 아니잖아? 내 아이 아빠야! 왜 네가 독차지해?

한나: 내 남편이야! 사랑해. 나만 사랑한다고 말했어!

브닌나: 질투에 눈이 멀어서 이것이 혀를 함부로 놀려? 비아냥대며 사랑? 사랑이 밥 먹여 주냐? 자식도 없는 사랑이 뭔 사랑이야? 안 봐도 뻔해. 엘가나가 등 돌리고 자지? 손도 안 잡지? 관계도 안 하는 거야. 그러니까 애가 없잖아! 몸

이 따로 노는데 그게 무슨 사랑이야? 내 장담하지만 엘
가나가 너 사랑하는 것 아니야! 착각하지 마. 억울해?
억울하면 너도 애 낳아. 증명해보라니까…

한나: 소리치며 애 못 낳는 게 내 잘못이야? 내 책임이냐구?

브닌나: 그럼 엘가나 책임이야? 애만 못 낳는 줄 알았는데 바보
멍청이잖아! 애 못 낳으면 여자 아니지! 그걸 이제 알았
어? 사람 구실 못하는 거라고. 자리 내놔! 어디 뻔뻔스
럽게 떡하니 마누라 자리 차지하고 있는 거야?

한나: 눈물을 쏟는 한나 그만해! 제발 그만해…

브닌나: 코앞에다 대고 손가락질하며 뭐 잘했다고 질질 짜? 꼴 보기 싫
어. 나가! 눈앞에서 꺼지라고! 이 집에서 사라져!

한나: 서러움에 더 큰 소리로 울며 죽고 싶어. 죽고 싶다구! 더는 못 견
디겠어!

브닌나: 너 말 자~알 했다. 그래, 죽어. 차라리 나가 죽어버려!


둘 중 누가 더 안쓰러운가? 겉으로 보기에는 분명 한나가 공격
당하는 것 같다. 불쌍하다. 그러나 알고 보면 브닌나도 상처투성이
다. 둘 다 마음이 아픈 사람들이다. 그러나 둘은 아픈 마음을 다루
는 방식에서 차이가 있다. 이 차이를 결정짓는 것이 자화상이다.
한나와 브닌나 모두 비교의식 때문에 불안하며 병든 자화상을 가
지고 있다.

시작은 한 남자, 엘가나로 인해서다. 이 둘은 한 남성의 두 아내
들이다. 사랑을 나누어 가져야 했다. 이로 인해 집안에 질투와 시

샘, 다툼, 눈물, 통곡, 원한이 끊이지 않았다.

브닌나는 우월의식의 대명사다. 그녀는 남편의 사랑이라는 잣대를 가지고 한나와 비교했다. 남편 엘가나가 자신보다 한나를 더 사랑했던 것이다. 엘가나는 제물의 분깃을 한나에게 갑절이나 더 주었고 노골적으로 티를 냈다. 자식 없는 집에 와서 자식을 낳아 주었으면 마땅히 우대해야 한다. 음식 나누어 주는 것만 해도 그렇다. 한나는 혼자이지만 브닌나는 자식까지 있으니 당연히 더 많이 주어야 한다. 그런데 한나에게 더 많이 준 것이다. 불공평하다. 그것까지는 참겠는데, 그 이유가 사랑하기 때문이라니? 사랑이라는 저울의 무게가 기울었기에 브닌나는 질투와 시기로 눈이 멀었다.

억울하고 분했다.

이후 브닌나는 우월의식의 특징들을 고스란히 드러냈다.

첫째, 자신에게는 자식이 있다며 자신의 강점을 파악했다.

둘째, 한나에게는 자식이 없다며 상대방의 약점을 파악했다.

셋째, "심히 격분하게 하여 괴롭게"삼상1:6 하면서 자신의 강점을 가지고 상대방의 약점을 공격하며 상대를 괴롭혔다.

'격분'이라는 단어 속에는 분한 감정이 북받쳐 오른다는 뜻이 담겨 있다. 여기에 '심히'라는 수식어까지 붙어 있다. 이성을 잃을 정도의 분노라는 말이다. 견딜 수 없을 정도로 괴롭혔다는 말이다. 자식이 없다고 멸시하고 인격적으로 무시했다. 시시때때로 약점을 들추어냈다. 상대방의 괴로움을 즐겼다. 우월의식은 건강한 자화상이 아니다. 열등의식의 반대 얼굴이다. 건강한 자화상이라면 어떻게 했을까? 자식이 없는 한나를 불쌍히 여기고 약점을 덮어 주며 위로하고 기도했을 것이다.

한나는 열등의식의 대명사다. 한나는 자식이라는 잣대를 가지고 브닌나와 비교했다. 자식이 없다는 이유로 브닌나에게 심한 괴롭힘을 당했다. 서러움, 슬픔, 우울, 의기소침, 억울함이 한나의 마음에 가득 찼다. 이후 열등의식의 특징들을 드러냈다.

첫째, 브닌나에게는 자식이 있다며 상대방의 강점을 파악했다. 브닌나와 정반대다.

둘째, 자신에게는 자식이 없다며 자신의 약점을 파악했다.

셋째, 상대방의 강점을 가지고 자신의 약점을 공격해서 자신을 괴롭혔다. 날마다 울고 먹지도 않았다.<sup>삼상1:7</sup> 자신의 약점은 확대하고, 자신의 강점은 무시했으며, 상대방의 강점만 부러워했다. 한나의 최고 강점은 '남편이 브닌나보다 자신을 더 사랑한다'는 것이었다. 그런데 이 사실은 과소평가하고 자식이 없는 것만 확대해서 자신을 평가절하했다.

남편 엘가나가 얼마나 답답했으면 사무엘상 1장 8절에 "어찌하여"를 세 번씩이나 반복했을까? "어찌하여 울며 어찌하여 먹지 아니하며 어찌하여 그대의 마음이 슬프냐"라는 말씀속에는 안타까워하는 남편의 마음을 그대로 느낄 수 있다.

한나가 왜 이렇게 고통스러워하는지 잘 아는 엘가나는 비교 기준을 수정해 준다.

"내가 그대에게 열 아들보다 낫지 아니하냐"<sup>삼상1:8</sup>.

내가 당신을 얼마나 사랑하는데 겨우 아들 하나 때문에 이렇게 괴로워하다니, 말이 되느냐는 소리다. 아들은 비교 기준이 될 수 없다는 말이다. 아들 하나 때문에 아들보다 훨씬 더 큰 남편의 사랑을 못 보고 스스로를 괴롭히는 한나의 시각을 열어 주고 있다.

그럼에도 한나는 남편의 말을 받아들이지 못한다. 깨닫지도 못한다. 브닌나가 심어 준 거짓 자아를 따라 말하고 생각한다.

결국 둘 다 똑같이 비교의식에 사로잡혀 있었다. 둘 다 똑같이 마음탱크가 비어 있었다. 그러나 한나는 비교의식에서 벗어난다.


## 열 등 감 에 서
## 벗 어 나 기

한나는 열등의식으로부터 회복된다. 열등의식의 증상에서 벗어났다. 아무것도 먹지 못하는데 이제는 가서 먹는다. 울기만 했는데 이제는 근심 빛이 없다. 중요한 문장은 이것이다. '어쩌다'도 아니고 '종종'도 아니다. "얼굴에 다시는 근심 빛이 없더라"삼상1:18 슬픔도 눈물도 원통함도 억울함도 영원히 사라진 것이다.

또 다른 증거가 있다. 한나는 괴로워서 성전에 나가 기도했다. 그런데 입술만 움직이면서 소리를 내지 않고 기도하는 한나의 모습을 보고 엘리 제사장은 술 취한 것으로 오해했다. 오해받은 것도 억울한데 "포도주를 끊으라"삼상1:14는 명령까지 들었으니 그 억울함은 말로 다할 수 없을 터였다. 이런 상황에서 열등의식에 사로잡힌 한나라면 어떻게 행동하겠는가?

당장 삐칠 것이다. 받은 상처를 속으로 삭이면서 더 안 먹고, 더 울었을 것이다. 속사정을 이토록 몰라주는 엘리가 무척 서운했을 것이다. 한마디 말도 못했을 것이다. '아이가 없다고 제사장까지 나를 무시하는 게 틀림없어'라고 엉뚱하게 해석했을 것이다. 아니면 집으로 가 버렸을 것이다. 밤새 제사장이 한 말을 곱씹으면서 분노를 키웠을 것이다. 자식이 없는 슬픔보다 오해받은 분노가 더 커졌을 것이다.

그러나 한나는 이 중 어떤 것도 선택하지 않는다. 엘리는 제사장이라는 높은 신분의 사람이다. 그 앞에 가서 포도주나 독주를 마신 것이 아니라고 오해를 푼다. 받은 상처를 덮어 두거나 아닌 척 포장하지 않는다. 피하지 않고 직면한다. 결코 쉽지 않다. 보통의 용기로는 불가능하다. 더구나 자신의 모습을 있는 그대로 설명하면서 마음을 열어 보인다. 슬프고 원통하고 격분된 감정이 많다고 말한다. 부정적 감정에 대한 표현이다. 마침내 엘리 제사장은 오해를 푼다. 한나는 오해를 받아도 상처받지 않을 만큼 회복되었던 것이다.

그리고 이제 엘리 제사장의 말에 귀를 기울인다. "평안히 가라 이스라엘의 하나님이 네가 기도하여 구한 것을 허락하시기를 원하노라"삼상1:17 이 말을 듣자마자 가서 먹었다. 얼굴에 다시는 근심 빛이 없었다.

열등감의 원인이 해결된 것은 아니다. 여전히 자식은 없다. 적수인 브닌나는 여전히 한나를 괴롭힌다. 그럼에도 한나는 열등의식으로부터 회복되었다. 이제 더 이상 '자식'이라는 저울로 자신의 값을 정하지 않게 된 것이다. 자신을 괴롭히는 브닌나의 말에 좌지우지되지 않았다. 위축되었던 한나의 자화상은 본래의 크기, 즉 하나님이 원래부터 매겨 놓으신 크기로 돌아왔다. 그녀는 치료되었다. 그 이유는 무엇일까?

한나는 "마음이 괴로워서 여호와께 기도하고 통곡하며"삼상1:10 하나님을 찾았다. 마음이 풀릴 때까지, 확신이 생길 때까지 오랫동안 기도했다. 그냥 기도가 아니라 통곡이었다. 그동안 받았던 설움, 괴로움, 고통을 쏟아냈다.

기도는 '하나님께 나아가는 사닥다리'다. 한나는 그 기도의 사닥다리에 올랐다. 아래를 내려다보면서 사닥다리에 오를 수는 없다. 아래에는 브닌나가 있다. 양손으로 사닥다리를 붙잡고 위태롭게 흔들어 댄다. 얼마나 형편없는 존재인지를 날마다 일깨워 주고 거짓 자아를 문신처럼 새겨 준다. 위를 바라봐야 오를 수 있다. 위에는 하나님이 계신다. 시선이 하나님께 고정되어 있으면 브닌나가 아무리 흔들어도 끄떡없다. 하나님의 일관된 음성이 들린다.

"한나야, 내가 너를 사랑한다. 네 모습이 어떠하든 상관없이 말이다."

하나님은 진짜 자아를 문신처럼 새겨 주시고, 텅 빈 마음 탱크를 채워 주신다.

비교의식의 반대는 창조의식이다. 창조의식은 수많은 비교 잣대를 내버리는 것이다. 대신 단 하나, 하나님의 시각을 받아들이고 이 시각으로 나를 바라보는 것이다.

성경은 "우리는 그가 만드신 바라"엡2:10라고 말한다. 인간은 하나님의 작품이다. 심히 기묘하다고 말한다. 단 하나의 실수도 없다. 작품 중의 작품, 즉 명품이다. 이 명품의 주인이신 하나님이 이미 값을 정해 놓으셨다. 그 값은 '3P'로 표현된다. 매우 귀해서,Precious 값을 매길 수가 없는,Priceless 하늘나라 공주,Princess다. 값이 매우 나가서 그 값을 측정할 저울이 없다는 것이다. 도대체 얼마일까? 얼마이기에 측정할 저울이 없다는 것일까?

이사야서에 기록된 "내가 너를 보배롭고 존귀하게 여기고 너를 사랑하였은즉"사43:4 말씀은 하나님의 가격표를 보여 준다. 영어 성경에는 "You are very important person in my eyes"라고 표현되어 있다. 한마디로 'VIP'다. 아니 'VVIP'You are very very important person다. 여기서 중요한 대목은 "in my eyes", 즉 '나의 시각에서 볼 때'라는 구절이다. 브닌나의 시각이 아니라 하나님의 시각이다.

이전에 한나는 자신이 짝퉁인 줄 알았다. 짝퉁은 비교 대상에 따라 괜찮다가 형편없다가 한다. 한나는 브닌나가 매겨 준 형편없는 가격을 받아들였고, 공격하는 브닌나의 말에 흔들렸다. 그래서 자신이 정말 형편없는 줄 알았다.

그러나 이제 하나님의 시각을 소유한 한나는 자신이 명품임을 안다. 값을 매길 수 없을 정도의 가격이라는 사실도 깨닫는다. 명품은 고칠 필요도, 불필요한 장식도, 비교할 필요도 없다. 누가 뭐래도 이미 그 자체로 충분히 빛난다. 한나는 이제 날마다 고백한다.

"네, 주님! 저는 충분히 사랑받을 만한 가치가 있습니다. 그럴 자격이 있습니다."

"너는 짝퉁이어서 형편없다"고 속삭이는 브닌나의 공격에도,

자식이 없음에도 끄떡없다. 하나님의 사랑으로 가득 찬 마음탱크는 존재 자체만으로 충분히 배부르다. 창조의식은 명품 인생을, 비교의식은 짝퉁 인생을 낳는다. 이 둘의 차이를 정리하면 다음과 같다.

**창조의식과 비교의식의 차이**

| 창조의식 | 비교의식 |
| --- | --- |
| 하나님의 시각으로 바라본다. | 다른 사람의 시각으로 바라본다. |
| 비교 기준이 없다. | 수많은 비교 기준이 있다. |
| 하나님이 만들어 주신 진짜 자아 | 남이 만들어 준 거짓 자아 |
| 유일(only one) 추구 | 일류(best one) 추구 |
| 꽉 찬 마음탱크 - 심리적 충만 | 텅 빈 마음탱크 - 심리적 허기 |
| 안정, 사랑, 독립 | 불안, 집착, 의존 |
| 건강한 관계 | 중독적 관계 |
| 명품 인생을 산다. | 짝퉁 인생을 산다. |

# 다시 그리는
# 자화상

태어날 때 우리 모두는 원본이었다. 원본은 하나님이 원래 그려 주신 초상화다. 기가 막힌 작품이었다. 그 속에는 나만의 재능, 특성,

기질, 선호도, 취향, 장단점 등이 새겨져 있다. 우리는 하나님이 심어 놓으신 DNA를 따라 살 때 가장 행복하도록 설계되어 있다. 그러나 대부분은 복사본으로 살다가 복사본으로 죽는다. 복사본은 남이 나의 화폭에 들어와 제멋대로 그려 놓은 초상화다. 남이 만들어 준 자화상에 따라 살면서 단 한번도 자기 인생을 살지 못한다.

이제 우리는 원본을 토대로 자화상을 새로 그려야 한다. 다음에 제시한 5단계를 따라 새로운 자화상의 설계 도면을 작성해 볼 수 있다.

1단계는 '거짓 자아의 목소리를 분별하기'다. 원본과 복사본을 분리해서 객관적으로 바라보는 과정이다. 대부분 원본 위에 복사본이 덧입혀진 상태다. 남이 그려 준 가짜 그림을 진짜 그림인 줄로 착각하고 너무 오랫동안 복사본을 따라 살아왔다. 남이 만들어 준 거짓 자아에 한평생 속아 온 것이다. 어느 것이 진짜 '나'인지 구분이 안 간다. 나를 구성하는 요소는 언제나 양면성으로 이루어져 있다. 긍정성이 있으면 부정성이 있고, 강점이 있으면 약점이 있다. 복사본은 십중팔구 왜곡되고 편향된 시각에서 그려져 있다. 긍정성보다는 부정성, 강점보다는 약점이 강조되기 십상이다. 부정적 자화상으로 세상을 바라보니 세상이 부정적일 수밖에 없다. 세상을 변화시키기는커녕 잠재력마저 말살 당한다.

2단계는 '거짓 자아 정복하기'다. 고정관념을 깨는 단계로, 남이 그려준 자화상을 뒤집어 본다. 부정성의 반대인 긍정성을 찾아본다. 어느 각도에서 어떻게 바라보는가에 따라 사물에 대한 인식이 완전히 달라진다. 장미 속의 수많은 가시를 보는 사람이 있는가 하면, 수많은 가시 속에 피어있는 한 송이 장미를 보는 사람도 있다. 마찬가지다. 내가 어떤 각도에서 나를 바라보는가에 따라 나에 대한 인식이 완전히 달라진다. 왜곡된 시각을 교정하는 작업이기도 하다.

남이 심어 준 부정성을 뒤집어 보자. 예를 들면, 어디로 튈지 모르는 예측불허 성격은 창조성의 토대다. 눈에 보이지 않는 이면의 세계가 눈에 보이듯 하는 것은 직관력이 뛰어나다는 말이다. 빠르다는 것은 신속함이다. 심각한 건망증은 스트레스를 원천 봉쇄하는 힘이다. 부부싸움을 해도 다음 날이면 다 잊어버리기 때문이다. 게으름은 여유로움이며, 불같은 성격은 추진력, 느림은 신중함, 약삭빠름은 뛰어난 상황 적응력이다. 정리 정돈을 못한다는 것은 잔소리를 안 한다는 것이고, 감정의 기복이 심하다는 것은 감정에 민감하다는 말이다.

잠자고 있던 긍정성이 깨어나면 존재감이 드러난다. 몰랐던 긍정성의 선물 보따리를 한 아름 안게 된 여성들은 환호한다.

3단계는 '초점 모으기'다. "하나님이 나에게 주신 특별한 선물은 무엇인가?"에 대한 답을 찾는 단계다. 나를 구성하고 있는 모든 면들을 종합해 보면 눈에 띄는 특별한 선물이 있다. 나의 경우, 창조성과 직관력, 통찰력, 유연성, 그리고 민감성이다. 눈에 보이지 않는 사람의 마음을 다루는 데 적합한 선물이다.

선물 보따리를 풀어서 보노라면 새롭게 발견된 특별한 점이 얼마나 다양한지 놀라울 정도다. 친화력과 공감 능력, 남을 웃기는 능력과 웃는 능력, 행정력, 기도의 능력, 뒤에서 말없이 섬기는 능력, 가르치는 능력, 탁월한 손재주, 각양각색의 사람들을 가슴에 품는 포용력 등 하나님이 각각의 여성들을 얼마나 특별하게 창조하셨는지 확인하는 일은 큰 기쁨이다. 다양하게 흩어져 있는 선물들을 이리저리 분류해 본다. 그중에서 제일 마음에 드는 면들이 무엇인지 확인한다. 결국 한두 개, 혹은 서너 개의 특별함으로 정리된다.

4단계는 '새로운 자화상 완성하기'다. "내가 하나님께 드릴 선물은 무엇인가?"에 대한 답을 찾는 단계다. '내가 누구인가'는 하나님이 내게 주신 선물이고, '나는 무엇이 될 것인가'는 내가 그분께 드릴 선물이다. 받은 선물을 장롱 속에 처박아 두는 것이 아니라 누군가에게 되돌려 주는 것이다. 선물을 나누면 몇 배의 기쁨으로 되돌아온다. 새롭게 발견한 특별한 점으로 무엇을 할 것인가를 결정한다. 간단한 한 문장으로 완성한다. 이때 반드시 "나는"으로 시작한다.

"러빙유 세미나"에 참가한 여성들은 새롭게 세운 자화상을 이렇게 고백했다.

"나는 열방의 어머니입니다."

"나는 지친 영혼이 기대는 쉼터입니다."

"나는 웃음을 선물하는 웃음꽃입니다."

"나는 안기고 싶은 어머니의 품입니다."

"나는 사람을 살리는 생기입니다."

"나는 평화를 선물하는 피스메이커입니다."

"나는 상처를 어루만지는 치유자입니다."

"나는 가정의 회복을 돕는 가정 사역자입니다."

이 문장들을 완성하는 참가자들의 눈빛이 빛난다. 가슴이 뛴다. 더 이상 거짓 자아의 목소리에 지배당해 축 늘어진 여성은 없다.

5단계는 '선포하기'다. 선포는 말 그대로 사람과 하나님 앞에서의 약속이다. 새롭게 선물 받는 자화상대로 살겠다는 다짐이기도 하다. 말은 현실이 된다. 하나님도 말씀으로 천지를 창조하셨다. 말로 내뱉는 것에 불과한 것 같지만 내 입으로 직접 선포했을 때 맞이하게 되는 변화의 강도는 크다. 직접적으로 말을 하면 귀를 통해 뇌로 전파되어서 다시 한번 각인되기 때문이다. 목소리의 치유력이다.

선포는 자기 자신에게 하는 약속이다. 동시에, 변화된 자신을 다른 사람들에게 강하게 드러내는 행위이기도 하다. 변화를 유지시키는 좋은 방법 중 하나다. 말을 함과 동시에 그 말은 공언이 된다. 그러다 보면 스스로 규제하고 제어하게 된다. 선포하고 나면 그것을 벗어나지 않으려 끊임없이 노력하기 마련이다. 때문에 선포는 유지시키는 힘이다. 선포는 할 수 있는 한 주변의 많은 사람들에게 하는 것이 좋다. 하나님께 할 때는 단순한 문장을 큰 소리로 반복한다.

"하나님, 저는 열방의 어미로 살 것입니다!"

축하하고 축하받을 일이다. 『탈무드』에 "하나님은 우리가 당신이 주신 모습을 즐기기 원하신다"는 말이 있다 하나님이 주신 원래의 자기를 발견한 여성들은 이제 자신의 모습을 즐길 줄 안다. 감탄한다. 여성, 하나님이 주신 최고의 감탄사다.

# 쓴 마음을
# 해부하다

***

기초공사는 땅고르기부터 시작된다. 건축을 위해 땅을 다지다보면 장애물들이 튀어나오기 마련이다. 종류나 특성을 먼저 파악해야 한다. 없애기 전까지 공사는 중단되어야 한다. 마음밭에 있는 쓴 뿌리는 행복건축을 방해하는 최대 걸림돌이다. 설계도면이 아무리 아름다운들 무슨 소용이 있는가? 가시와 돌로 가득찬 마음에는 어떤 행복도 심을 수 없다. 바쁘다고, 귀찮다고, 힘들다고 그냥 덮어 두었다가는 훗날 더 큰 문제가 된다. 제거하기 위해 먼저 발생 원인, 형성 경로, 종류, 크기, 독성 정도, 오염 규모 등 쓴 뿌리의 정체를 정확히 파악해야 한다.

*Happiness for Christians*

# 상 한 감 정 의
# 정 체

아침 회의 때 오리엔티어링과 관련된 얘기를 하던 중 번뜩 아이디
어가 떠올랐다.

"잔디 뽑기 활동을 해 보면 어떨까요?"

틀린 단어를 못 견디는 남편이 재빨리 점잖게 수정했다.

"잔디가 아니라 잡초겠지."

실수했다. 얼른 바로잡았다.

"아, 그러네. 잔디가 아니라 잡채, 잡채 뽑기!"

주특기인 아내의 말실수에 다들 웃음보가 터졌다.

잡초 없이 잔디를 키울 수는 없다. 잔디를 가꾸기 위해서는 잡
초도 함께 관리해야 한다. 내버려두면 잡초가 정원을 뒤덮어 버린
다. 잡초는 씨를 뿌리지 않아도 저절로 자라난다. 수명이 길고 생

명력과 번식력이 강하다. 들불처럼 번져간다. 잔디가 차지할 공간과 땅을 점령해 정원은 금새 잡초밭이 된다. 잔디가 주인공인데 잡초가 주인공이 된다. 잡초는 양분과 수분을 빼앗고 병균과 벌레의 서식처가 된다. 잔디의 성장을 방해해 결국 죽게 만든다. 이쯤되면 잡초가 아니라 독초다.

쓴 뿌리는 마음속에 자라는 독초다. 쓴 뿌리가 지배하고 있는 마음을 '쓴 마음'이라고 한다. 성경에는 농부가 뿌린 씨앗들이 흙이 얕은 돌밭, 길가, 가시떨기에 떨어진 이야기가 나온다.마13:1-8 어느 것 하나 싹을 틔우지 못했다. 새들에게 먹혔고, 말라비틀어져 죽었다. 토양이 좋지 못한 탓이었다.

쓴 마음의 반대는 '순純 마음'이다. 순 마음은 성령께서 거하시는 전殿이다.고전3:16 성령이 주인인 곳이어서 성령께서 지배하시고 다스리신다. 하나님의 은혜가 온몸으로 막힘없이 흐른다. 옥토여서 30배, 60배, 100배의 결실을 맺는다. 성령의 열매, 즉 사랑, 희락, 화평, 오래 참음, 자비, 양선, 충성, 온유, 절제가 흘러넘친다.

쓴 뿌리의 정체는 욕구좌절로 생겨난 상한 감정들이다. 나 역시 쓴 뿌리로 고통받았던 적이 있다. 밤새 아팠다. 그렇게 아픈 적은 처음이었다. 남편이 들어오는 기척이 났다. 일어나고 싶지만 몸이 말을 듣지 않았다. 온몸이 불덩이였다. 끙끙 앓는 소리가 절로 났다. 이불을 더 당겨 덮었다. 내심 다가와 "어디 아파?"라며 한마디 해 주면 좋겠다. 어릴 때 나는 아플때마다 혼자였다. 누군가 다가와 머리에 손 얹고 어디가 아픈지 물어봐 주기를 얼마나 간절히 바랐었던가. 그가 남편이기를 기대했다. 촉수를 곤두세웠다. 청각이 최고로 예민해졌다. 냉장고 문 여닫는 소리, TV 채널 돌리는 소리, 뉴스 소리, 씻는 소리, 침대 옆으로 걸어 들어오는 소리가 났다. "어디 아파?"는 커녕, 남편은 그냥 잤다!

그날 나는 밤새 못 잤다. 아랑곳하지 않는 남편 때문이었다. 다음 날 아침이 되자 열은 좀 가라앉았다. 한결 나아졌지만 일어나기는 싫었다. 밥 차려 주기는 더 싫었다. "밥 먹었어?", 혹은 "밥 차려 줄까?", 또는 "밥 먹을래?" 셋 중 한마디가 듣고 싶었다. 이불에 몸을 깊게 파묻었다. 소리는 어제보다 더 크게 들렸다. 씻고, 전화하고, 옷 갈아입는 소리다. 냉장고 문을 여닫더니 달각거리는 소리가 났다. 반가운 소리였다. 밥차리려나 보다! 내 밥! 어제부터 종일 굶었다. 그런데 "밥 먹을래?"는 무슨, 남편은 또 그냥 갔다! 자기 밥만 챙겨 먹고.

머리 열이 가슴으로 옮겨붙어 확확 달아올랐다. 이 열기는 다시 머리로 치솟았다. 한평생 아침밥 차리는 것을 거른 적이 없었다. 결혼식 올릴 때 스스로에게 한 약속 두 가지가 있다. 남편 출퇴근 때 인사하기와 아침밥 챙겨 주기다. 한평생 지켜 온 약속이다. 그랬던 아내가 못 일어나면, 혹시 아픈가 짐작이라도 하든가 묻기라도 해야 맞다. 매번 예상은 빗나갔다. 이러니 여자는 아프면 굶어서 죽는다는 말이 나오는 거다.

아픈 것도 서러운데 밥까지 굶으니 더 서러웠다. 내 밥은 안 차려 주고 자기 밥만 차려 먹으니 화가 났다. 그래놓고는 "당신 아픈 것 같아서 내 밥은 내가 챙겨 먹었어. 나 잘했지?"하며 자랑을 한다. 정작 아픈 내가 밥을 먹었는지는 안중에도 없었다.

쉴 새 없이 밀려드는 생각과 감정들로 마음이 뒤죽박죽되었다. 정리해보면 이렇다. 일단 아픈 것을 알아 주면 좋겠다. 아픈데 그냥 아픈 게 아니라 밥도 못 차려 줄 정도로 많이 아프다는 것도 알아주면 좋겠다. "얼마나 아플까" 다정하게 말 한마디 건네주면 더 좋겠다. 열이 많이 나니 머리에 손 한번 얹어 주면 좋겠다. 하루 종일 굶었으니 얼마나 배고플까 관심 가져 주면 좋겠다. 이참에 남편이 차려 주는 서툰 밥상 한번 받아 보면 소원이 없겠다. 나는 혼자 아프고 싶지 않았다!

이를 일러 '욕구'欲求라 말한다. 사전적인 의미로는 '무엇을 얻거나 무슨 일을 하고자 바라는 일'을 의미한다. 욕구가 없는 사람은 아무도 없다. 모든 사람은 욕구를 가지고 살아간다. 욕구와 욕망은 다르다. 욕망은 죄에서 나오는 것으로 무한정하다. 제어하고 없애야 한다. 욕구는 하나님이 주신 것이다. 매슬로우Maslow는 이 욕구를 5가지로 정리했다. 생리적 욕구, 안전의 욕구, 애정의 욕구, 자존의 욕구, 자아실현의 욕구다. 반드시 충족되어야 한다. 욕구가 실현되면 만족 상태가 되어 행복하다. 평온, 기쁨, 상쾌함, 유쾌함, 친밀감, 편안함, 즐거움 등 긍정적 정서가 생겨난다. 욕구가 채워지면 상위 욕구로 이동한다. 그러나 욕구가 좌절되면 외로움, 실망감, 미움 등의 부정적 정서가 생긴다. 일명 상한 감정들이다. 불행해진다.

내 경우, 아픈 걸 알아주었으면 하는 것은 애정의 욕구다. 그러나 전혀 채워지지 않았다. 부정적 감정들이 산더미처럼 밀려왔다. 그중에 제일은 서러움과 분노다. 이 모두는 쓴 뿌리를 만들어 내는 원재료다. 욕구 좌절의 빈도, 강도, 유형에 따라 상한 감정들을 얼마나 자주 느끼는지빈도, 얼마나 깊은지정도, 얼마나 강한지강도, 얼마나 오래 느끼는지지속성가 결정된다.

욕구좌절로 인한 상한 감정들이 제때, 제대로 처리되지 않으면 마음은 상한 감정으로 가득 찬다. 마음에는 감정을 자동적으로 처리할 장치가 없기 때문이다. 위장과는 다르다. 위에 음식물이 들어오면 저절로 소화가 된다. 소화액이 나오기 때문이다. 필요한 영양소는 섭취하고 찌꺼기는 배설한다. 음식물이 쌓이지 않는다. 마찬가지로 마음의 그릇이 있다. 상한 감정이 들어온다. 그대로 있을까? 처리될까? 그대로 있다. 마음에는 상한 감정을 자동적으로 처리하는 기제가 없기 때문이다. 한 개 들어오면 그대로 있고, 두 개 들어와도 그대로 있고, 세 개 들어와도 그대로 있다. 이러니 감정이 점점 쌓인다.

문제는 용량이다. 감정을 저장할 수 있는 마음탱크의 용량은 정해져있다. 무한정 자동리필이 안 된다. 마음 평수는 30평밖에 안 되는데 감정쓰레기는 점점 불어난다. 저장 공간이 부족하다. 비좁다. 이러니 부피가 줄어들 수밖에 없다. 감정끼리 뭉친다. 제때 풀어주지 않으면 뭉친 감정근육이 딱딱해진다. 거대한 감정덩어리가 된다. 2차 정서인 분노 덩어리다. 한恨이라 부르기도 한다. 홧병의 근원이다.

상한 감정덩어리가 커지고, 오래되면 마음 밭에 깊숙이 뿌리를 내린다. 이것이 바로 쓴 뿌리히12:15다. 이 쓴 뿌리가 점령해서 머물고 있는 집이 바로 쓴 마음이다.

✳

쓴 마음은 적개심을 도발하여 다른 사람에게 증오심을 품는 것을 말한다. 영어의 bitter는 '물다'라는 말과 깊이 관계되는 것으로 "무는 것, 자르는 것, 잔인한 것"을 의미한다. 즉 다른 사람에게 복수하고 그를 파괴시키기 위해서 어떤 사건을 만들어 대항하는 것을 말한다.

이처럼 쓴 마음은 얌전히 가만있는 것이 아니다. 썩어서 독소를 내뿜는다. 감정의 독소다. 적극적으로 자신의 존재를 드러낸다. 육체의 질병을 만들어낸다. 생각을 파괴시킨다. 정서적인 혼란을 불러일으킨다. 관계를 파괴할 뿐만 아니라 영적으로 속박한다.

쓴 뿌리 없이 살 수 있는 유일한 방법이 있다. 죽는 것이다. 이말은 살아 있는 한, 쓴 뿌리로부터 자유로울 수 있는 사람은 없다는 의미이다. 누구나 쓴 뿌리는 있다. 중요한 것은 쓴 뿌리를 어떻게 처리하느냐다. 쓴 뿌리는 그 자체로 고통이기 때문이다.


# 지 고
# 못 살 기

사람마다 쓴 뿌리를 처리하는 방식이 다르다. 3가지 유형이 있다. 첫째는 공격형이다.

맞벌이 부부가 있다. 아들이 하라는 공부는 안 하고 불량 친구들과 어울려 다니며 말썽만 피운다. 남편은 이 모두가 집안일에 소홀한 아내 탓이라 여긴다. 어느 날 아침, 출근 준비를 하는 아내를 비아냥대며 공격한다.

"아예 목을 매다는구먼. 애가 저 모양인데 일하러 나가면 일이 손에 잡혀? 그리고 직장 일에 신경 쓰는 10분의 1만큼이라도 애한테 신경 좀 쓰지. 나니까 참고 살지, 당신 같은 여자는 이혼감이야, 이혼감!"

갑작스러운 비난에 화가 난 아내도 맞대응한다.

아내: 아니, 이 남자가 왜 아침부터 시비야? 나라고 직장 생활 하고 싶어 하는 줄 알아요? 내가 돈 안 벌고 집에 있어 봐요. 애들 과외비, 용돈, 자동차 융자금, 이런 거 다 어떻게 하라고요? 혼자 중얼거리면서 쥐꼬리만한 월급 가져오면서 뭘 잘했다고 큰소리야! 갑자기 소리치면서 그리고 애가 공부 못하는 게 왜 다 내 탓이에요? 왜 내 탓이냐고?

남편: 그럼 당신이 언제 애한테 관심 가져 준 적 있어? 매일 늦게 들어오지, 그렇다고 음식 하나 제대로 장만해 주나, 매일 큰소리나 치고, 집은 엉망진창이지. 그러니 애가 저 모양 저 꼴 아냐? 애가 집에 들어오고 싶겠냐고? 그렇다고 아내 노릇을 제대로 하나… 도대체 당신이 잘하는 게 뭐가 있어?

아내: 그러는 당신은 뭘 잘했다고 큰소리에요? 매일 골프다 뭐다 하루종일 나가 있는 사람이. 그리고 그렇게 안타까우면 잘난 당신이 집에서 살림하고 애 키워요. 난 못해요!

남편: 비웃으며 아예 지랄을 하는구먼! 좋아, 이제부터 내가 알아

서 다 해! 집이라고 기어들어 올 생각 아예 하지도 마! 어미 노릇 못하는 마누라, 나도 더 이상 필요 없어! 내가 다 할 테니 나가라는 시늉을 하면서 나가! 차라리 나가 버려!

아내: 서럽고 화가 나서 좋아요. 나가라면 누가 못 나갈 줄 알아요? 문을 쾅 닫고 나간다

남편: 문을 열고 아내 뒤에다 대고 큰소리로 당신, 지금 나가면 끝장이야! 도장 찍어!

아내: 머리끝까지 화가 나서 도장 찍으라면 누가 못 찍을 줄 알고? 흥, 그래! 어디 혼자 잘 살아 보시지!


전형적인 공격형의 모습이다. 공격형은 '가해자-피해자 악순환 고리'를 형성한다. 노골적으로 격렬하게 분노를 쏟아낸다. 화나게 만든 사람에게 정면으로 반격하거나 소리를 질러 불쾌감을 표현한다. 고리의 형태는 쌍방향이다. 이 사례에서 누가 가해자일까? 대화가 시작된 기점으로 보면, 남편이 가해자이고 아내가 피해자다. 남편은 아이가 잘못된 책임을 아내에게 떠넘기며 먼저 공격했다. 아내는 무심한 엄마로 몰리니 억울하고 분했다.

부정적 감정이 싹트기 시작하는 순간, 피해자인 아내는 가해자로 돌변했다. 남편을 공격했다. 쥐꼬리만 한 월급 가져오는 주제에 뭘 잘했다고 큰소리치냐는 식이었다. 얼마나 못난 남편이면 여자를 일하러 내보내느냐고 비아냥댔다. 자존심을 긁고 무책임한 남편이라 비난했다. 이제 가해자였던 남편이 피해자가 되었다.

정리하면 이렇다. 공격형은 가해자가 피해자를 직접 공격한다.

공격받은 피해자의 마음속에 분노, 좌절감, 원망 등 부정적인 감정이 싹튼다. 그 순간, 피해자가 가해자로 바뀐다. 공격받은 만큼 공격한다. 공격받은 사람의 마음속에도 부정적 감정이 생겨난다. 가해자가 피해자가 되고, 피해자는 또 다시 가해자가 된다. 이런 식으로 가해자-피해자 악순환 고리가 계속되면서 파괴된 감정에는 독기가 더해진다. 부정적 감정의 덩어리에 독기까지 더해지면 분노 덩어리가 된다.

감정 처리 방식은 폭발형이다. 분노를 습관적으로 폭발시킨다. 몇 가지 특징이 있다. 상대방 탓만 하고, 자기 잘못은 손톱만큼도 없다. 참지 않는다. 당한 만큼, 아니 당한 이상으로 되돌려 준다. 쉽게 격분하고, 통제하기가 어렵다. 걷잡을 수 없이 타오른다. 빨리 왔다 빨리 사라진다. 점점 잔인해지는데, 사용되는 무기는 말 혹은 몸이다.

질책, 원망, 비난, 깍아내리기, 흠집 내기, 비아냥대기, 소리 지르기, 자존심 긁기 등은 언어폭력이다. 몸을 직접 공격하면 신체 폭력이 된다. 그 중에서도 흘겨보기, 노려보기, 째려보기, 던지기, 물건 부수기 등은 간접적인 신체 폭력이다. 깨물기, 누르기, 밀치기, 쥐어박기, 쥐어뜯기, 주먹으로 치기, 발로 차기, 비틀기, 찌르기 등은 직접적인 신체 폭력이다. 온몸이 살상무기다.

대개 남편의 분노는 아내에게, 아내의 분노는 자녀에게 간다. 반드시 가정 안에 분노의 희생양이 생겨난다. 주로 힘이 약한 아내, 혹은 아이들이다. 관계가 극단적으로 파괴되고 영혼이 황폐해진다. 정신병리적 문제를 일으킨다. 마음 밭은 가시덤불이다. 언제 폭발할지 모르는 활화산活火山과 같다.

✳

# 공격하지 않는 척
# 공격하기

이것이 쓴 뿌리를 처리하는 두 번째 방식인 수동-공격형이다. 50
대 여성의 남편이 바람을 피웠다. 부글부글 분노가 끓어오른다. 그
러나 막상 남편을 보면 한마디도 말을 못한다. 대신 뒤에서 공격한
다. 남편 칫솔로 변기를 빡빡 문질러 닦은 후 시치미를 뚝 떼고 다
시 칫솔 통에 꽂아 둔다. 남편 전화를 안 받고 메시지에 답을 안 한
다. 고지혈증과 당뇨, 고혈압에 시달리는 남편인데, 날마다 짜고
기름진 음식만 한다. 깔끔한 남편인데, 모처럼 집에서 쉬는 휴일에
방을 엉망진창으로 어질러 놓는다. 남편이 하는 말마다 토를 달면
서 반대한다. 성관계를 거부한다. 밥을 안 해 주고, 몇 날 며칠 말
을 하지 않는다. 아이들 앞에서 남편 험담을 하면서 아이들과 한편
이 되어 남편을 따돌린다. 백화점 가서 카드로 물건을 닥치는 대로
사거나 아이들이 좋아하는 반찬만 한다. 생선 굽는 냄새를 제일 싫
어하는 남편인데, 퇴근 시간이 되면 비린내를 진동시킨다. 새벽 기
도회, 철야 기도회, 어머니 기도회, 성가대 봉사 등 신앙생활을 도
피처 삼아 남편을 내팽개친다. 말끝마다 "흥, 치, 피"하며 비아냥댄
다. 혹은 밥을 안 먹고 자기 몸을 혹사시켜 수시로 응급실에 실려
간다. 남편 보는 앞에서 자해를 하고 자살을 기도한다. '너도 한번
당해 봐. 어디 한번 혼나 봐. 골탕 한번 먹어 봐'라는 식이다.

　수동성과 공격성이 특징이다. 가해자와 직면하지 않는다. 직접
대놓고 싸우지도 않는다. 공격을 안 하는 것 같지만 뒤에서 공격한

다. 간접 공격이다. 아무렇지도 않은 척하지만 속에서는 부글부글 끓고 있으니 그 불꽃이 가해자를 향해 산발적으로 튄다. 가해자가 가장 싫어하는 일을 하든지, 가장 좋아하는 일을 안 한다. 자신을 공격용 무기로 사용한다. 스스로를 파괴시켜 가해자로 하여금 죄책감을 갖게 만든다. 그렇다고 가해자-피해자 악순환 고리가 사라지는 것은 아니다. 형태만 '직접'에서 '간접'으로 바뀌었을 뿐이다.

감정 처리 방식은 회피-방임형이다. 자신의 감정을 무시하고 대수롭지 않게 여긴다. 별일 없는 듯 취급하면서 피하고 미루고 방치한다. 그렇다고 분노가 해결되는 것은 아니다. 미해결된 분노가 그대로 있으니 언제 폭발할지 모르는 휴화산休火山이다. 그렇다고 사화산死火山은 아니다. 일상생활 여기저기서 불쑥불쑥 분노가 튀어나온다. 단지 한번에 폭발하지 않을 뿐이다.

문제는 이 과정이 무의식적이며 자동적이라는 데 있다. 깨달음이 없는 것이 특징이다. 마음에 분노의 불꽃이 있다는 것도, 불꽃이 시도 때도 없이 튀어나오고 있다는 것도, 그렇다고 불꽃이 사라진 게 아니라는 것도, 그 불꽃이 얼마나 위험한지도 전혀 모른다. 남에게는 튀는 불꽃이 보이는데 정작 본인은 못 본다. 때문에 해결하기가 가장 어렵다.

# 괜찮은 척
# 안 괜찮다

세번째 유형은 수동형이다.

한 여성의 고백이다.

"슬프고 외롭고 화난다. 그런데도 내 얼굴은 웃고 있다. 억울해도 웃고, 슬퍼도 웃고, 속상해도 웃고, 외로워도 웃는다. 일그러진 채 웃고 있는 내 모습. 마음 깊은 곳에서는 늘 울고 있다."

아파도 안 아픈 척, 화가 나도 행복한 척, 슬퍼도 기쁜 척 포장한다. 일명 '괜찮아병', '씩씩이병'이다. 전형적인 수동형이다. 여성, 특히 사모에게 가장 많은 유형이다. 가해자-피해자 악순환 고리는 쌍방이 아니라 일방이다. 내면의 힘이 약해 가해자와 맞서 싸우는 건 꿈도 못 꾼다. 억울하고 부당한 일을 당해도 절대 표현하지 못한다. 거절을 못한다. 참는 것이 특기다. 주로 강하고 통제적인 부모 밑에서 착한 아이로 성장한 경우에 많이 나타난다.

감정 처리 방식은 억압이다. 분노를 밖으로 드러내지 않고 안으로 삼킨다. 누르고 또 눌러 아예 통조림화해서 뚜껑을 덮어 버린다. 감추기 선수이고, 가면 쓰기의 달인이다. 혹시라도 속마음을 들킬까 봐 거의 변장 수준으로 화장한다. 마음은 폭발 일보 직전의 화산처럼 부글부글 끓고 있지만, 얼굴은 웃고 있다. 두터운 마음의 갑옷을 입고 있다. 자신이 화가 나 있는지조차 깨닫지 못한다.

안 그런 척한다고 감정이 처리되는 것은 아니다. 무조건 참는 것이 마음을 지키는 것은 아니다. 성령으로 참는 것과 무조건 참는 것은 다르다. 성령으로 참는 것은 부정적 감정 자체가 성령으로 처리되는 것이므로 겉과 속이 같다. 절제라는 성령의 열매가 맺힌 결과다. 성령께서 감정의 주인이 되신다. 그러나 무조건 참는 것은 부정적 감정이 그대로 있으므로 겉과 속이 다르다. 내 힘으로 누르고 덮어 두는 것이다. 감정이 주인이다.

'참을 인'忍자는 '마음 심'心자 위에 '칼질하다'는 뜻의 '칼날 인'刃자를 얹은 모양새다. '칼날 인'刃자는 더 끔찍하다. '칼 도'刀자에 점이 하나 찍혀 있는데, 칼질하다 묻은 피를 연상시킨다. 참는다는 것은 마음을 칼로 찢어 피를 토하듯 마음이 아픈 것이다. 무조건 참다가는 마음에 칼질을 당해 돌이킬 수 없는 마음의 병을 얻게 된다.

참으면 참는 만큼 반드시, 언젠가는 폭발한다. 폭우가 계속되면 홍수가 나서 댐에 물이 가득 찬다. 수위가 점점 높아지면 수문을 열어 물을 방출해야 한다. 그렇지 않으면 둑이 터져 댐이 무너진다. 걷잡을 수 없는 대홍수가 일어난다. 마찬가지다. 감정을 담아낼 수 있는 마음의 용량은 이미 초과 상태인데, 감정의 폭우는 계속 쏟아진다. 차고 넘치는데 배출구가 없으면 넘실대다가 수문을 무너뜨린다. 감정의 대홍수 사태가 발생하는 것이다. 갑자기 공격형으로 돌변해 이성을 잃고 통제 불능 상태가 된다. 그러고 나서는 후회하고 자책한다. 다 내 잘못이라며 자기를 공격한다.

"이러면 안 되었는데… 좀 더 참을 걸. 내가 미쳤나 봐. 네가 이러고도 집사권사야? 꼴 좋다."

회개하고 다시 참는다. 그러나 더 이상 누를 수 없게 되면 또 폭발한다. 이런 식으로 억압과 폭발 주기를 반복한다. 죄책감이 산더미처럼 쌓인다. 위의 3가지 쓴 뿌리 반응형태를 정리하면 다음과 같다.

**쓴 뿌리 반응 형태**

|  | 공격형 | 수동 공격형 | 수동형 |
|---|---|---|---|
| 쓴 뿌리 처리방식 | 직접적 공격 | 간접적 공격 | 공격 불능 |
| 감정 처리 방식 | 일상적 폭발형 | 회피-방임형 | 억압-폭발형 |
| 에너지의 방향과 흐름 | 외부 | 내외부 | 내부 |
| 정신 병리 | 분노폭발(살인) | 가면우울증 | 우울(자살) |

# 마음 대신
# 아픈 몸

마음 밭에 자리 잡은 쓴 뿌리를 처리하는 방식에 있어서 더 심각한 유형은 가끔씩 폭발조차 못하는 경우다. 아니 폭발할 힘조차 없다. 폭발하려면 몸이 사용되면서 엄청난 양의 순간 에너지가 필요하다. 그런데 몸이 감정의 독소로 아예 죽어버린 상태다. 목소리를 낼 수도 없고 주먹을 휘두를 힘도 없다. 얼굴을 똑바로 쳐다볼 용기도 없으며 발을 구를 에너지도 없다.

사람을 죽일 정도의 잔인하고 파괴적인 분노 에너지가 내면에

간혀 있다. 원천 봉쇄를 당한 나쁜 균인 분노가 출구를 찾지 못해 방황하다가 신체 구석구석을 돌아다니며 몸을 파괴한다. 병원에 가서 진단해 보면 멀쩡하다. 그런데 아프다. 몸이 진짜 아프다. 약을 먹어도 낫지 않는다. 다양한 증상들을 호소한다.

"숨을 못 쉬겠습니다. 가슴을 돌덩이가 누르고 있는 것 같습니다. 답답합니다. 온몸이 쑤십니다. 뒷골이 당깁니다. 머리가 깨질 것 같습니다. 어깨가 뻐근합니다. 힘이 빠져 걸을 수가 없습니다. 가슴이 쪼개지듯 아픕니다. 엉덩이가 빠질 듯이 아픕니다. 입이 써서 식사를 할 수가 없습니다. 심장이 파르르 떨립니다. 피부가 가렵습니다. 심장이 제멋대로 뜁니다. 뼈가 아픕니다. 소화가 안 됩니다. 침이 바짝 마릅니다. 깜짝깜짝 놀랍니다. 작은 소리에도 온몸의 핏줄이 서는 것 같습니다."

이것을 '신체화'身體化, somatization라고 하는데, 슈테켈W.Stekel이 처음 사용한 용어다. 심리 상태가 신체적 증상으로 표현되는 것을 말한다. 다리가 부러진 것처럼 단순히 생리학적으로 아픈 것과는 다르다. 몸과 마음은 밀접하게 연결되어 있으면서 끊임없이 정보를 주고받는다. 잠언 17장 22절은 "마음의 즐거움은 양약이라도 심령의 근심은 뼈를 마르게 하느니라"고 말한다. 마음의 상태에 따라 몸의 상태가 달라진다는 말이다. 몸과 마음은 분리되어 있는 것이 아니다. 몸은 마음의 상태를 반영하고, 마음은 몸의 상태에 영향을 받는다. 몸과 마음, 마음과 몸은 샴쌍둥이처럼 붙어 있다. 마음이 아프니 몸도 아프고 몸이 아프니 마음도 아프다.

몸은 단순히 혈관, 근육, 뼈, 피부로만 이루어진 물질이 아니다.

하나님이 창조하신 최고의 작품이다.시139:13 성경은 몸이 '심히 기묘하다'고 말한다.시139:14 그 속에는 하나님의 지혜가 담겨 있다. 위장에 상한 음식이 들어오면 구토나 설사를 해서 독소를 배출한다. 기도에 이물질이 들어오면 기침을 해서 뱉어낸다. 병원균이 침투하면 면역세포들이 거세게 저항해서 죽인다. 이렇듯 몸은 최적의 상태를 유지하기 위해 무엇이 필요한지 정확히 안다. 스스로 알아서 움직인다. 몸의 조절력과 회복력이다. 이를 일러 몸의 지능이라 말한다.

몸은 단지 생리적 욕구만 듣고 전달하는 것이 아니다. 마음이 병들어도 즉시 알린다. 몸은 마음을 살리기 위해 무엇이 필요한지 가장 잘 알기 때문이다. 신체화는 마음을 대신해서 몸이 말하는 소리다. 마음이 아프니 마음을 보살펴달라고 몸이 마음에게 말을 건네는 것이다. 이제라도 아픈 마음을 돌봐야 한다. 그런데도 여전히 못알아 듣는다. 마음은 내팽개치고 엉뚱하게 몸만 보살핀다. 좋다는 약은 다 처방받아 복용하지만 아픈건 그대로다. 차도가 없는 병력에 가족들도 지친다. 처음에는 힘들겠다며 위로하다가, 엄살 아니냐는 의심으로 발전해서 엄살 그만 떨라며 면박을 준다. 이쯤되면 아무도 내 마음을 모른다 싶어 서럽기까지 하다.

살기위해 무엇을 해야 하는지 정확히 아는 몸은 그래도 포기하지 않는다. 알아 듣도록 더 큰 소리로 소리치다가 고질병으로 발전한다. 마음이 울지 않으니 몸이 대신 우는 것이다. 만성 편두통, 소화불량, 방광염, 기관지염, 불면증, 위장병, 대장염, 심장병, 고혈압 등을 앓거나 심지어 청각이나 시력이 상실되기도 한다. 이제라도

✻

119

상처투성이 마음을 돌봐야 하는데, 여전히 못 알아듣는다. 마음은 내팽개치고 엉뚱하게 몸만 보살핀다.

그러다 암癌이 찾아온다. 몸이 낼 수 있는 최고의 소리다. 몸의 고함이요 통곡이며 오열이자 울부짖음이다. 자궁이 통곡하면 자궁암이요, 유방이 울부짖으면 유방암이다. 한평생 어머니로, 아내로, 며느리로 살아오며 가장 많이 사용했던 장기다. 얽히고 설킨 관계망 속에서 가정을 지켜내느라 감당해온 상처의 무게가 고스란히 담겨있다. 오랜 세월 참아내면서 차곡차곡 쌓아왔던 부정적 감정의 덩어리가 몸으로 터진 것이다. 몸의 일탈이요, 몸의 반란이며 몸의 폭발음이다.

암은 하나님의 급브레이크 장치다. 모든 일상이 중단된다. 모든 역할이 정지된다. 누구를 생각할 겨를이 없다. 자기밖에 모르는 암세포처럼 나만 생각해야 한다. 나를 먼저 보살펴야 한다. 이제 몸의 아우성에 귀 기울여보자. 가장 먼저 해야 할 일은 마음 밭에 자리 잡고 있는 쓴 뿌리를 보는 것이다. 여전히 내팽개치면 마음의 암세포인 쓴 뿌리가 안에서 폭발해 마음 밭을 초토화시킨다. 마음이 견디다 못해 자폭하는 것이다. 파편이 자신을 죽인다. 마음이 죽는다. 소리 없이 찾아와 마음을 죽이는 병, 바로 우울증depression이다. 죽음에 이르는 병이다.

# 상한 감정이 보내는 경고음

40대에 접어든 여성이 찾아왔다. 뼈만 앙상하게 남은 몸, 가늘게 이어지는 숨소리, 기어들어 가는 목소리, 멍하니 바닥만 응시하는 눈길, 축 처진 어깨, 무표정한 얼굴, 건드리면 금방이라도 쓰러질 것 같았다. 활기라곤 찾아볼 수가 없었다. 한마디로, 살아 있는 시체였다. 그녀는 긴 한숨을 내쉬더니 겨우 말을 이어 갔다.

"6개월 만에 처음으로 집 바깥에 나온 거에요. 침대하고 딱 붙어 지냈죠. 일단 기분이 가라앉기 시작하면 만사가 귀찮아요. 커튼을 치고 침대 속으로 들어가 이불을 뒤집어써요. 그렇게 누워 있으면 모든 것을 잊어버리죠. 빨래도, 청소도, 아이들 뒷바라지도, 심지어 밥 먹는 것도요. 손가락 하나 까딱하기가 싫어요. 남편이 곁에 와서 불러도 대답도 안 해요. 말하는 것도 귀찮고 피곤한 걸요. 그렇다고 잠을 자는 것도 아니에요. 정신은 깨어 있는데 무거운 납덩이가 가슴을 누르고 있는 것 같아요. 몸을 일으키기조차 힘들어요. 차라리 죽는 게 낫지 왜 이러고 사나 싶은데 죽을 용기도 없어요. 너무 외로워요. 이렇게 내 인생이 끝나나 싶어 사는 게 그렇게 허무할 수가 없어요."

우울증이 찾아온 것이었다. 여성은 한평생 우울증과 싸워야 한다. 생리 우울증, 임신 우울증, 출산 우울증, 육아 우울증, 갱년기 우울증 등 우울증은 여성의 최대 적이자 친구다. 우울증으로부터 자유로운 사람은 없다. 성경 속의 위대한 영웅들도 우울증을 호소

✳

했다. 믿음의 영웅인 모세는 고기를 달라고 불평하고 아우성치는 이스라엘 백성들을 보고 자신에게 부과된 책임이 너무 무거워 견딜 수 없다며 절규했다.민11:11-15

"차라리 저를 죽여 이 비참한 모습을 보지 않게 해 주십시오. 이것이 제게 은혜를 베푸시는 길입니다."

다윗도 우울한 순간에 "내 날이 연기같이 소멸하며 내 뼈가 숯같이 탔음이니이다 내가 음식 먹기도 잊었으므로 내 마음이 풀같이 시들고 말라버렸사오며 나의 탄식 소리로 말미암아 나의 살이 뼈에 붙었나이다 나는 광야의 올빼미 같고 황폐한 곳의 부엉이같이 되었사오며 내가 밤을 새우니 지붕 위의 외로운 참새 같으니이다"시102:3-7라고 고백했다.

엘리야는 어떤 사람인가? 그는 기적의 사람이었고, 기도의 사람이었으며, 심지어 죽음을 맛보지 않은 믿음의 사람이었다. 엘리야가 갈멜 산에서 기적을 행한 후 이세벨은 그에게 사자를 보내어 죽이겠다는 말을 전한다. 엘리야는 생명을 보존하기 위해 유다의 브엘세바로 도망가다 광야로 들어갔다. 그곳에서 로뎀 나무 아래 앉아 죽기를 바라며 "이제는 더 바랄 것이 없습니다. 나의 목숨을 거두어 주십시오. 나는 내 조상보다 조금도 나을 것이 없습니다"라고 한탄했다.왕상19:3-4, 새번역

이들은 한결같이 차라리 죽는 것이 낫겠다며 죽여 달라고 호소했다. 실제로 우울증은 자살의 주된 원인이다. 미국 존스홉킨스 의과대학은 우울증 환자의 자살 위험률이 일반인의 41배에 이른다고 분석했다.

*

우울증은 심리적 감기다. 감기 바이러스는 항상 우리 주변을 맴돌고 있다. 누구나 걸릴 가능성이 있지만 모든 사람이 걸리는 것은 아니다. 감기에 걸리느냐 마느냐는 인체 면역 기능이 제대로 작동하느냐 아니냐에 달려 있다. 마찬가지다. 우울증을 일으킬 만한 외부적 요인, 즉 이혼, 사업 실패, 좌절된 기대, 과도한 스트레스, 만성 질병, 실직, 갑작스런 사고나 재난 등은 항상 존재하고 있다. 이를 이길 만한 면역력이 떨어지면 우울증이 찾아온다. 쓴 뿌리는 면역력을 제로 상태로 만들어 간다. 쓴 마음은 우울 바이러스가 활개치는 텃밭이 된다.

감기를 방치하면 폐렴으로 발전해 생명을 위협할 수 있는 것처럼 우울증을 방치하면 생명을 위협할 수 있다. 무조건 멈춰서야 한다. 아니, 멈춰 설 수밖에 없다. 가용 에너지가 완전히 바닥나 마음의 기능이 정지된 상태이기 때문이다. 몸이 폭발하다가, 마음이 폭발하다가, 폭발할 힘조차 없으면 마침내 영원히 멈춰 선다. 얼마나 많은 경고음을 보냈던가? 그때마다 경고 수위는 올라갔다.

"제발 그만! 아파요. 아프다고요. 마음을 돌봐 주세요."

그래도 안 본다. 아니, 못 본다. 안 보고 못 보니 덮어 두고 살다가 결국 감정 노동자로 전락한다.

# 우울증 자가 진단법 체크리스트

| | |
|---|---|
| 사소한 일에 신경이 쓰이고 걱정거리가 많다. | |
| 쉽게 피곤해진다. | |
| 의욕이 떨어지고 만사가 귀찮다. | |
| 평소보다 4시간은 더 잔다 | |
| 매사가 비관적으로 생각되고 절망스럽다. | |
| 내 처지가 초라하고 죄의식에 사로잡힌다. | |
| 잠을 설치고 수면 중 자주 깬다. | |
| 입맛이 바뀌고 한 달 사이 체중이 5% 이상 변한다. | |
| 답답하고 불안하며 쉽게 짜증이 난다. | |
| 집중력이 떨어지고 건망증이 늘어난다. | |
| 죽고 싶은 생각이 자주 든다. | |

| 개수 | 신호 | 진단 |
|---|---|---|
| 0~3개 | 녹색등 | 우울증세가 거의 없는 상태 |
| 3~5개 | 황색등 | 가벼운 우울증 상태 |
| 6개 이상 | 적색등 | 심한 우울증 상태. 자살충동이 2주 이상 지속될 시 전문의와 상담이 필요함 |

❋

# 완벽하지 않아도
# 괜찮아

종종 싱글맘들을 만나게 된다. 절반은 이혼, 절반은 사별한 여성들이다. 그들은 홀로 자녀를 양육하며 생활비를 벌기 위해 밤낮으로 뛰어다녀야만 했다. 몸은 어디 한 군데 성한 곳이 없다. 당뇨, 고혈압, 암, 관절염, 디스크, 위장병 등 걸어 다니는 종합병원이다. 견뎌온 삶의 무게는 가슴을 먹먹하게 한다. 전쟁같이 치열한 삶을 오직 자식 하나 바라보며 버텨 냈다. 그런데 그 자식이 가슴에 돌팔매질을 한다.

"아빠가 떠난 건 엄마 탓이야. 잘했다면 우리가 이 고생 안 하잖아!"

그날 그 엄마는 밤새도록 상처 난 가슴을 쥐어뜯는다. 숨죽이며 흐느낀다. 목 놓아 실컷 울기라도 하면 좋겠다. 그러나 그럴 수가 없다. 엄마가 힘들어하면 아이들이 힘들까 봐, 아이들이 아파할까 봐, 엄마가 슬픔에 젖어 있으면 아이들을 제대로 못 키울까봐. 그래서 때론 힘들고, 때론 외롭고, 때론 도망가고 싶어도 그럴 수 없다.

애써 밝게 웃는다. 혼자라고 무시당하지 않기 위해 더 절제되고 정돈된 삶을 산다. 힘들어도 내색조차 하지 않는다. 찢긴 가슴이 들통날까 봐 두꺼운 가면을 쓴다. 외로움을 들킬까 불안해서 일부러 씩씩하고 활기차게 걷는다. 마음은 상처투성이인데 얼굴은 멀쩡하다. 속은 우는데 겉은 웃는다. 화가 나도 웃고 슬퍼도 웃는다. 가짜 웃음이다. 웃음의 뿌리는 마음이다. 마음이 즐거워서 표정으로 드러나는 것이 웃음이다. 그런데 웃음이 얼굴에서 만들어지니 가짜다. 누군가 자신을 '연고대 수석 졸업생'이라고 소개했다. '연단과 고난의 대학'이란 뜻이다. 당한 고난보다 수석 졸업생답게 보이려고 애쓰는 것이 더 힘들다. 싱글맘들을 포함해 많은 크리스천 여성들이 교회에서는 웃고, 집에서는 누르고, 혼자서는 참는다. 미국의 UC 버클리 대학교 교수인 알리 러셀 혹실드Arlie Rusell Hochschild는 이를 감정 노동Emotional Labor이라 불렀다. '스마일 마스크 증후군'smile mask syndrome이라 불리기도 한다. 감정 노동이란 직업상 겉으로 드러나는 말투나 표정, 또는 몸짓 등을 연기함으로써 자신의 진짜 감정을 숨기고 조절하고 관리하는 것을 말한다. 이때 실제로 경험하는 감정과 겉으로 표현하는 감정 간에 괴리가 발생하는데, 이런 차이를 '감정 부조화'emotive dissonance라 한다. 감정 부조화 상태가 장기적으로 계속되면 긴장이 발생한다. 정신적, 육체적으로 심각한 질병을 불러온다.

물론 자신의 감정을 다 드러내 놓고 살 수는 없다. 내면 감정은 상황과 때와 장소에 적합하게 표현되어야 한다. 이를 '감정 조절'이라 한다. 내가 감정의 주인인 상태다. 이와 달리 감정 노동은 내면 감정과 외적 표현이 정반대의 얼굴을 하고 있다. 내면의 마음 탱크는 부정적 정서로 가득 차 있는데 외적 표현은 긍정적 정서로 가득 차 있다. 내면 감정이 외적 표현에 의해 억압되고, 이 둘 사이에 균형이 극심하게 무너진 상태다.

균형을 맞추어야 한다. 그러려면 감정의 텃밭인 마음을 봐야 하는데 피한다. 왜일까? 아픈 마음을 보는 것보다 감추는 게 훨씬 쉽기 때문이다. 정확하게 말하면 두려움 때문이다. 아픈 기억이 떠오를까 봐 두렵다. 다시 아플까 봐 두렵다. 약해질까 봐 두렵다. 무너져 내릴까 봐 두렵다. 들킬까 봐 두렵다. 들키면 남들이 비난할까 봐, 싫어할까 봐, 버림받을까 봐 두렵다. '들킬세라 숨죽이며 울고 있는 작은 아이'를 여성들은 가슴에 품고 산다.

자신 속에 둥지를 틀고 있는 두려움의 실체를 알게 된 여성은 이렇게 고백했다. "내 안에 가득 찬 게 분노라고 착각하고 있었다. 아니었다. 분노가 아니라 그 밑에 두려움이 감춰져 있었다. 사람들에게 약해 보이고 싶지 않아 강해 보이려고 더 큰 목소리로, 더 큰 행동으로 남들을 속이려 했다. 결국 그 모습에 내가 속았다. 남편이 떠날까, 가정이 깨질까, 실패할까 두려워하는 마음이 분노라는 탈을 쓰고 내 안에 있었다."

여성 스스로가 만들어 낸 완벽 신화가 한 몫을 했다. 모든 일에 완벽해야 하고 모두에게 완벽한 모습을 보여 주어야 한다는 믿음이다. 약한 모습을 허락하지 않는다. 한 여성의 고백이다.

"좋은 딸, 좋은 아내, 좋은 며느리, 좋은 엄마가 되려고 앞만 보고 달려 왔습니다. 아픈 나 자신을 누구에게도 들키고 싶지 않았습니다. 그게 나 스스로의 자랑이었습니다. '예수님이 사랑하라고 하셨잖아? 사랑은 모든 죄와 허물을 덮는 거라잖아? 그래, 그래야지. 집사로서 마땅히 그래야 하는 거야. 그런데 나는?'이라고 끝없는 물음표를 던지며 죽어 갔습니다. 시어머니에 대한 미움, 원망, 분노 때문에…"

애초부터 불가능한 도전이었다. 몸은 하나고 주어진 역할은 여러 개다. 아무리 최선을 다해도 다 잘할 수는 없다. 그런데도 최선을 다하면 잘할 수 있으리라 생각한다. 죽을 힘을 다하는 동안 원래의 자연스런 모습이나 감정을 잃어 간다. 역할의 옷 속에 감정이 파묻힌다.

상처를 치료하려면 붕대를 풀어야 하는 법이다. 그런데 곪아 터져 고름이 줄줄 새는데도 붕대 풀기를 거부한다. 괜찮다고 주장하다가 진짜 괜찮은 줄로 믿게 된다. 결국 가면이 나인지, 내가 가면인지 분간을 못한다. 늘상 웃고 있는 가면을 '진짜 나'로 착각하든지, 가면에 짓눌려 '진짜 나'를 상실하든지, 가면 속에 숨어서 '진짜 나'를 회피한다. '나'를 잃어버리고 '내'가 죽는다. 아파도 아픈 줄 모르고, 슬퍼도 슬픈 줄 모르며, 화나도 화낼 줄 모른다. 무감각, 무덤덤, 무기력한 삶을 산다.

부정적인 감정이 죽으니 긍정적인 감정도 죽는다. 감격도 감사도 감동도 없는 일상이 이어진다. 기도를 드리지만 외식하는 자처럼 형식적이고, 찬양을 부르지만 입술로만 소리친다. 말씀을 듣지만 깨달음이 없다. 몸과 마음과 영혼은 각기 따로 놀고, 감정이 완전히 고갈되어 눈물 한 방울 흐르지 않는다. 바싹 마른 고목나무 같다. 영혼은 살아서 숨은 쉬고 있지만 황무지같이 되어 죽은 것과 다름이 없다. 감정 둔화다. 감정을 잃어버린 여성들은 그 상태를 이렇게 표현했다. "기쁨을 잊은 지도, 울어지지도 웃어지지도 않은 지 오래입니다. 무디어진 가슴, 황량한 가슴, 느낌 없는 가슴! 앙상한 나뭇가지처럼 감정이 메말랐고, 흐르는 계곡물이 꽁꽁 얼어 버리듯 제 마음의 문도 얼어 버렸어요. 한파가 몰아치는 겨울입니다. 아무 느낌도 들지 않습니다. 제가 정말 그곳에 있지 않는 것 같은 느낌이었죠."

감정에 다가가는 길을 잃어버리면 주변 세상을 만나는 주요 수단을 잃게 된다. 이는 '탈인격화'depersonalization를 동반하는 비전 상실로 이어진다.

'탈인격화'란 구성원이나 가사일로부터 심리적으로 이탈되어

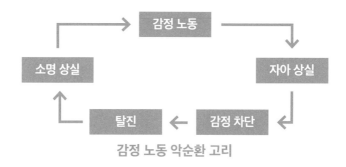

감정 노동 악순환 고리

냉소적이고 냉담한 태도를 보이는 것을 말한다. 뚜렷한 이유 없이 의욕을 잃기 시작하고, 가족들에 대한 긍정적인 감정이나 동정심, 연민, 존중심이 사라진다. 가족의 일이 자신과 무관하다고 여기면서 시간과 에너지를 덜 사용하게 된다. 이로 인해 아내, 엄마, 며느리로서 역할 의욕, 역할 성취도와 역할 성공감이 감소된다. 이는 다시 자신을 부정적으로 평가하는 잣대가 된다. 위의 다이어그램처럼 감정 노동은 결국 비전 상실에 이르게 되고, 이는 다시 감정 노동으로 이어지는 악순환의 고리가 반복된다. 자기 내면이 텅 비었는데 다른 누군가의 내면을 채워 주기 위해 노심초사하는 일, 이

미 충분히 하지 않았는가? 이제 그만해도 된다. 더 잘하라고 나를 닦달하는 일도 잠시 멈추어보자. 쓰고 있는 가면을 벗어던지고 가면 속에 울고 있는 진짜 나를 보듬으면서 말해준다. '괜찮아, 울어도 돼.' 토닥이며 격려한다. '충분해. 잘하고 있어.'

# 쓴 마음의
# 치유

땅고르기에서 어떤 종류의 장애물인지 파악되었으면 특성에 맞게 제거한 다음, 땅을 다져야한다. 행복건축을 방해하는 최대 장애물은 쓴 마음이다. 정체를 파악했으면 이제 본격적으로 제거해야 한다. 구석구석 자리 잡고 있던 점령군을 몰아내는 작업이다. 비움과 채움으로 요약된다. 먼저 쓸고, 불고, 털고, 잘라내고, 흘려 보내다 보면 마음이 말갛게 비워진다. 마음 대청소로 말갛게 비워진 자리에 원래의 주인인 성령이 자리를 잡는다. 성령충만으로 채워지면 이제 행복건축은 일사천리로 진행된다.

# 영혼의
# 피트인을 하라

나도 한때 우울증을 앓았다. 내 나이 50에 최고로 바쁜 날들을 보내고 있었다. 강의, 상담, 세미나, 집필, 방송, 가정 사역자 양성 등. 이 모든 일들은 상처받은 영혼을 치유하고 가정을 회복시키는 일로 집약된다. 인생을 돌이켜 보니 30대 초반에는 상처받은 영혼, 30대 후반에는 내면의 회복, 40대 초반에는 사역 준비, 현재는 치유하는 치유자, 이렇게 하나님이 이끌어 오셨다. 상처 속에 머물러 보았기에 상처의 아픔이 무엇인지 알았다. 상처를 치유 받아 보았기에 회복의 기쁨이 무엇인지도 알았다. 이 사명은 나를 신바람 나게 했다. 아니, 사역 초기에는 거의 미쳤었다. 내 눈엔 상처받은 사람들만 보였고, 내 주위는 아픈 영혼들로 가득했다. 끝없이 밀려드는 일감에 나가떨어졌다가도 돌봄이 필요한 영혼이 있으면 벌떡 일어났다.

　사역 중반으로 접어들면서 신바람은 사라졌다. 소명은 일감으로 변질되었다. 마음이 공허로 가득 차면서 기쁨이 사라졌고 불만이 싹텄다. 사람들이 귀찮아졌다. 끝없이 밀려드는 일들은 나를 짜증나게 했다. '뭐든 잘할 수 있을 것 같다'는 자신감은 사라지고, '내가 뭘 잘할 수 있을까'라는 무기력이 찾아왔다. 혼자 있고 싶어졌다. 외부와 차단한 채 내 속에 깊이 파묻혔다. 메말라 버린 내 영혼과 몸은 파삭거리는 소리를 내며 스러져 가고 있었다.

　우울증이 찾아온 것이다. 이 우울은 내 영혼의 '피트인'fit in이었다. F1포뮬러 원 자동차 경기에서는 이른바 '피트인'을 한다. 레이스 중간에 코스에서 빠져나와 정비소로 들어가 연료 보급이나 타이어 교체, 운전자 교대 등을 하는 것이다. 피트인은 타이밍이 아주 중요하다. 언제 피트인을 하느냐에 따라 레이스의 승패가 갈리기도 한다. 무리해서 계속 달리면 타이어가 파손되어 주행 불능 상태가 되기 때문에 반드시 피트인을 해야한다.

　사역 레이스의 초보자였던 나는 그것도 모른 채 내달리기만 했던 것이다. 사역의 레이스에서 빠져나와 정비소에 들어가 보니 피트인 해야 할 것이 한두 가지가 아니었다. 연료는 바닥나 있었고, 타이어는 너덜너덜해졌으며, 운전자는 탈진 상태였다. 별도의 공간에서 피트인을 마친 나는 신바람을 되찾았다. 운전대를 주님 손에 맡기고 소명을 회복했다. 혼자 하는 오만함이 아닌 주님과 함께하는 자신감으로 채워졌다.

　아마존에는 문명 세계에서 온 탐험가들을 위해 길을 안내하고 짐을 나르는 원주민들이 있다. 이들은 무거운 짐을 지고 걷다가 문득 길을 멈추고는 기도를 하거나 명상에 잠기듯 앉아 있곤 한다. 갈 길은 먼데 느릿느릿 움직이니 탐험가는 속이 탄다. 참다못해 갈 길을 재촉하자 원주민 짐꾼은 말한다.

"우리가 너무 바삐 걸어왔어요. 영혼이 우리를 따라오지 못하죠. 영혼이 따라올 시간이 필요합니다."

맞다. 바쁘게 앞을 향해 내달리기만 하니 문제가 생긴다. 도착해야 할 목적지만 보이지, 걸어가고 있는 '나'는 보이지 않는다. 내 영혼이, 내 마음이 헐떡거리는데도 계속 내몬다. 몸과 마음이 폭발하기 전에 숨 고르기를 해야 한다. 멈추어야 한다. 성공이 아니라 성찰을 해야 한다. 나를 봐 달라는 아우성이니 나를 봐야 한다. 이제는 귀 기울여야 한다. 과속으로 질주하고 있지는 않은지, 내 영혼이 제대로 따라오고 있는지 돌아보면서 말이다.

예수님은 피트인의 고수이시다. 성경은 이에 대해 두 번이나 기록하고 있다. "새벽 아직도 밝기 전에 예수께서 일어나 나가 한적한 곳으로 가사 거기서 기도하시더라"막1:35라는 말씀과 "예수는 물러가사 한적한 곳에서 기도하시니라"눅5:16이다. 피트인의 모본을 보여주셨다.

첫째, 피트인 해야 하는 때를 정확히 아셨다. 피트인 직전, 예수님은 슈퍼스타이셨다. 능력이 알려지면서 유명 인사가 되셨고 수많은 인파를 몰고 다니셨다. 그들은 모두 추종자들이었다. 그리고 아픈 사람들이었다. 쉴 새 없이 사역하느라 너무 바쁘셨다. 그 순간, 멈추셨다. 너무 늦지도, 너무 이르지도 않은 시점이었다.

둘째, 규칙적으로 피트인 하셨다. 날마다 점검하셨다. 문제가 생겨서가 아니라 문제가 생기기 전에 하셨다. 몸과 마음과 영혼이 망가지고 나서가 아니라 망가지기 전에 하셨다. 한마디로, 사전 점검이다. 예수님에게 피트인은 일상이었다.

셋째, 환경을 특별하게 재구성하셨다. 시간은 새벽, 장소는 한적한 곳이었다. 철저하게 스스로를 홀로 두었다. 비로소 고요해지고 비워진다. 군중의 소음이 아닌 영혼의 소리가 들린다. 몸도 마음도 쉼을 얻는다.

넷째, 영적으로 충전하셨다. 기도를 통해 하나님과 영적 교제를 나누셨다. 비워진 영혼은 하나님의 숨결로 충만해지고, 하나님의 능력과 성품으로 채워진다. 기도는 영혼의 탱크를 채우는 최고급 연료다. 영혼의 탱크가 가득차서 흘러넘치면, 그것이 곧 역할이며 사역이다.

예수님의 피트인을 한마디로 정리하면 '균형'이다. 예수님은 일과 휴식, 군중과 고독, 비움과 채움, 분주함과 한가함, 달림과 멈춤, 내어 줌과 받음, 회복됨과 회복시킴의 균형이 무너지지 않도록 관리하셨다. 이러니 예수님은 사역의 고수인 것이다. 영혼의 피트인! 그것은 사역 레이스의 생명줄이다. 비단 사역 레이싱에만 해당되겠는가? 인생 마라톤에서 역할 레이싱에도 필수다. 지금이 멈춰야 할 때가 아닌지 매일 점검해야 한다.

피트인 시기를 놓친 한 사람이 있다. 엘리야다. 그는 위대한 선지자였다. 갈멜산에서 1대 450의 대결이 벌어졌다. 하나님 대 바알의 격돌이었다. 엘리야가 기도하자 불이 내려와 제단의 제물들을 모두 태워 버렸다. 위대한 승리와 함께 오랜 가뭄이 끝났다.

이 기적을 일궈 낸 직후 위협이 닥쳤다. 이세벨이 그를 죽이겠다고 선언했다. 아직 아무 일도 일어나지 않았다. 죽이러 온 게 아니다. 하나님의 사자가 이 말을 엘리야에게 전했을 뿐이다. 그런데 일어나 광야로 도망쳤다.왕상19:3 이곳도 한적한 곳이었다. 홀로다. 그러나 엘리야는 예수님처럼 영혼을 피트인 하기 위해 자발적으로 온 것이 아니었다. 살기 위해 어쩔 수 없이 등 떠밀려 온 것이다. 방금 하나님의 위대한 능력을 보여 준 바로 그 엘리야인지, 믿을 수가 없다.

영혼의 상태도 예수님과 판이했다. "…한 로뎀 나무 아래에 앉아서 자기가 죽기를 원하여 이르되 여호와여 넉넉하오니 지금 내 생명을 거두시옵소서 나는 내 조상들보다 낫지 못하니이다 하고"왕상19:4

죽음을 피해 온 엘리야가 죽어 달라고 간청한다. 기도로 위대한 승리를 일궜던 엘리야가 초라하기 짝이 없는 기도를 하고 있다. 만사가 귀찮고 손가락 하나 까딱할 힘도 없는 상태다. 일어나 움직일 에너지도, 무언가 하고 싶은 의욕도 없다. 그저 죽고 싶은 마음뿐이었다. 조상들과 자신을 비교하면서 못났다고 자책한다. 영혼의 탱크는 자포자기, 열등감, 적개심, 자기 연민, 두려움, 우울 등 온갖 부정적인 정서들로 가득했다. 하나님이 다스리셔야 할 마음이 쓴 뿌리의 지배를 받고 있었다. 마음의 기능이 완전히 정지되었는데, 이것은 회복을 위한 정지가 아니었다. 휴식을 위한 멈춤도 아니었다.

엘리야는 예수님과 달리 피트인의 시기를 놓쳤다. 스스로 멈추지 않으니 멈출 수밖에 없는 상황이 만들어진 것이다. 스스로 피트인을 못하니 이렇게라도, 아니 이제라도 피트인을 하라는 하나님의 사인이다. 멈출 수밖에 없는 상황에서 어쩔 수 없이 스스로 멈추는 것, 그것도 피트인이다.

마음 치유의 첫걸음은 상황을 탓하지 않고 내면을 보는 것이다. 마음이 들어있는 영혼의 탱크를 점검하는 일이다. 동물은 상처가 생기면 바깥으로 나와 햇볕을 쬔다. 영혼의 의사이신 하나님께 나아와 마음을 열어 보여야 한다. 마음이 아프니 마음을 돌보라는 말이다. 마음의 아우성에 귀 기울이라는 하나님의 강력한 요청이다.

엘리야는 늦게라도 자신의 마음을 살폈다. 인정하고 직면했다. 가면을 쓰지도 포장하지도 않았다. 스스로를 속이지도 않고 위대한 사역자인 척 하지도 않았다. 엘리야의 위대함이 여기 있다. 믿음의 영웅에서 유약한 범인凡人으로 추락한 자신의 내면을 있는 그대로 드러내고 있다. 갈멜 산의 승리자가 아닌 형편없이 망가진 자신을 말이다. 그는 민낯으로 하나님을 만났다!


# 아 파 야
# 낫 는 다


예수님은 스스로 피트인을 하셨다. 엘리야는 어쩔 수 없이 피트인을 했다. 대부분의 크리스천 여성들은 어쩔 수 없는 상황에서조차 피트인을 하지 않는다. 이유는 두 가지다. 첫 번째, 안 보기 때문이다. 두 번째, 안 보이기 때문이다.

첫 번째의 경우, 아픔을 느끼고 알아차리기는 한다. 그러나 보는 것이 두려워서 일부러 안 본다. 고의로 무시하고 억지로 덮어 둔다. 속은 썩어 문드러지고 있는데 겉은 멀쩡하다. 행동 패턴은 이렇다. 혹시라도 아픈 마음을 들킬세라 화려하게 겉치레를 한다. 혹은 그럴 듯하게 포장지를 두른다. 믿음 좋은 크리스천이라는 가면을 쓴다. 아픈 마음을 돌보지 않으면서 아픈 마음도 하나님이 주신 고난이라며 합리화한다. 그러면서 어떻게든 마음을 외면하려 한다. 혹시라도 마음의 고통이 가면을 뚫고 나올까 봐, 들킬까 봐 늘 긴장해 있다. '치유', '회복', '힐링'이라는 단어만 들어도 질색을 하고 심지어 화를 낸다.

"아니, 내가 무슨 문제가 있다고 그래? 나 아무 문제 없어!"

끊임없이 피할 궁리를 하고 핑곗거리를 찾는다. 내 아픈 마음을 보는 것이 아니라 내 마음을 아프게 한 누군가만 바라보고 있다. "너 때문이야"를 반복하며 그 누구를 공격한다. 공격받은 상대방은 또 다시 나를 공격한다. 이러니 사는 게 고통이다. 생지옥이다. 창조적인 삶은 꿈도 못 꾼다. 한평생 상처의 무게에 짓눌려 탓하고 원망하다 삶을 마감한다.

엘리야도 그럴 수 있었다. 하지만 그는 이세벨을 원망하거나 탓하지 않았다. 대신 자기 마음을 만났다. 만나야 한다. 그래야 회복된다. 힘들겠지만, 아프겠지만 그래도 봐야 한다. 그래야 치유된다. 직면하는 고통과 외면하는 고통, 둘 다 아프다. 그러나 전자는 고통 후에 회복이 있고, 후자는 고통 후에 더 큰 고통이 뒤따른다. 전자는 희망이 있지만, 후자는 희망이 없다. 둘 중 어느 고통을 선택하느냐는 내 몫이다.

행복은 선택이다. 주님이 여성들에게 원하시는 것은 분명하다. 행복이다. 따라서 마음 바라보기, 이것은 선택이 아니다. 순종해야 할 명령이다. 내가 고통을 외면하면, 외면하는 나를 바라보시는 주님이 고통스러워 하신다. 그것은 십자가의 고통보다 더한 고통이다. 찢어지는 주님의 마음이 느껴지는가? 주님을 십자가보다 더한 고통으로 내몰 수는 없지 않은가? 그러니 이제 시선을 돌려 아프다고 울고 있는 내 속의 또 다른 나를 봐야 한다. 돌봐 주어야 한다.

예수님처럼만 하면 된다. 마음이 아프기 전에 하나님께 나아와 정기검진을 받는 것이다. 예수님처럼 못하겠으면 엘리야처럼이라도 해야 한다. 그럴 때 우리도 엘리야와 같은 믿음의 영웅이 될 수 있다. 주님은 제2, 제3의 엘리야를 지금도 기다리신다. 쓴 뿌리를 태워 없앨 능력이 주님께 있다. 그분은 영혼의 의사이시다.

피트인을 하지 않는 두 번째 이유는 안 보이기 때문이다. 안 보는 게 아니라 못 보는 것이다. 보이는데 애써 외면하는 것이 아니다. 보고 싶어도 볼 수가 없다. 오랜 기간 쓴 뿌리를 이루고 있는 감정들을 외면하고 무시하고 회피하다 보면 아픔을 느끼는 감정 통점痛點이 죽는다. 쓴 뿌리가 잡초에서 독초로 깊이 뿌리박혀 마음 밭을 이미 초토화시킨 것이다. 아파도 아픈 줄 모르고, 슬퍼도 슬픈 줄 모르며, 화가 나도 화난 줄 모른다. 알아차리는 게 의식意識인데 알아차리지 못하니 무의식無意識이다. 쓴 뿌리가 의식을 넘어 무의식을 지배한다. 통증이 없는 것이 아니라 단지 통증을 못 느낄 뿐이다.

가면을 너무 오래 쓴 결과다. 안 그런 척, 괜찮은 척, 행복한 척 하다보면 가면이 나인지, 내가 가면인지 분간이 안 간다. 진짜 나는 작아지고 가면은 커진다. 진짜 내가 누구인지 모른다. 가면이 '진짜 나'라고 착각한다. 그러다 가면이 진짜 나를 대신한다. '나'가 없는 텅 빈 공간에 외부의 수많은 시선들이 들어와 '나'를 마구 뒤흔든다. 매번 주위의 요구에 따라 가면을 바꿔 쓴다. 그러다 '진짜 나'는 완전히 죽는다. 감각을 느끼는 주체인 내가 죽었으니 감각도 죽는다. 결국, 가면이 얼굴이 된다.

가면과 얼굴은 다르다. 가면은 죽어 있고 얼굴은 살아 있다. 가면은 마음, 특히 감정을 감춘다. 얼굴은 마음, 특히 감정을 드러낸다. 가면은 '가짜 나'이고 얼굴은 '진짜 나'다. 가면은 여러 개이지만 얼굴은 하나다. 가면은 남에게 보여주기 위해 존재하고, 얼굴은 나를 보여주기 위해 존재한다. 성경은 말한다. "마음의 즐거움은 얼굴을 빛나게 하여도 마음의 근심은 심령을 상하게 하느니라"잠15:13

그런데 가면이 얼굴이 되었으니, 가면의 특성이 얼굴에 그대로 드러난다. 아니, 아예 몸 전체에 가면을 덮어썼다. 이를 일러 '몸의 갑옷' 혹은 '근육의 무장'이라고 한다. 마음의 어떤 신음 소리도 바깥으로 새어 나가지 않도록 몸이 알아서 굳게 방어벽을 구축해 놓은 상태다. 결국 갑옷의 무게가 마음의 혈관과 근육과 인대를 짓눌러 감각을 마비시킨다. 전신이 마비되는 루게릭 환자처럼 몸의 감옥에 갇혀 옴짝달싹 못한다. 고통만 못 느끼는 것이 아니다. 기쁨, 즐거움, 평안함, 행복감 등 긍정적 정서도 못 느낀다. 무덤 같은 삶이다. 무감각, 무덤덤, 무감동이 특징이다. 얼굴에 표정이 사라지고 생기가 없다. '스톤 페이스'stone face 혹은 '포커페이스'poker face를 하고 있다. 얼굴은 물론 온몸도 막대기처럼 뻣뻣하게 경직되어 있다.

알아차려야 한다. 알아차려야 다스릴 수 있다. 알아차리지 못하니 다스릴 수 없다. 무의식이 의식을 지배한다. 머리로는 하루에도 수천번씩 결심한다. '오늘은 소리 지르지 말아야지. 오늘만큼은 부드럽게 대해야지. 오늘만이라도 사랑해야지.' 그런데 그 오늘도 무사히 못 넘어간다. 한순간 삿대질하면서 고함친다. 무의식이 몸에 남아 몸이 생각보다 먼저 움직이는 것이다. 무의식이 내 몸을, 내 마음을 이리저리 끌고 다닌다. 통제 불능 상태가 되고 쓴 뿌리의 노예로 살아가게 된다. 무의식의 무서운 힘이다.

엘리야는 영혼이 심각한 상처를 입었음을 알아차렸다. 죽고 싶을 정도임을 알았다. 손가락 하나 까딱할 힘이 없는 상태임도 알았다. 철저하게 홀로여야 함도 알았다. 한마디로 몸과 마음과 영혼에 무슨 일이 일어나고 있는지를 알아차렸다. 그래서 스스로 일상, 사역, 사람으로부터 물러나 영혼의 의사이신 하나님을 찾았다. 아픔을 못 느꼈다면 왜 의사를 찾았겠는가? 아파야 낫는다.


# 타 인 으 로 부 터
# 공 감 받 기

30대 후반 여성이다. 우울증을 앓고 있었다. 손목에 붕대를 감고 첫 면담에 왔다. 물어보니 자해를 무려 10번이나 시도했다. 약한 몸에 사내 아이 둘을 혼자 감당하느라 지칠대로 지쳐있었다. 최근엔 잠도 안 오고, 입맛이 없어 식사도 예사로 걸렀다. 퇴근한 남편을 향해 하소연을 했다. "휴, 미치겠어. 힘들어 죽겠다니까! 일찍 와서 좀 도와주면 안 돼?" 그러나 돌아오는 말은 아내를 좌절시켰다. "내가 지금 놀고 있어? 요즈음 회사 일이 얼마나 바쁜지 알고나 하는 소리야? 그리고 당신 혼자 애 키워? 세상 모든 여자들이 다 키우는 걸 가지고 왠 엄살이고 생색이야?" 한두 번도 아니고 매번 면박, 거절, 비난을 받다 보니 아내는 오기가 생겼다. 얼마나 힘든지를 똑똑히 보여주고 싶었다. 자해의 시작이었다. 처음에는 면도날로 손목을 가볍게, 두 번째는 좀 더 깊게, 세 번째, 네 번째 자해는 계속 이어졌다. 그때마다 남편은 "뭐야? 당신 나이가 몇 살인데 이런 유치한 행동을 하는 거야?" "지금 날 보라고 쇼 하는 거지?" 등 단 한번도 아내의 마음을 읽어주지 못했다. 나중에는 습관이 되었다. 홀로라는 느낌, 아무도 내 마음을 몰라준다는 느낌이 들면 자기도 모르게 문을 닫고 방에 들어간다.

그녀는 말했다. "원장님, 제가 알아요. 아, 잠시 후면 또 손목을 긋겠구나. 이런 생각이 들면 나도 모르게 전화기에 눈이 가요. 몇번씩 전화기를 들었다, 놓았다 해요." 마음 알아줄 한 사람을 필사적으로 찾는 것이다. 그런데 아무도 없다. 엄마는 돌아가셨고, 남편은 말해봐야 소용없고, 자식들에게는 차마 못하겠고, 정신과 의사는 시간이 너무 늦어버렸다. 끝내 그 한 사람을 찾지 못하면 그녀는 또 손목을 긋는다.

❋

그 한 사람이 누굴까? 아니, 그 한 사람이 누구여야 할까? 나는 그 한 사람이 있는가?

하나님이 창조한 모든 세계는 흐른다. 물도, 구름도, 공기도, 혈액도, 호흡도 흘러간다. 고이면 썩는다. 마찬가지다. 마음의 그릇 속에 생겨나는 부정적 감정도 생겨나는 즉시, 바깥으로 흘러 보내야 한다. 입을 다물고 혼자만의 공간으로 들어가면 안 된다. 입을 열어 감정에 언어의 옷을 입혀 혀끝을 따라 내보내야 한다. 입을 다물면 우울의 곰팡이가 피어나지만, 입을 열면 행복의 푸른 곰팡이가 피어난다.

FTAFree Talking Area를 만들어서 말로 해소해야 한다. 하나님은 감정을 자체적으로 처리할 기제를 마음속에 넣어두지 않으셨다. 대신, 사람을 주셨다. 특히, 가족을 주셨다. 가족은 일차 상담자다. 가족이 그 기능을 못하면 또래 그룹peer group을 만나야 한다. 한 사람의 친구도 없으면 상담자라도 찾아야 한다. 그가 가족 대신, 돈을 받고 그 기능을 감당해준다. 마음을 털어놓을 수 있는 한 사람은 입안에 털어 넣는 한 웅큼의 알약보다 낫다. 수다를 떨어라.

"정말, 미치겠어. 어쩜 그렇게 사람 마음 몰라줄 수가 있는 거니? 이 인간이 말이야 힘들겠다는 그 말 한마디를 안 해 주네. 그 말 한마디 해 준다고 어디가 덧나나? 이러고 어떻게 평생을 같이 살어? 그냥 확, 차라리 이혼해버릴까? 요새는 그냥 죽고 싶은 생각밖에 안나." 한 시간쯤 떠들다보면 희한한 일이 생긴다. 회복되는 것이다. "휴, 그래도 어떻게 해? 참고 살아야지. 애들 불쌍해서… 알고 보면 애들 아빠도 고생해. 식구들 먹여 살리느라 밤낮없이 뛰어다닌다니까. 힘들다 내색 한번 안 하고 월급 꼬박꼬박 가져다 주는 게 신통하지."

신기하다. 한참을 떠들다 보면 속이 후련해진다. 마음이 평형을 회복한다. 다시 이성과 감정이 반반을 차지한다. 스스로 해결책을 찾아낸다. 답을 몰라서가 아니었다. 안다. 애들 생각해서라도 살아야 하지만 살 힘을 잃은 것이다. 누군가와 수다를 떨고 누군가가 공감을 해주면 잃어버렸던 힘이 회복된다. 언어는 마음의 평형수다.

여성들은 그 한 사람이 남편인 줄 안다. 아니, 반드시 남편이어야 한다고 믿는다. 그러다 좌절하고 실망한다. 미안하지만, 남성들에게는 애초부터 공감의 회로가 없다. 문제해결의 회로만 있다. 아프다고 말하면, "타이레놀 사먹어!"라거나 "아프다 소리 그만하고 병원 가!"라는 식이다. 여성들이 기대하는 말은 이것이다. "아, 많이 아프구나. 힘들겠다." 죽어라 못하는 말을 죽어라 들어야겠으니 죽을 맛이다. 나빠서일까? 아니다. 몰라서다. 사랑하지 않아서일까? 아니다. 자신의 방식대로 걱정하고 염려해준 것이다. 그런데 여자는 이 말을 꼭 들어야 한다. 그렇다면, 왜 꼭 남편이어야 하는가? 들을 귀를 가진 동성친구는 훌륭한 수다 파트너다. 여자의 마음은 여자만 안다. 긴 말 하지 않아도 말의 행간에 숨겨진 감정까지 읽는다. 그래서 친구란 "남편 빼고 무엇이든 줄 수 있는 또 다른 나"라고 말한다.

그런데 최고의 수다파트너는 따로 있다. 엘리야는 혼자 있었지만 사실 홀로가 아니었다. 속마음을 들어줄 누군가가 있었다. 사환? 아니다. 일부러 먼 곳에 두었다.<sup>열상19:3</sup> 엘리야에게 "그 한 사람"은 하나님이셨다. 입을 열었다. 그는 입을 열어 말을 했다. 속마음을 털어놓았다. 방금 전 멋진 승리를 한 것처럼 사역을 감당케 해달라는 기도가 아니었다. 현재의 미성숙과 연약함을 조목조목 주님께 고한다. 하나님은 최고의 대화 상대자다.

## 뿌리 깊은 분노

쓴 뿌리를 치유하는 과정에서 만나게 되는 최대 걸림돌이 있다. 분노다. 그것도 뿌리 깊은 분노다. 대개 크리스천 여성들은 분노의 정체를 알지 못한 채 일상의 분노처럼 다루다 만신창이가 된다.

한 어머니가 있었다. 그녀는 사소한 일에도 분노를 폭발했는데, 그 대상은 주로 첫딸이었다. 이유는 다양했다. 걷다가 넘어져서, 밥알을 흘려서, 옷을 빨리 입지 못해서, 걸음이 느려서 등 별것도 아닌 일들이었다. 고함, 욕설과 함께 눈에 보이는 것, 손에 잡히는 것 모두 무기로 돌변했다. 우산으로 찌르기, 돌멩이 던지기, 머리를 벽에 찧기, 손으로 밀치기, 발로 걸어차기 등 폭력이 행사된다.

상담을 받으러 온 딸의 상태도 심각했다. 자기 마음에 들지 않으면 때와 장소를 가리지 않고 일단 소리부터 질러 댔다. 물건을 집어던지고 깨물고 물어뜯고 발로 차고 나뒹굴었다. 심각한 정서불안 장애에다 주의력결핍 과잉행동장애까지 있었다. 어머니는 아이의 행동을 고치려고 갖은 노력을 기울였지만 소용이 없었다. 그녀는 좌절의 늪에 빠졌다. 자기 안에 있는 괴물의 정체는 알지 못한 채 말이다. 그것은 다름 아닌 분노였다. 그러나 현재의 분노가 아니었다.

분노 폭발은 3단계로 이루어진다. 1단계는 성냥을 가지고 마음이라는 퓨즈를 점화시키는 과정이다. 2단계는 연결 고리인 퓨즈를 통해 점화된 불꽃이 실린더까지 연결되는 과정이다. 3단계는 실린더로 점화된 불꽃에 대해 신체 및 정서적으로 반응하는 과정이다. 이때 성냥은 분노 유발 사건이고, 퓨즈는 분노 유발 사건을 해석하는 방식이며 실린더는 분노 유발 사건의 해석 방식에 대한 반응이다. 이 어머니의 경우, 성냥은 딸의 실수와 행동이다. 퓨즈는 '얘가 왜 이렇게 멍청하지?'라고 해석하는 것이다. 실린더는 분노를 폭발하면서 때리고 발로 차는 등 신체 및 정서적 반응이다.

분노 폭발 자체가 나쁜 것은 아니다. 예수님도 성전에서 매매하는 사람들을 향해 분노를 폭발하셨다.마21:12-13 여기서 성냥은 성전에서 매매하는 사람들이고, 퓨즈는 "성전을 기도하는 집이 아니라 강도의 소굴로 만드는구나"라는 해석이다. 또한 실린더는 매매하는 사람들을 내보내고 상과 의자를 둘러 엎으시는 행동이다.

분노 유발 상황에 따라 적절한 분노가 있고 부적절한 분노가 있다. 해석 체계에 따라 합리적 분노가 있고 비합리적 분노가 있다. 반응 양식에 따라 건설적인 분노가 있고 파괴적인 분노가 있다. 예수님의 분노는 적절하고 합리적이며 건설적인 분노였다. 그러나 이 어머니의 분노는 부적절하고 비합리적이며 파괴적인 분노였다. 감정 레벨로 치자면 최고 수준이다.

✳

만성적인 분노 과부하 상태다. 무슨 의미인가? 현재의 분노가 아니라는 말이다. 탯줄을 통해 들어온 분노 DNA가 몸과 마음에 새겨져 있다. 이러니 아무리 결심해도 소용없다. 한순간 통제 불능 상태에 빠진다. 문제는 이 분노가 자녀를 향한다는 것이다.

많은 크리스천 여성들의 고민이자 아픔이자 고통이다. 기도하고 말씀보고 노력하고 결심하면 조절할 수 있을 것이라고 생각한다. 그러나 예배 드리고 돌아오는 차 안에서 이성을 잃고 아이에게 소리친다. 심지어 그날의 설교 본문이 "너희 자녀를 노엽게 하지 말고"엡6:4였음에도 말이다. 설교를 들으며 얼마나 은혜를 받았던가? 자신을 위한 말씀이었고, "아멘"을 연발했었다. 그런데 분노의 악순환을 연속적으로 반복하고 있다. 사이클을 형성하고 있다.

실패 사이클이다. 1단계는 후회감이고, 2단계는 자책감이며, 3단계는 죄책감이다. 4단계는 좌절감이고, 5단계는 절망감이다. 각 단계 사이에는 회개 기도가 들어간다. 시점은 개인에 따라 다르다. 대부분은 3단계인 죄책감 다음일 경우가 많다. 사이클의 반복 주기가 짧아질수록 관계는 파괴적이 된다. 심리적 문제를 일으키기도 한다. 자녀들은 어린이 화병, 우울증, 분노 조절 장애, 주의력결핍 과잉행동장애 등 병리적 증상을 갖게 된다. 각 단계에서 여성들이 느끼는 감정과 머릿속으로 수차례 반복하는 말이 있다. 다음 표를 보면서 자신이 어느 단계에 자주 반응하는지 보자.

## 실패 사이클 반응 5단계

| 단계 | 감정 | 설명 | 대상 | 예시 |
|---|---|---|---|---|
| 1단계 | 후회감 | 잘못된 행동에 대한 마음 | 행동에 대한 감정 | "휴, 내가 미쳤지. 그렇게까지 할 건 없었는데, 왜 그랬을까?" |
| 2단계 | 자책감 | 존재에 대한 결함이나 역할에 대한 잘못을 깊이 뉘우치면서 자신을 책망하는 마음 | 자신의 존재나 역할에 대한 감정 | "정말 형편없구나. 이러고도 엄마 될 자격이나 있는 거니?" |
| 3단계 | 죄책감 | 저지른 잘못에 대하여 하나님의 자녀로서 책임을 느끼는 마음 | 하나님과의 관계에 대한 감정 | "이러고도 집사(권사)야? 하나님께 나갈 자격도 없어" |
| 4단계 | 좌절감 | 의지가 꺾여 자신감을 잃은 느낌이나 기분 | 역할의지에 대한 감정 | "엄마고 뭐고 다 때려 치워! 그만두고 싶어!" |
| 5단계 | 절망감 | 삶 전제에 대한 모든 희망을 상실한 느낌 | 인생전반에 대한 감정 | "죽고 싶어, 어디 멀리 떠나 버리고 싶어" |

크리스천 여성들에게는 실패 사이클이 분노 자체보다 더 고통스럽다. 그 누구보다 좋은 엄마가 되고 싶기에 이 사이클이 자기 안에서 반복되고 있다는 사실을 받아들이기 힘들다. 한계를 인정하지 않는다. 사이클을 고치려고만 한다. 그런데 고쳐지지도 않고 고칠 힘도 없다. 고칠 힘도 없으면서 고치려고 덤벼들었다가 스스로 실패 사이클을 가동시켜 나가는 것이 더 많은 문제를 일으킨다

인정해야 하는 3가지 사실이 있다. 첫째, 지금 자신이 만성적인 분노 과부하 상태라는 것, 둘째, 이 분노는 현재의 분노가 아니라

훨씬 뿌리가 깊다는 것, 셋째, 이 분노를 제어할 힘이 자신에게 없다는 것이다. 이 3가지 사실을 아는 것이 회복이다. 인정하고 받아들이는 것이 치유다.

분노라는 괴물을 제어할 힘은 없지만 괴물을 몰아낼 수는 있다. 이것이 승리할 수 있는 유일한 전략이다.


# 분노
## 이별연습

괴물을 몰아내는 방법은 그것을 떠나보내는 것이다. 성경은 "이러므로 남자가 부모를 떠나"창2:24라고 말한다. 이 말은 단순히 분가를 의미하지 않는다. 심리적 분리를 의미한다. 태아가 태어나면 즉시 탯줄을 잘라 준다. 아니면 호흡 곤란으로 죽는다. 마찬가지다. 결혼했으면 부모와의 심리적 탯줄을 잘라야 한다. 부모의 부정적 영향력, 간섭, 조종으로부터 분리되어야 한다. 아니면 이물질이 끼어들어 호흡 곤란으로 죽는다. 행복의 순도가 떨어진다.

심리적 탯줄 중에서도 특히 감정의 탯줄은 현재의 행복에 결정적인 영향을 준다. 이전 사례에서 어머니는 감정 탯줄이 연결되어 있었다. 괴물을 몰아내기 위해서는 감정의 탯줄을 잘라야 한다. 탯줄이 깨끗이 잘리기 위해서는 세 단계의 과정을 거쳐야만 한다.

회복의 첫 번째 단계는 괴물이 어디서 왔는지를 깨닫는 일이다. 분노의 출처가 도대체 어디인지 뿌리를 알아내야 한다. 그녀는 모자란 딸이 분노의 원인이라고 생각했다. 하지만 네 살배기 딸이 길을 가다가 넘어지는 것은 당연하다. 분노 폭발의 원인이 될 수 없다. 현재의 분노가 아닌 것이다. 전해져 내려온 분노 유전인자가 있는 것이고, 그로 인한 핵심 정서가 존재한다.

그녀에게는 세 명의 어머니가 있었다. 친어머니는 아버지의 폭력을 견디다 못해 그녀가 초등학교 3학년 때 집을 나갔다. 새어머니가 들어왔는데, 아버지가 출근만 하면 아무 이유 없이 두들겨 팼다. 엉덩이가 거북이 등처럼 될 정도로 맞았다. 고등학교 2학년 때 맞이한 세 번째 어머니는 자신보다 겨우 두 살 많았는데, 입에 담을 수 없는 욕설과 함께 폭력을 휘둘렀다. 머리끝부터 발끝까지 분노로 가득 찬 그녀는 늘 폭발 일보 직전 상태였다.

드디어 분노의 뿌리를 정확히 직면했다. 결코 딸 때문에 아니었다. 여기서 파생되는 핵심 정서도 보았다. '감정의 덫'이라 말한다. 가장 강력한 것은 '버림받음의 덫'과 '정서적 박탈감의 덫'이다. '나는 또 버림받을 거야', '아무도 나를 사랑하지 않을 거야'라고 생각하는 덫으로부터 분리되어야 한다.

회복의 두 번째 단계는 직면하기다. 만나서 할 말 다 하면 떠나보낼 수 있다. 할 말을 다 못하니 가슴에 응어리로 남아있는 것이다. 살아 있는 언어로 더 이상 할 말이 없어질 때까지 할 말 다 하면, 마음도 떠나보낼 준비를 한다.

그녀의 기억으로부터 한 명 한 명의 엄마들을 불러냈다. 분노의 뿌리가 실체를 드러냈다. 세 명의 엄마 중 할 말이 가장 많은 엄마는 친엄마였다. 감정의 파노라마가 역동적으로 펼쳐졌다. 처음에는 분노였다. 그녀는 악을 썼다.

"엄마, 엄마라도 부르기도 싫어! 왜 나를 낳기만 하고 버렸어? 그러고도 엄마야? 개도 새끼는 챙겨. 엄마는 개만도 못해! 엄마라고 부르기도 싫어! 싫다고!"

분노는 원망으로 바뀌었다.

"왜 떠났어? 왜 날 버려두고 갔냐고? 내가 얼마나 고생했는 줄 알아? 얼마나 힘들었는지 아냐고? 다 엄마 때문이야! 엄마가 떠나지만 않았어도 이런 인간들 안 만났을 것 아냐!"

원망은 좌절감으로 변했다.

"죽고 싶어. 이제 더 이상 살고 싶지 않아. 아무도 내 편이 없어. 난 혼자야, 혼자라고! 어떻게 살라 그래?"

마지막 감정은 그리움이었다. 그녀는 목 놓아 울었다.

"엄마, 보고 싶어. 지금 어디 있어? 한번만 볼 수 있으면 좋겠어. 얼굴 만져 봤으면 좋겠어. 나 버린 것 아니지? 엄마, 어쩔 수 없었던 거지?"

악몽 같은 사람들을 머릿속에서 없앨 수는 없다. 그 기억을 사라지게도 할 수 없다. 없애려 애쓸수록 마음이 쓰이고 생각을 하게 된다. 뇌가 산더미 같은 생각들로 가득 채워진다. 좁은 공간 안에서 생각끼리 충돌하다가 뒤틀리고 꼬인다. 잠을 잘 수도 없다. 산더미 같은 생각들을 지워 보려다 불면증이 오는 것이다. 잠을 못 자니 깨어 있는 시간이 많아지고, 결국 생각들이 자라도록 관심이라는 먹이를 더 많이 주는 꼴이 된다. 더 빨리 자라서 내 기억을, 내 마음을, 내 몸을 점령한다. 먹이를 끊어야 한다. 머릿속에서 끄

집어내서 만나야 한다. '할 말 다하기'는 머릿속 악몽으로 남아있는 사람과의 이별 의식이다. 떠나 보내면서 감정의 탯줄도 함께 잘려 나간다.

회복의 세 번째 단계는 현실과 화해하기다. 새로운 통찰이다. 괴물을 떠나보내니 떠나 있었던 가족들이 마음의 비워진 공간으로 속속 들어왔다. 남편, 아이들, 그리고 돌아가신 외할머니. 그녀는 비로소 고백했다. 진짜 마음이 모습을 드러냈다.

"아이가 얼마나 힘들었을까요? 계모한테 당한 나도 그렇게 힘들었는데, 내 아이는 친엄마에게 당했으니."

하염없이 쏟아지는 회개의 눈물 앞에 마침내 분노 덩어리는 힘을 잃어 갔다.

"여보, 고마워요. 나 같으면 벌써 내버렸을 텐데, 안 버리고 데리고 있어 줘서. 할머니, 미안해요. 잘 살지 못해서. 좋은 모습 보여주고 싶었는데 이제라도 잘 살아 볼게요."

그녀는 놓쳤던 행복의 끈을 다시금 붙잡았다.

# 나 다 운
# 기 도

아들이 여자 친구와 헤어진 적이 있었다. 사귄 지 6개월 만에 일방적인 이별 통보를 받았다. 헤어지자는 말 한마디만 남기고 잠적해 버렸다. 이유라도 알면 덜 답답할 텐데, 전혀 연락도 닿질 않는단다. 아들은 전화를 걸어와 슬피 울었다.

"엄마, 답답해 미치겠어요. 어디에 있는지, 왜 떠났는지 한마디라도 들으면 좋겠는데…"

그리고 몇 주 뒤 다시 전화가 왔다. 새벽 3시였다. 거의 13시간을 운전해서 여자 친구와 데이트했던 장소를 찾아간 것이다. 이번에는 대성통곡했다.

"엄마, 보고 싶어요. 아무리 잊으려 해도 잊혀지지가 않아요. 잠도 잘 수가 없고, 가슴이 터질 것 같아요."

그런 아들이 아빠에게는 담담하게 말했다.

"괜찮아요, 아빠! 걱정 마세요."

남자 대 남자로 말했다. 아니, 남자이고 싶은 거다. 괜찮은 아들이고 싶은 거다. 아무렇지도 않은 척, 강한 척 포장했다.

우리도 종종 하나님과 이렇게 대화한다. 속에서는 분노가 부글부글 끓고 있지만 말하면 안 될 것 같다. 집사답게, 권사답게, 사모답게 말하고 행동해야 할 것 같다. 믿음 좋은 사람, 신앙 좋은 사람으로 보이고 싶다. 그래서 우아하고 고상하게 기도한다.

"하나님, 사랑하겠습니다. 용서하겠습니다. 도와주세요."

그런데 속마음은 다르다. 미워죽겠고 생각만 해도 치가 떨린다. 억울하고 분하다. 그럼에도 시치미를 뚝 떼고 덮어 둔 채 모범답안만 아뢴다. 하나님 앞에서조차 가면을 쓴다. 불꽃 같은 눈으로 우리의 마음을 감찰하시는 하나님이다. 마음속에 들어 있는 부정적 감정들을 이미 알고 계신다. 그분 앞에서는 어떤 것도 감출 수 없다. 아니, 감추어지지 않는다. 그럼에도 감추려 한다. 하나님이 어떤 분이신지 모르기 때문이다.

나에게 보인 아들의 눈물은 참 사랑스러웠다. 아들이 아는 것 하나가 있다. 엄마 앞에서는 울어도 된다는 것이었다. 남자답지 않아도 되고 씩씩하지 않아도 된다. 잘 이겨 내는 척하지 않아도 된다. 그냥 있는 그대로 속마음을 표현하면 된다. 왜냐하면 아들은 엄마가 어떤 사람인지 알기 때문이다. 눈물을 비난하지 않으리라는 것을 안다. 절대로 다음과 같은 말들은 하지 않을 것도 안다.

"내 그럴 줄 알았다. 연애를 그런 식으로 하는 게 어디 있어? 하루도 안 빠지고 만나더니 말이야. 당연한 결과 아냐?"

"아니, 남자가 그깟 여자 하나 가지고 울고 그래? 세상에 울 일이 얼마나 많은데… 눈물 그쳐! 여자가 어디 개 하나뿐이니?"

"세월이 약이야. 시간 지나면 다 잊혀져."

그리고 세상에서 가장 무책임 한 말은 이것이다. "기도해!" 기도조차 할 수 없는 상태다. 아니, 기도조차 안 나오는 상태다.

아들의 눈물에 나도 울었다. 같이 우는 것은 내가 할 수 있는 최선이었다. 전화선을 통해 아파하는 마음이 전해졌다. 혼자 울지 않고 함께 울어주는 누군가가 있다는 사실, 그 누군가가 엄마라는 사실을 확인한 아들은 일어섰다.

지금 이 순간, 나에게도 함께 울어 주기 위해 머물러 계신 분이 있다. 예수님이시다. 예수님은 아픔을 체휼하여 아시는 분이다. 인간의 몸을 입고 이 땅에 오셨기 때문이다. 예수님은 십자가에 달리시기 전 겟세마네 동산에서 마지막 기도를 드리셨다. 바로 이때를 위해 오셨으니 자랑스럽고 영광스러운 기도여야 할 것 같다.

*

"오, 아버지여. 얼마나 오래 기다렸는지요! 드디어 때가 되었습니다. 십자가, 기쁨으로 지겠습니다. 영광스럽게 지겠습니다. 감사합니다. 이 일을 저에게 맡겨 주셔서요." 그러나 딴판의 기도를 하셨다. 아니, 전혀 하나님의 아들인 예수님답지 않은 기도를 하셨다. "내 마음이 심히 고민하여 죽게 되었으니…"막14:34 말씀처럼 있는 그대로의 마음을 드러낸다. 고민은 선택의 여지가 있을 때 하는 것이다. 이 상황은 선택의 여지가 없었다. 예수님은 애초부터 십자가를 지기 위해 이 땅에 오셨다. 피할 수 있는 일이 아니었다. 그런데도 예수님은 "조금 나아가사 땅에 엎드리어 될 수 있는 대로 이때가 자기에게서 지나가기를 구하여"막14:35라고 기도하면서 피하고 싶어 하셨다.

그냥 때가 지나가기만을 구하신 것이 아니었다. "아빠 아버지여 아버지께는 모든 것이 가능하오니 이 잔을 내게서 옮기시옵소서"막14:36라며 하나님의 능력까지 테스트하면서 십자가를 지고 싶지 않다고 노골적으로 말한다. 할 수만 있다면 십자가를 떠넘기고 싶다는 뜻이다. 마치 세 살배기 아들이 아빠를 부르며 떼 쓰는 것 같다.

"싫어요, 아빠! 아빠는 마음만 먹으면 다 가능하잖아요? 십자가 안 지고 싶어요. 안 지게 해 주세요!"

심지어 예수님은 아버지의 뜻을 시험하셨다.

"아버지여 만일 아버지의 뜻이거든 이 잔을 내게서 옮기시옵소서"눅22:42

아버지의 뜻이 다른 것일 수도 있지 않을까 의문한 것이다. 누구보다 아버지의 뜻을 잘 아시는 분이 말이다. 어떻게든 피하고 싶은 마음이다. 십자가의 고통이 얼마나 극심한지 누구보다 잘 아셨기 때문이다.

그러나 아무리 십자가가 몸, 마음, 영혼의 총체적인 고통이라 할지라도 이런 식의 기도는 아니다. 예수님다운 기도를 하셔야 마땅하다. 그렇지 않은가? 예수님은 예수님답지 않은 기도를 하셨다. 아버지 하나님의 마음에 드는 기도를 하지 않으셨다. 그냥 마음속에 들어 있는 것들을 말하셨다. 고민스럽고, 혼란스럽고, 죽을 정도로 고통스럽고, 두려운, 있는 그대로의 마음 말이다. 포장하지 않은 날 것 그대로의 마음이었다. 어쩌면 창피하실 수도 있는 말들이다. 그럼에도 하셨다.

왜냐하면 예수님은 하나님 아버지께서 어떤 분이신지를 알고 계셨기 때문이다. 절대 이런 말을 하시지 않는다는 것을 아셨다.

"너, 지금 제정신으로 하는 말이니? 피하고 싶다는 게 말이 되냐고? 벌써 네 사명을 잊은 거야? 그러고도 내 아들이야? 아버지라 부를 생각도 하지 마! 꼴도 보기 싫으니 저리 가!"

하나님은 하나님의 아들다운 기도를 요구하지 않으셨다. 하나님의 아들답지 않은 기도를 받으셨다. 천사를 보내어 힘을 더해 주셨다.눅22:43

엘리야도 마찬가지다. 그 역시 엘리야답지 않게 "여호와여 넉넉하오니 지금 내 생명을 거두시옵소서"왕상19:4라고 기도했다.

내 아들이 알고 있는 엄마, 엘리야가 알고 있는 하나님, 예수님이 알고 계신 하나님은 모두 한결같다. 날 것 그대로를 만나 주신다. 망가진 모습 그대로를 받아 주시며, 아픈 그대로를 만져 주신다. 그러니 입을 열어 말해야 한다.

"아파요, 아프다고요. 엄마 노릇, 아내 노릇, 이제 더 이상 못하겠어요. 차라리 저 멀리 어딘가로 달아나고 싶어요. 생각만 해도 치가 떨린다고요. 어떻게 나한테 이럴 수가 있죠? 차라리 죽고 싶어요."

마음속에 응어리진 것들을 말하다 보면 마음속 독기가 빠져나간다. 비워지고 말개진다. 최고의 상담자는 말씀하신다. "사랑하는 딸아, 내 딸아! 얼마나 힘들었니? 얼마나 아팠니? 어떻게 참았니? 죽고 싶을 정도로 힘들었구나. 얼마나 힘들었으면…"

오늘도 주님은 초대하신다. "오 사람들이여, 항상 하나님을 굳게 믿으십시오, 그분께 여러분의 마음을 다 털어놓으십시오, 왜냐하면 하나님은 우리의 피난처이시기 때문입니다"시62:8

주님 앞에 속마음을 다 털어놓는 일, 날마다 우리가 해야 할 일이다.


# 몸으로 마음을 치유하다

말로 표현조차 할 수 없는 상처도 있다. 마음의 근육에 머물고 있던 쓴 뿌리가 신체 곳곳으로 번져서 다른 조직으로 전이된 상태다. 온몸이 쓴 뿌리의 저장고가 되어 버렸다. 몸이 운다. 하늘이 무너져 내릴 듯한 슬픔을 가진 이들의 몸을 보았는가? 가슴이 답답해 숨을 못 쉰다. 심장이 두근거리고 소리도 못 낸다. 양손으로 가슴을 친다. 가슴 한가운데를 누르면 극심한 통증을 호소한다. 등이 아프고 눈물도 안 나온다. 몸의 반란이다.

말로 표현이 안 되니, 말로 풀 수 있는 단계도 지났다. 몸이 동원되어야 하는 단계에 이른 것이다. 욕실에 갇혀있다고 생각해보라. 욕조에 물이 차서 넘치고 있는데 수도꼭지가 고장 나서 잠글 수가 없다. 욕실에는 창문도 없다. 문에는 틈새가 전혀 없어서 한 방울의 물도 밖으로 새어 나가지 않는다. 물이 점점 차올라 가슴 위까지 이른다. 허우적거리기 시작한다. 숨이 막힌다. 자칫 잘못하면 익사할 지경이다. 어떻게 해야 하겠는가? 해답은 간단하다. 욕조의 마개를 뽑아 버리면 된다.

마찬가지다. 몸이 감정의 홍수로 익사하기 일보 직전이라면 감정을 뽑아내야 한다. 이를 '정화'라 한다. 정화에는 2가지 방법이 있다. 첫 번째, 맑은 물을 계속 조금씩 붓는다. 흙탕물과 맑은 물이 섞이면서 점점 맑아진다. 두 번째, 흙탕물을 확 쏟아 버린 다음, 맑은 물을 붓는다.

이 모든 과정에 몸이 사용된다. 몸은 감정의 집이다. 몸은 하나님이 창조하신 최고의 교육 및 치료적 도구다. 몸에게 길을 묻고, 그 길을 따라가다 보면 묵었던 감정을 깨끗하게 정화할 수 있다.

첫째, 숨을 쉬라.깊이 호흡하라 창세기 2장 7절을 보면 "여호와 하나님이 땅의 흙으로 사람을 지으시고 생기를 그 코에 불어넣으시니 사람이 생령이 되니라"는 말씀이 나온다. 영어 성경을 보면 여기에 '호흡'breath이라는 단어가 두 번 사용된다. 호흡이 흐름과 동시에 살아 움직이는 생명체가 된 것이다. 호흡은 산소$O_2$를 들이마시는 들숨과 이산화탄소$CO_2$를 내뱉는 날숨으로 이루어진다. 호흡의 주된 목적은 산소를 얻기 위함이 아니라 이산화탄소를 우리 몸에서 빨리 제거하기 위함이다. 감정 호흡도 마찬가지다. 들숨은 감정의 독기를 정화시키는 해독제요, 날숨은 감정의 독소를 배출하는 굴뚝이다. 부정적 감정 덩어리는 돌덩이처럼 단단하게 뭉쳐서 호흡의 흐름을 차단한다. 가슴을 짓눌러 숨을 제대로 쉬지 못하게 한다. 흔히 손으로 가슴을 치면서 답답함이나 통증을 호소하는 이유다. 막힌 숨길을 뚫어야 한다. 호흡은 내면의 마사지다. 매일 30분에서 1시간가량 깊고 풍성하고 부드럽게 흘러가는 호흡을 연습하자. 호흡이 몸 전체에 흐르면 숨죽이고 있던 긍정적 감정들이 파릇파릇 되살아나 부정적 감정을 죽여 없앤다. 이때 찬양과 함께 자연이나 예수님 이미지, 혹은 사랑, 희락, 화평 등 성령의 열매를 들숨과 날숨의 리듬에 맞추어 마음속으로 되뇌면서 호흡한다.

둘째, 눈물을 흘리라. 눈물은 감정의 독소를 제거하는 최고의 치료제다. 눈에 이물질이 들어가면 눈이 아프면서 눈물이 흐른다. 눈물과 함께 이물질이 씻겨 나간다. 눈의 자정 능력이다. 쓴 뿌리로 인한 마음의 통증도 마찬가지다. 가슴이 아프면 눈물이 흐른다. 그러면서 마음에 뿌리내린 이물질이 제거된다. 소리 하나 없이 조용하지만 강력하다. 한 방울의 눈물은 한 움큼의 우울증 약보다 낫다. 눈물과 함께 가슴에 퍼져 있던 독소가 빠져나가기 때문이다. 한결 말개진 마음에 빈 공간이 생겨난다. "너 때문에 힘들었다"는 공격이 "나 때문에 힘들었겠다"는 긍휼로 바뀐다. 회개의 눈물이다. 내 탓이라 가슴 치며 울고 부르짖는다.

"주여, 이 못난 저를 용서해 주세요. 새로 시작하겠습니다. 저를 도와주세요."

눈물은 상대방을 향하던 손가락이 나를 향하도록 하는 방향 전환키다. 상처의 눈물에서 회개의 눈물로, 회개의 눈물에서 긍휼의 눈물로, 그렇게 눈물은 업그레이드 된다. 자신을 아파하고, 상대방을 아파하다가, 결국 하나님께 그 눈물이 상달된다. 아이처럼 울어서 눈물의 양이 찰 때 비로소 어른처럼 일어난다.

셋째, 소리를 내라. 소리는 감정표현, 존재의 힘과 밀접한 관련이 있다. 한 정신병원에서 3년 동안 치료사로 일한 적이 있다. 입원환자들은 공통적인 특징을 가지고 있다. 착하고, 큰소리를 못 내며, 거절을 못 한다. 감정이 죽어 있다. 이는 한평생 감정을 억압하고 살았다는 말이다. 그래서 치료는 자기 목소리를 찾는 일로부터 시작된다. 소리를 내고 발을 구르게 한다. "안 돼!"하고 거절하는 법을 가르친다. 참는 데 일등인 여성들은 소리를 못 낸다. 진짜 자기 소리를 눌러서 삼키니 도로 마음속으로 들어간다. 소리는 호흡의 시작점, 즉 호흡이 목에 머물고 있느냐, 가슴에 머물고 있느냐, 배꼽 바로 아래에 머물고 있느냐에 따라 틀리다. "토하다"는 말은 깊은 호흡에서 소리를 내라는 뜻이다. 분노가 폭발할 때 온몸이 내는 소리와 비슷하다. 그 소리가 아이들을 향하면 아이들이 병든다. 남편을 향하면 남편 속에 잠자고 있던 통제 불능의 짐승이 튀어나온다. 폭력을 유발해 그 희생양이 될 수도 있다. 분노는 에너지다. 사용하면 잠잠해진다. 소리 지르고 싶으면 소리를 질러라. 소리는 감정의 비상 탈출구다. 단, 혼자만의 공간에서 하라.

넷째, 통곡하라. 눈물은 눈에서 흐르는 액체를 말하고, 울음은 소리를 동반한다. 통곡은 눈물과 소리와 몸짓이 모두 동원된다. 온몸이 부르짖으며 운다. 콧물, 땀, 침 등 몸에 있는 모든 미세한 구멍에서 눈물이 흐른다. 이 때 호흡은 배꼽 바로 아래에서 이루어진다. 깊은 곳에서 쥐어짜는 듯한 소리가 난다. 신음 소리에 가깝다. 한국의 전통적인 장례식장에서 나는 곡소리와 비슷하다. 이렇게 하면 구토가 계속 나온다. 잘못 먹은 음식을 내뱉으려는 위장의 구토와 다르다. 계속 토하는데 아무것도 안 나온다. 대신, 눈에 보이지 않는 쓴 뿌리의 독성들이 빠져나간다. 온몸에 암세포처럼 퍼져 있던 쓴 뿌리가 뽑혀져 나간다. 위산만 역류하는 게 아니다. 통곡은 온몸이 쓴 뿌리를 몸 밖으로 몰아내는 소리다. 주님은 시시때때로 마음을 토하라고 말씀 하신다.시62:8 그러나 우리는 일평생 한 번도 안 하고 산다.

다섯째, 오감에 맑은 자극을 퍼부으라. 흙탕물로 가득 찬 물병에 맑은 물을 계속 부으면 점점 맑아진다. 이처럼 우리의 오감, 즉 시각, 후각, 미각, 청각, 촉각에 맑은 자극을 퍼붓는 것이다. 눈에는 자연의 풍경을, 코에는 향기를, 입에는 맛있는 음식을, 귀에는 평화로운 리듬을, 피부에는 부드러운 터치를 공급한다. 이 모두는 예술이다. 예술은 감성을, 마음을 터치한다. 아름다움, 부드러움, 평화로움, 향기로움과 같은 긍정적 자극은 잠자고 있던 긍정성을 깨운다. 긍정성은 섬광처럼 한순간 찾아온다. "아!"하고 감탄하는 지점이다. 사방 천지가 깜깜한데 어디선가 한 줄기 빛이 새어 들어온다. 이 한 줄기 빛이 긍정성이다. 95%가 어둠이라 해도 나머지 5%의 빛을 믿으면 그것이 10%, 20%가 되고, 또 30%가 된다. 그리고 30-40%쯤 되면 힘이 생긴다. 습관화된 부정성을 없애려면 그만큼 긍정성을 부어 주어야 한다. 그래야 감정의 면역세포가 길러져 독기 오른 감정을 잡아먹는다. 오염된 마음 탱크가 서서히 정화된다.

여섯째, 신체 접촉을 하라. 신체는 감정을 담고 있는 집이다. 치유적인 접촉은 부정적인 감정을 정화시킨다. 세 종류가 있다. 터치,touch 접촉,contact 포옹molding이다. 터치는 손과 신체 부위의 만남이다. 손과 머리, 손과 발, 손과 배 등 부위에 따라 감정 정화의 강도가 달라진다. 쓰다듬기, 누르기, 두드리기, 주무르기 등 터치의 종류에 따라서도 달라진다. 접촉은 신체 부위와 신체 부위의 만남이다. 머리와 어깨, 배와 머리, 배와 등, 배와 머리 등 다양한 부위의 만남이 있다. 어느 부위끼리 어떤 방식으로 접촉했느냐에 따라 전달되는 감정이 달라진다. 포옹은 몸 전체의 만남이다. 몸과 몸 사이가 빈틈없이 밀착되어 두 개의 몸이 하나의 몸처럼 연결된다. 앞에서, 뒤에서, 옆에서, 앉아서, 누워서 등 포즈를 어떤 방식으로 하느냐에 따라 다양한 형태의 포옹이 이루어진다.

엘리야를 회복시키신 하나님은 부드럽게 어루만지는 터치를 두 번이나 사용하셨다. 상한 엘리야의 감정이 저절로 녹아났다. 주의할 점은 성적인 접촉이 되지 않도록 가족을 제외하고는 반드시 신체 심리 치료사와 함께해야 한다는 것이다.

# 이 기 적  용 서 의
힘

쓴 뿌리가 제거되면 새로운 통찰의 단계로 접어든다. 화해와 용서가 이루어진다. 대개 쓴 뿌리가 지배하는 쓴 마음의 충고는 거짓말이다. 슬기로운 지혜도, 예리한 판단력도, 현명한 시각도 없다. 상실한 마음이 주는 어리석은 충고일 뿐이다. 불행을 피하려다 더 큰 불행으로 빠져드는 소리다. 그러나 쓴 뿌리라는 먹구름이 걷힌 순純마음은 행복으로 안내한다. 불행의 주인공인 피해자를 기적의 주인공으로 재탄생시킨다. 요셉도 그 중 하나다.

요셉은 쓴 뿌리의 대명사다. 그는 일평생 쓴 뿌리를 안은 채 피해 논리를 펼치며 피해자의 신분으로 살아야 마땅한 사람이었다. 그는 부모의 편애로 인한 희생자였다. 아버지가 형제들보다 그를 더 많이 사랑했기 때문에 자라는 내내 형제들의 질투와 적의 속에서 고통을 받았다. 따돌림을 당했다. 얼마나 미워했던지 창세기 37장 한 곳에서만 4번이나 언급되었다. 미워함의 끝은 살인 공모였다. 더 가혹한 것은, 그 마음의 괴로움을 알고도 아무도 손 내밀지 않았다는 것이다. 철저히 버림받음, 그 자체였다. 요셉은 형들에 대한 원망과 증오심, 억울함, 미움으로 똘똘 뭉쳐야 정상이었다. 노예로 팔려 간 요셉은 보디발의 총애를 받아 승승장구했지만, 보디발의 아내의 끈질긴 유혹을 받았다. 그러나 끝까지 거절했고, 그 결과는 감옥행이었다.창39:7-20 성적순결을 지키려다 성폭행 미수죄로 감옥에 갇힌 요셉은 억울함과 수치심, 분노가 하늘을 찔렀을 것이다. 요셉은 결국 감옥에 갇혔다. 이곳에서 술 맡은 관원장의 꿈을 해몽해 준다. 관원장은 요셉 덕분에 풀려났지만 요셉의 부탁을 까맣게 잊어버린다.<sup>창40:23</sup> 요셉은 실망, 낙망, 절망, 그리고 배신감에 치를 떨어야 옳다.

요셉은 한평생이 아닌 반평생 동안 각종 감정의 파노라마들을 다 경험했다. 미움, 원망, 배신감, 버림받음, 비통함, 열등감, 소외감, 실망감, 좌절감, 외로움, 무력감, 억울함 등. 이 모두가 뭉치면 분노 덩어리가 된다. 요셉은 피해자로서 쓴 뿌리를 제공한 사람들을 탓하고, 피해 논리를 펼치면서 희생자로 살아가는 것이 당연했다. 그러나 요셉은 승리자로 살았다.<sup>창49:22</sup> 용서를 완성하면서 말이다.

용서란 무엇인가? 보복을 포기하는 일인가? 과거를 없었던 일처럼 여기는 것인가? 아니면 잊어버리는 것인가? 그래서 시간이 지나면 저절로 해결되는 것이 용서인가? 용서란 감정의 상태인가? 용서는 행동이다. 요셉은 용서를 몸으로 보여 준 사람이다. 형제들을 용서했다. 아버지 야곱이 죽자 형제들은 또 다시 용서를 구하러 왔다. 요셉은 이들을 또다시 용서했다. 이때 요셉은 마음으로만 용서하지 않았다. 행동으로 보여 주었다. 먼저 간곡한 말로 위로했다. 형제들의 극한 두려움을 읽었던 것이다. 어떻게든 두려움을 떨칠 수 있도록 언어를 사용해서 토닥여 주었다. 말로도 부족해 "내가 당신들과 당신들의 자녀를 기르리이다"<sup>창50:21</sup>라며 좀 더 안심할 수 있는 제안을 했다. 형제들은 요셉을 버렸었고 가족임을 포기했었다. 그러나 요셉은 그 자녀들을 기르겠다고, 책임지겠다고 선언했다. 이것은 가족으로의 신분 회복이다. 이제 살인 공모자가 아니라 가족의 일원이 된 것이다. 이보다 더 구체적인 용서의 표현과 확실한 화해의 몸짓이 있을까?

때문에 용서란 쌍방통행이 아니라 일방통행이다. 용서란 가해자와 피해자 사이에서 이루어지는 일이 아니다. 가해자가 회개하고 용서를 구할 때 가해자를 위해 피해자가 주는 선물이 아니다. 종종 가해자는 잘못을 뉘우치지 않는다. 미안하다고 사과하지도 않는다. 미안하다 사과할 정도 같으면 그런 상처를 가하지 않는다. 아니, 잘못을 지적해도 인정하지 않을 것이다. "내가 언제?"라며 오리발 내민다. "당신이 잘못 알고 있는 거야"라며 기억의 불확실성을 공격한다. "도대체 언제 일을 가지고 시비를 걸어? 하여튼 성질 더럽단 말이야"라며 인신공격한다.

가해자가 용서를 구할 때까지 기다리다 피해자는 죽을 때까지 용서를 경험하지 못하게 된다. 릭 워렌의 말이다. "예수께서 일흔 번씩 일곱 번씩이라도 용서해 주라고 말씀하셨을 때 주님께서는 분노를 품고 있음으로 해서 오는 정신적, 감정적, 육체적, 영적 결과들을 상세히 알고 계셨다." 가해자를 용서하지 않고 살아가면 가해자로부터 진정 자유로워질 수 없다. 용서하지 않으면 피해자가 병이 난다. 왜 죄는 상대방이 지었는데 벌은 내가 받는가?

한 사람 한 사람이 주님에게 어떤 존재들인가? 천하보다 귀하다. 피 값 흘려 구원한 생명들이다. 용서하지 않으면, 천하보다 귀한 생명들이 죽어간다. 예수님은 이것을 너무 잘 아신다. 견딜 수 없어 한다. 따라서 용서란 가해자가 아닌, 피해자를 위해 하나님이

❋

준 선물이다. 감정상태와는 상관없다. 용서하겠노라 선포하고 순종하고 결단하며 행동하는 것이다. 용서를 할지 말지를 결정하는 것이 아니다. 하나님이 주시는 용서의 선물을 받을지 말지를 결정하는 것이다. 쓴 마음의 희생자가 될 것인가, 승리자가 될 것인가를 결정짓는 일이다. 용서가 과거를 해결해주지는 못한다. 그러나 현재와 미래는 해결한다. 나의 과거가 나를 통제하도록 내버려둘 것인지 내가 나의 과거를 통제할 것인지, 그 선택권은 오직 나 자신에게 있다.

한 농부가 있었다. 밤늦게 논에다 물을 대어놓고 다음날 아침 나가보면 물이 다 빠져나가고 없다. 밤새 힘들여 끌어올린 물을 빼간 사람이 있었던 것이다. 화가 났지만 성경말씀을 떠올리며 참기로 했다. 다음날 또 다시 물을 끌어올렸다. 또 똑같은 일이 벌어졌다. 몇 번이나 같은 짓이 되풀이 되었다. 그래도 일흔 번씩 일곱 번 용서하라는 가르침을 따라 용서하기로 결심했다. 문제는 이렇게 해를 끼친 사람을 용서해주었는데도 마음에 평화가 없는 것이다. 농부는 목사님을 찾아가 물었다. "저는 보복을 한 일도 없고 다 용서해주었는데 왜 제게는 기쁨이 없습니까?" 그때 목사님은 이렇게 말했다. "자네가 직접 논에 물을 대주기 전에는 결단코 평화가 없을 것이네."

용서는 행동이다. 오늘도 주님은 속삭인다. "용서해라, 그리고 사랑하라. 이건 명령이란다!" 가족들을 향해 먼저 손을 내밀고 끌어 안으라. 그리고 말하라.

"여보 사랑해!"

"이제 용서할게요."

주님의 명령에 대한 순종이다. 그때 비로소 평화가 깃든다.

# 관계 건축가
# 되기

땅다지기가 끝나면 골조공사가 시작된다. 기둥·보·벽·바닥을 만드는 공사다. 인체로 치면 뼈대를 완성하는 일이다. 골격이 제대로 갖추어지지 않으면 건축자체가 불가능하다. 부실공사의 주된 원인이다. 이 때문에 철근무게, 위치, 두께를 세밀하게 점검한다. 관계 맺기는 행복건축물의 골격을 세우는 일이다. 아무리 독초를 제거하고 화초를 심는다 해도 서툰 관계기술로 파괴된 관계가 많을수록 또 다시 쓴 뿌리가 생긴다. 효율적인 관계맺기기술은 행동변화를 가능케하는 관계의 성숙이다. 일상의 행복이 플러스된다.

# 관계를 건축하는
# 언어의 지혜

치유 중독증 환자가 수두룩하다. 평생 치유만 받다가 끝난다. 반복되는 패턴이 있다. 상처를 치유 받으러 온다. 회복해서 일상생활로 돌아가지만, 얼마 지나지 않아 다시 찾아온다. 마음이 다시 쓴 뿌리로 가득 차 있다. 마음 탱크를 비워 내고 쓴 뿌리를 제거한다. 얼마 지나지 않아 또 찾아오고, 또다시 비워낸다. 이런 식으로 매번 비우고 채우기를 반복한다.

이것은 치유가 아니다. 왜 이럴까? 행동의 변화가 없기 때문이다. 비웠으면 다시 쓴 뿌리로 채우는 것이 아니라 성령으로 채워서 관계의 열매를 맺어야 한다. 그러나 관계 맺는 방식이 그대로면 치유는 그때 뿐이다. 매번 똑같은 방식으로 관계를 맺으면서, 사람들이 상처를 주어서 당연히 상처를 받았다고만 말할 수는 없다. 예

*

를 들어, 디스크에 걸렸다고 하자. 자세가 잘못 된 탓이다. 자세는 고치려 하지 않고 튀어나온 디스크만 제거하면 얼마 후 재발된다. 수술은 일회성 처방에 그친다. 자세를 바꾸어야 한다. 마찬가지다. 여성의 상처는 대부분 일차적으로 남편, 자식, 시누이, 시어머니 등 가족관계에서 온다. 싫다고 안 볼 수도 없는 사람들과 좋은 관계를 맺을수록 상처주는 사람이 적기 때문에 행복하고, 나쁜 관계를 맺을수록 상처주는 사람이 많기 때문에 불행하다. 여성행복설계에 관계맺기는 이토록 중요함에도 관계 맺는 기술이 서툴다. 사랑하는 방법도 모른다. 자기 방식대로 사랑한다.

어떤 사람과의 좋은 관계, 나쁜 관계는 하루아침에 형성되는 것이 아니다. 마치 처마 끝의 낙숫물이 한 방울 두 방울 떨어지면서 바위에 구멍을 내듯이 서서히 형성된다. 주로 일상적인 자잘한 일들, 특히 변했으면 하는 행동들을 고치기 위해 어떤 언어를 사용했는가가 결정적이다. 입을 열어서 말을 했으면 그 말이 효과가 있어야 한다. 그러나 오히려 관계만 더 나빠졌다면 그 말은 효과적이지 못한 것이다.

비효과적인 언어는 첫째, 문제를 해결하지 못한다. 둘째, 자존감을 손상시킨다. 셋째, 관계를 악화시킨다. 넷째, 행동 수정에 아무 도움을 주지 못한다. 다섯째, 말문을 닫게 한다.

이런 언어를 아무렇지도 않게 마구 사용한다. 막 던져 놓고는 돌아서면 끝이다. 결과가 효과적인지, 비효과적인지는 관심도 없다. 관계가 파괴되면 말을 듣지 않는다. 말을 듣게 하려고 더 파괴적인 말을 사용한다. 그럴수록 관계는 더 나빠지고 말은 더 듣지 않는다. 관계 악순환의 고리가 계속 이어진다. 말을 안 듣는 상대방 탓을 하지 말고 말을 듣게 하는 언어 기술에 변화를 주어야 한다.

빌레몬서는 바울이 빌레몬에게 보낸 편지다. 종 오네시모는 예수님을 믿기 전에 주인 빌레몬에게 손해를 끼치고 도망쳤다. 그를 데리고 있던 바울이 이제 그를 주인 빌레몬에게 다시 돌려보내려 한다. 그러니 용납하고 받아 주라며 빌레몬에게 권고하는 내용이다.

둘은 이미 깨어진 관계였다. 빌레몬의 마음에는 불신, 배신감, 분노, 실망감, 원망, 미움이 자리 잡고 있었다. 오네시모 역시 주인을 실망시킨 것에 대한 죄책감, 부끄러움, 민망함, 좌절감이 자리 잡고 있었다. 바울은 이 깨어진 관계를 해결하려 했다. "용서하고 받아 주라"는 명령 한마디면 끝난다. 그러나 이 단순한 한마디를 단순하게 하지 않는다. 다양한 언어를 사용한다. 빌레몬이 바울의 권고를 자발적으로 받아들일 수 있도록 한 것이다.

빌레몬서에는 관계를 건축하는 언어의 지혜가 가득하다. 칼빈은 빌레몬서를 일러 "그리스도의 겸손이 꽃처럼 피어있는 책"이라 했고, 루터는 "기독교 사랑의 진수가 담긴 책"이라고 말했다.

*

# 부부싸움에서
# 이기는 법

빌레몬에게 편지를 쓸 당시 바울은 감옥에 있었다. 그럼에도 그동안 빌레몬 가정이 어떻게 하나님의 사역에 헌신했는지 알고 있었다. 바울은 편지 첫머리에 편지를 쓰는 이유와 목적보다 이를 가장 먼저 언급한다.

"그리스도 예수를 위하여 갇힌 자 된 바울과 및 형제 디모데는 우리의 사랑을 받는 자요 동역자인 빌레몬과 자매 압비아와 우리와 함께 병사 된 아킵보와 네 집에 있는 교회에 편지하노니"몬1:1-2

빌레몬 가정을 통틀어 이야기할 수 있었음에도 한 사람 한 사람을 지명하여 말했다. 그리고 각자에게 맞는 특별한 호칭을 사용하고 있다. 빌레몬은 동역자이면서 사랑받는 자, 아내 압비아는 자매, 아들 아킵보는 병사라고 불렀다. 이 호칭 속에는 그들 한 명 한 명이 바울에게 어떤 존재인지, 어떤 특별한 관계인지, 어떤 기대역할이 있는지 드러나 있다. 집단성이 아닌, 개별성으로의 만남이다. 밑바탕에는 개별 존재 자체에 대한 인정과 관심이 깔려 있다. 반면, 정반대의 언어인 무시와 무관심은 관계파괴의 지름길이다.

결혼 6개월 된 신혼부부의 이야기다. 아내가 최근 직장을 그만두었다. 살림살이가 빠듯해지자 난방비라도 아끼려고 집 안 온도를 20도로 낮추었다. 퇴근한 남편이 집 안에 들어서며 짜증을 낸다.

"어, 추워! 집이 왜 이렇게 추운 거야?"

아내는 성급하게 해결책부터 제시한다.

"옷 하나 덧입으면 안 돼?"

하소연에는 동조도 안 하고 해결책부터 제시하는 아내가 못마땅한 남편은 속으로 생각한다. '누군 옷 하나 더 껴입을 줄 몰라서 이러나? 집에서까지 두꺼운 옷 입어야 하면 그게 집이냐고? 바깥하고 똑같지. 비염 있는 것도 모르나?' 하지만 속 생각을 표현하지는 않는다. 대신 자신이 얼마나 추운지를 알아 달라는 바람으로 좀 더 과장해서 말한다.

"추워. 추워서 싫다니까. 내가 들어오는 시간만이라도 좀 따뜻하게 해 놓으면 안 돼? 돈이 중요해, 내가 중요해?"

아내는 이 말이 서운하다. '아니, 나는 종일 추운 데서 떨고 있는데 절약하느라고 고생 많다는 위로는 못할망정 자기 추운 것만 생각해?' 아내 역시 이 생각을 표현하지는 않는다. 대신 속사포처럼 쏘아붙인다.

"아, 추우면 옷 하나 더 껴입으면 되지, 웬 엄살이야? 한두 살 먹은 어린애도 아니고."

이때를 기점으로 싸움은 유치찬란함의 절정에 이른다.

"그렇게 아껴서 도대체 얼마를 절약하는 거야?"

"4만 원."

"그러다 감기 걸려 병원 가면 그보다 더 들겠다."

"추운 게 싫으면 당신 핸드폰 싼 걸로 바꿔"

"야, 그러는 너는 매달 TV 프로그램 돈 내면서 보지? 그것 보지 마! 어쩌면 그렇게 장모님을 닮았냐?"

"그러는 당신 집안은 어떻고? 아주버님 이혼했잖아!"

"그게 무슨 상관이야?"

"상관 있지. 당신 성질 아주버님하고 똑같잖아!"

"뭐야? 그래서 지금 이혼하자는 거야?"

마침내 온도 싸움은 집안 싸움으로 번진다. 피를 건드린다. 피는 또 다른 피를 불러온다. 피비린내 나는 전쟁 끝에 둘은 피투성이가 된 채 쓰러진다.

의미 없는 싸움이다. 아내가 바라는 것은 인정이다. 남편이 바라는 것은 관심이다. 인정과 관심을 먼저 표현했어야 했다. 남편은 아내를 인정했어야 했다. 아내는 온종일 오들오들 떨면서 난방비를 아꼈다. 알뜰살뜰 살림꾼이 틀림없다. 이렇게 말했어야 했다.

"아니, 온종일 떨었단 말이야? 이 추위에 난방비 아끼느라? 하여튼 알뜰한 건 알아 줘야 해! 당신이 이렇게 애써 줘서 말로 다할 수 없을 정도로 고마워."

아내는 남편에게 관심을 표현했어야 했다. 비염 있는 남편에게 가장 괴로운 건 찬 공기다. 사정없이 콧물이 흐르고 재채기가 난다. 퇴근할 때 즈음 온도를 높였어야 했다.

"아, 당신 비염 있잖아? 그걸 생각 못했네. 지금 올릴까?"

인정과 관심을 확인하고 나면 적군에서 아군으로 돌아선다. 알아 달라는 것은 인간의 가장 기본적인 욕구다. 결국 부부싸움은 자기 알아 달라는 치정癡情이다. 알아주면 될 일이다.

# 감사,
# 관계를 만드는 지름길

바울은 빌레몬에 대해 하나님께 감사했다. 그 이유는 빌레몬이 사랑과 믿음의 사람이라고 성도들로부터 들었기 때문이다. 직접 경험한 것도 아니고 전해 들었을 뿐이다.

"내가 항상 내 하나님께 감사하고 기도할 때에 너를 말함은 주 예수와 및 모든 성도에 대한 네 사랑과 믿음이 있음을 들음이니"몬 1:4-5

빌레몬이라고 완벽한 사람일 수는 없다. 그도 인간이다. 더구나 오네시모 때문에 마음에 큰 상처를 입었다. 믿음과 사랑이 흔들릴 때가 왜 없겠는가? 그리고 아직 오네시모를 사랑으로 받아들인 것도 아니다. 성도를 사랑하는 것은 오히려 쉽지만, 배신하고 떠난 종을 사랑하기란 쉽지 않다.

그런데 바울은 '항상'이라고 말했다. 가끔 감사하기는 쉬우나 항상 감사하기는 어렵다. 왜냐하면 감사할 수 없는 상황이 널려 있기 때문이다. '항상' 감사는 상황이나 조건과는 상관없는 감사를 말한다. 바울은 빌레몬이라는 존재에 대한 한결같은 감사를 전달하고 있다. 이 감사를 전달받은 빌레몬의 마음에도 감사가 전염된다. 자신에 대해 감사해하는 바울에게 감사하는 마음 말이다. 감사는 감동感動을 선물한다. 감동은 말 그대로 가슴으로 깊이 느껴 몸과 마음이 움직이도록 한다. 누구나 감동을 선물 받으면 받은 감동을 나누고 싶어 한다. 행동할 수 있는 힘을 공급받았기 때문이다.

감사의 반대는 불평이다. 이것은 부실재료다. 건축물을 녹슬게 만드는 습기와 같다. 곰팡이가 슨다. 부실공사로 이어진다. 언제 무너져 내릴지 모르는 부실건물이 된다. 반면 선한 일이 도미노 현상처럼 이어지는 첫 출발선은 바로 감사다. 감사는 관계를 건강하고 튼튼하게 건축하는 핵심 재료다. 감사에는 4가지 급수가 있다.

첫째, '이미 있는 것'be there을 알아차리는 동메달급 감사다. 시각, 촉각, 후각, 청각, 미각을 활용한 오감 감사다. 눈으로 보고, 피부로 느끼고, 코로 냄새 맡고, 귀로 듣고, 혀로 맛보는 모든 것이 감사거리다. 지천에 널려 있고 당연하기에 알아차리지 못한다. 알아차리지 못하니 감동도 없고 표현도 없다. 표현하지 못하니 관계를 부드럽게 할 윤활유가 부족하다. 이러니 관계가 뻑뻑하다. 삶도 퍽퍽하다. 무감각, 무덤덤, 무감동을 특징으로 하는 무덤덤한 삶의 연속이다. 상실한 다음에야 알아차린다. 존재 자체만으로, 아니 존재가 살아있음만으로도 감사하게 된다.

둘째, '~때문에'because of 하는 은메달급 감사다. 감사거리가 있기 때문에 하는 감사다. 결혼기념일에 꽃을 선물 받아서, 생일상을 차려 줘서, 아들이 늦은 밤에 마중을 나와 줘서, 설거지를 해 줘서 감사하는 것이다. 그러나 종종 감사거리가 있어도 감사하지 못한다. 노력은 안 보이고 노력 속의 부족한 몇 %를 찾아내는 기막힌 능력이 여성들에게 있기 때문이다. 그 부족한 몇 %는 주로 내 마음에 꼭 들지 않기 때문인 경우가 대부분이다. 이러니 감사가 아니라 불평이 올라온다. 불평하는 순간, 선한 행동은 중단된다. 그러므로 감사는 부족한 몇 %보다 채워진 몇 %를 보는 것이다. 비록 겨우 찾아낼 정도로 비율이 낮다 하더라도 말이다. 감사는 불만의 제초제이고, 선한 행동을 지속시키는 최고의 힘이다.

셋째, '그럼에도 불구하고'in spite of 감사하는 금메달급 감사다. 감사할 거리가 아닌데도 감사한다. 다리를 다쳤는데도 덕분에 쉴 수 있어서 감사, 남편이 식물인간이 되었지만 살아있어서 아직 과부 소리 듣지 않으니 감사, 아들이 대학 입시에 떨어졌지만 실패를 아는 사람이 될 수 있어 감사하다. 감사할 수 없는 상황에서도 감사거리를 일부러 찾아서 하는 감사다. 상황에 대한 자동적 반응이 아니라 의식적 해석이다. 긍정적인 시각이 없으면 불가능하다. 부정적인 것만 생각한다면 절대 할 수 없다. 긍정적인 것을 찾는 순간, 긍정적인 것이 보인다. 그것을 표현하는 것이다. 생각하라Think 그러면 감사Thank하게 된다. 하나님의 주소는 둘이다. 하나는 하늘나라이고, 또 하나는 감사하는 자의 마음이다. 감사를 전하는 사람의 마음도 천국이요, 감사를 전달받는 사람의 마음도 천국이다.

넷째, '미리'if하는 감사도 있다. 면류관급 감사다. 이루어질 것을 생각하며 미리 감사한다. 대학 입시에 떨어졌지만 실패를 딛고 일어설 것을 확신하며 감사한다. 믿지 않는 남편이 언젠가는 주님의 품으로 돌아올 것을 믿으며 감사한다. 하나님에 대한 믿음이 없으면 불가능하다. 사람은 믿을 수 없지만 그 사람을 만드신 하나님을 믿는 것이다. 영혼의 감사다. 면류관급 감사가 일상이 될 때 일상이 감사거리가 된다. 관계는 저절로 건축된다.

# 격려로
# 행동하다

바울은 처음부터 오네시모를 받아들이라며 강권하지 않았다. 행동의 변화를 요구하기 전에 충분히 격려했다.

"형제여 성도들의 마음이 너로 말미암아 평안함을 얻었으니 내가 너의 사랑으로 많은 기쁨과 위로를 받았노라"몬1:7

'관심 끌기'attention와 '충격 주기'impact의 조화다. 관심 끌기는 감동을 목적으로 한다. 마음을 사로잡으려는 노력이다. 마음 밭을 부드럽게 일구고, 들을 귀를 준비시켜 주는 과정이다. 충격 주기는 행동 변화를 목적으로 한다. 목적과 의도대로 이끌려는 작업이다. 충분히 감동을 준 후 적절한 순간에 해야 한다.

격려는 관심 끌기에 있어서 최고의 언어다. 바울은 빌레몬으로 인한 긍정적인 느낌을 표현했다. 너로 인해 내가 기쁨과 위로를 받았다고 말했다. 이를 일러 '긍정적 나 전달'이라 한다. 칭찬과 다르다. 칭찬은 행위에 초점을 맞춘다. 일종의 보상이다. 보상이란 잘했을 때 제공하는 댓가다. 학습이론에서는 긍정적 행동을 일으키는 정적 강화 인자를 말한다. 결국 칭찬 때문에 행동하게 한다. 칭찬이 없으면 안 한다. 성공했을 때만 제공하기 때문에 조건적이다. 높은 기대치로 인해 기대를 채워야 한다는 부담감과 기대를 채우지 못할까 하는 불안감이 생겨난다. 칭찬은 받긴 했지만 스스로는 칭찬에 부합하지 않는다고 느껴질 때는 죄책감이 생기기도 한다. 바라는 행동을 조장하는 교묘한 노력으로 보일 수 있다. 칭찬은 평가이기 때문에 부모가 평가할 안목이 없다고 생각하는데 부모가 평가를 하면 거부한다.

'긍정적 나 전달'은 격려다. 상대방으로 인해 자신 속에 생겨난 긍정적인 정서를 전달하는 언어다. 긍정적 감정의 표현이고, 행위자의 내면적인 특성에 초점을 맞춘다. 성공하든 실패하든 상관없이 제공하기 때문에 무조건적이다. 실패했을 때라도 실패한 행동과 실패한 사람을 구분 짓는다. 이 때문에 실패와 상관없이 일관성 있는 격려가 가능하다. 자기 존재가치감에 대한 확신을 심어 준다. 이는 자기 주도적 학습을 가능케 하는 초석이 된다. 평가로부터 자유롭다. 심리적 안정감이 생긴다.

격려에도 3가지 단계가 있다. 1단계는 '~ 때문에' 격려다. 긍정적 행동에 대한 긍정적 감정의 표현이다. 바울이 빌레몬에게 했던 격려다. 오래전 일이다. 아파트 입구를 올라오는데 재고 이불을 산더미처럼 쌓아 놓고 팔고 있었다. 집에 왔는데 이불 생각이 나서 혼자 다시 가려 하다가 미적 감각이 뛰어난 남편에게 부탁했다.

"여보, 같이 가 줄래요?"

한창 타이핑 중이던 남편은 두말 않고 따라와 주었다. 이불 한 채를 골랐다. 고마웠다. 아내 부탁이라면 자다가도 일어나서 들어주는 사람이다. 이런 순간을 절대 놓치면 안 된다. 입 다물면 침묵 속에 사라진다. 입을 열어 표현하면 행복 통장에 감동이 저축된다. 남편에게 이렇게 말했다.

"여보, 오늘 원고마감이라 정신없이 바쁠텐데도 두 말 않고 부탁 들어줘서 고마웠어요. 나 혼자 갔으면 이런 이불 못 골랐을 텐

❈

182

데… 하여튼 당신 미적 감각은 따라갈 사람이 없다니까."

말이 끝나자마자 남편은 호기롭게 말했다.

"가자! 이불 한 채 더 사 줄게." 덕분에 이불 한 채를 덤으로 얻었다. '~때문에 격려'는 선한 일을 신바람 나게 하는 힘이다.

2단계는 존재적 격려다. 존재 자체에 대한 긍정적 감정의 표현이다. 김대중 대통령의 아내인 이희호 여사는 민주주의 투쟁으로 인해 사형선고까지 받은 옥중의 남편에게 손수 지은 한복과 손수 뜬 양말, 내의까지 정성껏 다림질해서 들여보냈다. 그리고 쪽지에 이렇게 적었다.

"당신이 누구신지 아셔야 합니다. 다림질한 내의와 양말, 향수 냄새 나는 속옷을 입으시는 당신이 누구신지를 아시라고 이러는 겁니다. 당신은 평범한 소시민이 아닙니다. 당신이 아시라고 이러는 겁니다."

남편은 현재 감옥에 있는 죄수였다. 언제 죽을지 모르는 신세였다. 생활비를 벌어다 주지도, 집안일을 돕지도, 아이들과 놀아주지도 못하는 처지였다. 그럼에도 존재 자체의 가치에 대한 긍정적 표현을 멈추지 않았다. 이처럼 '존재적 격려'는 행위와 상관이 없다. 깊은 신뢰를 전달하고 무한한 가능성을 말해 준다.

3단계는 '~에도 불구하고 격려'다. 긍정적 요소가 전혀 없음에도 긍정적 감정을 표현하는 것이다. 한 남성이 있었다. 회사가 부도났고, 감당키 어려운 절망감이 밀려왔다. 가족들 볼 면목이 없었던 그는 어느 날 훌쩍 집을 떠나 소식을 끊어 버렸다. 홀로 이곳저곳을 헤매다 지치자 죽음을 결심했다. 가족들의 얼굴이 떠올랐다.

'마지막으로 딱 한 번만 만나고 죽으리라' 생각하며 발걸음을 옮겼다. 늦은 밤인데도 집은 구석구석 불이 밝혀 있었다. 이제나저제나 아빠, 남편을 기다리던 가족들은 희미한 발자국 소리를 놓치지 않았다. 모두 달려 나왔다. 초췌한 몰골로 서 있는 남편을 발견한 아내는 끌어안고는 말했다.

"여보, 당신의 회사는 부도났을지 모르지만, 당신의 인격은 부도나지 않았어요. 당신이 돌아와 주어서 기뻐요. 그냥 제 곁에 있는 것만으로도 행복해요." 그 말 한마디에 남편은 살 소망을 되찾았다. 어마어마한 감동이 밀려왔다. 절망을 딛고 일어서게 하는 힘이다.

감동을 주면 행동이 바뀐다. 그런데 감동은 주지 않으면서 행동만 바뀌기만을 바란다. 격려는 감동을 주는 가장 효과적인 방식이다.


# 명령 대신
# 간구하다

바울은 빌레몬에게 명령할 수도 있었으나 간구했다. 그는 마땅히, 혹은 당연히 명령할 수 있는 위치에 있었다. 첫째로 나이가 많았다. 둘째로 빌레몬을 동역자라고 표현했지만, 그 당시 바울의 위치는 현재 가톨릭 교황과 같다고 봐도 무방하다. 위대한 영적 스승이었다. 더구나 부탁하는 내용이 무엇인가? 오네시모를 용서하고 받아 주라는 것이다. 선한 일이니 당연히 간단한 몇 마디 말로 지시할 수 있다. 그러나 바울은 간구한다고 말한다.

"이러므로 내가 그리스도 안에서 아주 담대하게 네게 마땅한 일로 명령할 수도 있으나 도리어 사랑으로써 간구하노라 나이가 많은 나 바울은 지금 또 예수 그리스도를 위하여 갇힌 자 되어"몬1:8-9

빌레몬이라는 존재 그 자체에 대해 존중이다. 이 태도는 나이, 관계, 권면 내용과 상관없다. 바울은 아무리 선한 일이라 하더라도 빌레몬 자신의 마음이 움직여서 스스로 판단하고 결정해서 행동해주기를 원했다.

유치원 다니는 아이가 놀다가 집에 들어왔다. 아이를 보자마자 엄마가 명령했다.

"손 씻어!"

말이 끝나자마자 아이가 싫다고 하자 엄마는 화가 났다.

"빨리 안 씻어? 너 이렇게 말 안 들을래?"

아이는 계속 싫다고 거부했다. 결국 매를 맞고 손을 씻었다. 씻은 손을 닦지도 않은 채 구석에서 혼자 훌쩍이던 아이가 중얼거렸다,

"씨, 엄마는 뭐든 제멋대로야!"

같은 상황이다. 엄마가 이렇게 말했다.

"싱크대에서 씻을래? 화장실에서 씻을래?"

아이는 잠시 생각하더니 대답했다.

"화장실에서 씻을래!"

이것이 간구와 명령의 차이다. 명령은 인격에 대한 존중이 없지만 간구는 인격에 대한 존중이 있다. 명령은 강제성이고, 간구

는 자발성이다. 명령은 결정권을 함부로 빼앗는 일이고 간구는 결정권을 존중한다. 명령은 명령하는 사람이 '생각'을 한다. 간구는 명령받는 사람이 '생각'을 한다. 동물에게는 간구하지 않는다. 공을 던져 놓고 "주워 와!"라고 명령한다. "주워 올래요, 말래요?" 하고 묻지 않는다. 동물이기 때문이다. 사람과 동물의 가장 큰 차이는 결정권이 있는가, 없는가다. 하나님의 형상을 따라 지으심을 받은 사람은 자유의지와 결정권이 있다. 생각할 수 있는 능력으로 스스로 판단하고 결정한다. 그러나 동물은 자유의지와 결정권이 없다. 생각하는 능력도 없다. 시키는 대로 하기만 하면 된다. 사람에게 명령하는 것은 그를 동물로 취급하는 것과 같다. 동물로 취급하면 동물처럼 행동한다.

"생각하지 마! 너는 생각할 능력이 없잖아? 생각은 내가 하마. 너는 내가 생각해서 결정한 대로 그냥 따라오기만 하면 돼!"

오직 명령으로만 자녀를 양육할 경우, 심각한 문제가 발생한다. 자녀가 어릴 때는 억지로 말을 듣는다. 그러나 성장할수록 반항행동이나 말대꾸가 증가한다. 공포감이나 심한 저항감이 유발될 수도 있다. 명령에 익숙해지면 삶의 주체가 바뀐다. 자기 삶을 살 수 없다. 부모가 자녀의 삶을 대신 살아준다. 자녀도 부모의 삶을 대신 살아준다. 의존성이 증가한다. 명령이 없으면 안 하다가, 명령해도 안 하다가, 결국 명령이 있든 없든 상관없이 스스로 아무 것도 못하게 된다. 아니, 스스로 아무것도 할 수 없게 된다. 무력감에 빠져들고 의욕을 상실한다.

중학교 2학년 남자아이를 양육하는 엄마의 눈물 어린 하소연이다.

"원장님, 애가 아무것도 안 해요. 학교도 안 가고, 친구도 없어요. 온종일 집에서 잠자고 게임만 해요. 소리소리 질러서 억지로 학교에 보내보지만 아무 소용없어요. 선생님한테 전화와요. 학교 안 왔다고. 어디서 뭐했냐고 물어보면 대답도 안 해요. 요즈음은 죽고 싶다는 소리도 자주 해서 학교 가란 말도 못하겠어요. 정말 미치겠어요. 이젠 뭘 어떻게 해야 할지 모르겠어요."

호소 끝에 엄마는 자기반성적인 고백을 했다.

"선생님, 제가 너무 내 멋대로 한 것 같아요, 그렇죠?"

그렇다. 이제라도 명령을 거두어야 한다. 부모라는 이름으로 자녀 삶에 함부로 침범하라고 누가 허락해 주었는가? 삶의 중심에서 내려와야 한다. 핸들을 자녀에게 넘겨줘야 한다. 삶의 주도권을 이양해야 한다. 그리고 지금껏 좌지우지했으니 이제 잠잠히 기다려주자. 부모의 명령이 사라지면 자녀는 멘붕 상태에 빠질 것이다. 자기 삶을 찾아가는 과정이다. 자녀 앞에서가 아니라 자녀 뒤에서 따뜻한 시선으로 지켜봐주자. 명령이 자신 속에 나와서 스스로에게 명령할 때까지 포기하지 않고 버텨내야 한다. 마지막 종착지는 자녀 삶의 핸들을 하나님이 쥐시는 때다.

부모들은 마땅히 간구해야 하지만 사랑을 빌미로 손쉽게 명령한다. 나이 많은 바울은 마땅히 명령할 수 있지만 사랑으로 간구한다. 이 바울의 겸손이 온 몸에 흐르도록 손가락질 대신 양손을 가지런히 모아보자. 간구는 관계 복원의 꽃이다.

# 억지로 하기와
# 스스로 하기

바울은 빌레몬이 오네시모를 받아들이기를 원했다. 하지만 이 선한 일을 자발적으로, 마음이 움직여서 하기를 원했다.

"이는 너의 선한 일이 억지같이 되지 아니하고 자의로 되게 하려 함이라"몬1:14

이를 심리학에서는 '내적 동기'intrinsic motivation라 한다. 강압에 의해 움직이게 하는 '외적 동기'의 반대말이기도 하다. 내적 동기는 행동하는 이유가 내부에 있다. 활동 그 자체가 목적이다. 자발성, 책임감, 주도성을 특징으로 한다. 이와 반대 개념인 외적 동기extrinsic motivation는 행동하는 이유가 외부에 있다. 처벌을 피하기 위해서나 보상을 받기 위해, 경쟁에서 이기기 위해, 강요에 의해 행동한다. 처벌이 약하거나 보상이 미흡하면 행동을 하지 않는다.

어느 마을에 정원 한가운데 큰 느티나무가 심긴 집이 있었다. 동네 아이들은 틈만 나면 담을 넘어와 느티나무 위에서 놀았다. 하루도 조용할 날이 없었다. 주인은 아이들을 쫓아내느라 날마다 전쟁을 벌였다. 모이면 쫓아내고, 모이면 또 내쫓기를 반복했지만 소용없었다. 아이들은 계속 모여들었다. 묘안을 생각해 낸 주인은 아이들을 다 불러 모아놓고 이렇게 말했다.

"너희들이 재미있게 놀아주니 고맙구나. 외로웠는데 말이야. 그래서 오늘부터 1인당 500원씩 일당을 주겠다. 시끄러우면 시끄러울수록 좋다. 소리를 크게 질러라."

노는데 돈까지 준다니 아이들은 신이 났다. 크게 소리 지르고 쿵쾅거리며 놀았다. 각자 일당 500원씩 받아 갔다. 며칠이 지난 뒤 주인은 아이들을 다시 불러 모았다.

"너희들 요즈음 왜 이렇게 조용하니? 이런 식으로 해서는 500원을 줄 수가 없어. 좀 깎자. 이제부터 400원씩 주마."

아이들은 이 말에 자극받아 있는 힘껏 떠들었다. 며칠 후 주인은 다시 말했다.

"더 떠들라니까. 이런 식으로 해서는 400원도 아까워. 안 되겠다. 오늘부터는 200원씩만 주겠다."

그러자 여기저기서 불평하는 소리가 들렸다.

"200원은 안 되죠. 소리 지르느라 얼마나 힘들었는데요. 안 할래요."

한 아이가 이렇게 말하자 여기저기서 웅성거렸다.

"나도 안 할래요. 200원은 너무 적어요. 그만둘래요."

결국 다 떠났다. 집은 다시 조용해졌다.

주인이 한 일은 무엇인가? 내적 동기를 외적 동기로 만들어 버렸다. 아이들은 놀이 자체가 재미있어서 놀았다. 그러나 놀이를 돈으로 보상하자 노동이 되어 버렸다. 결국 받을 돈이 줄어들자 노동도 중단되었다.

바울은 오네시모를 받아들이는 일이 빌레몬에게 즐거움이 되길 원했지 괴로움이 되길 원하지 않았다. 억지로 움직이게 하는 말밖에 모르는 언어장애자가 넘쳐 나고 있다. 이들에게 바울은 스스로 움직이게 하는 또 다른 언어가 있다고 말한다.

남편이 새 차를 샀는데 걸핏하면 과속 운전이다. 벌써 몇 번째 범칙금이 부과되었다. 아내는 날마다 성화다.

"당신 도대체 정신이 있는 거야, 없는 거야? 지금이 몇 번째인 줄 알아? 운전면허가 취소되어야 정신 차릴 거냐고? 하여튼 생각 없이 행동하는 건 알아줘야 한다니까. 그러니 애들이 다 당신 닮아 저 꼴이지!"

자신을 어린애 취급하는 아내에게 남편은 화가 난다. 애들까지 끌어들여 쏟아부은 비난에 속이 부글부글 끓는다. 속으로 결심한다. '죽어도 시키는 대로 하나 봐라.' 이후 과속 운전에다 난폭 운전까지 더해진다. 거의 카레이서 수준으로 달린다. 협박도 하고, 비난도 하고, 위험성도 경고하지만 어떤 말에도 남편은 반응이 없다. 아내의 고민은 깊어진다. 왜 변하지 않을까?

심리학자 잭 브렘은 "외부로부터의 자유가 위협당하거나 자존심이 손상되면 심리적 반발로 금지된 행동을 발현하게 된다"고 말한다. 우리 모두는 '왜 이렇게 말을 안 들을까? 왜 이렇게 내가 원하는 대로 안 해 줄까?'에만 관심이 있다. 성급하게 억지로 움직이게 하려 한다. '어떻게 동기를 부여할까?'에는 전혀 관심이 없다. 이것이 바울과의 차이다. 바울의 관심은 어떤 식으로, 어떻게 마음을 움직이게 하느냐에 있었다. 결과보다는 과정을 더 중요시한다.

바울의 언어를 접한 아내는 남편을 자의로 변하게 하기 위해 고민하기 시작했다. 몇 날을 고민한 끝에 메모를 한 장 썼다.

"여보, 운전을 할 때는 언제나 찬송을 부르세요. 당신이 시속 60킬로로 달릴 때는 '내가 매일 기쁘게 순례의 길 행함은' 찬송이 적당할 거예요. 당신이 80킬로로 달릴 때는 '내 주를 가까이 하게 함은' 찬송을 부르세요. 그리고 100킬로로 달릴 때는 '요단 강 건너가 만나리'가 가장 적당할 거구요. 마지막으로 당신이 120킬로로 달릴 때는 '십자가를 내가 지고 주를 따라갑니다'가 좋겠지요."

메모를 읽은 남편은 폭소를 터뜨렸다. 그날로 과속 운전은 중단되었다. 노동을 놀이로 전환하는 힘이다. 가족들의 행동을 변화시키고 싶어하는 세상의 모든 여성들의 언어가 되어야 할 것이다.

# 결 핍 의
# 은 혜

내적 동기를 불러일으키는 또 하나의 구체적인 방법은 기다림이다. 바울은 명령하지 않겠다는 데서 한 걸음 더 나아갔다. 빌레몬이 승낙하지 않으면 아무것도 하지 않겠다고 말했다. 즉 오네시모를 보낼지 말지, 보낸다면 언제, 어떤 방식으로 보낼지 등 어떤 구체적인 행동도 하지 않겠다는 것이다.

"다만 네 승낙이 없이는 내가 아무것도 하기를 원하지 아니하노니"몬1:14

바울은 빌레몬의 도움이 필요했다. 그런데 그 결정권과 책임 소재와 문제 해결권이 누구에게 있는지를 정확히 인식시켰다. 누구에게 있는가? 바울인가? 아니다. 빌레몬에게 있다. 전권을 빌레몬에게 위임했다. 이 모든 과정에서 빌레몬이 승낙할 때까지 기다리겠다는 것이다. 나의 시간표가 아니라 빌레몬의 시간표를 따르겠다는 것이다. 빌레몬에 대한 믿음과 존중과 배려였다. 기다림을 가능하게 하는 3종 세트다.

급하게 서두르지도 않고 때를 앞당기려고도 하지 않았다. 아무것도 하지 않겠다는 말속에서 배짱과 여유와 믿음이 보인다. 어떤 불안감도 조급증도 없었다. 닦달하고 재촉하고 서두르고 밀어붙이는 순간, 자발성은 사라지고 억지로 하게 된다는 것을 바울은 잘 알고 있었다. 아무것도 하지 않고 기다려 주면, 스스로 한다. 자녀와의 관계에서도 마찬가지다. 믿음과 존중과 배려로 기다리면 책임 소재가 자녀에게 넘어간다. 내적 동기를 유발하는 최선의 길이다.

때를 앞당기려는 부모들의 극성이 위험수위에 이르고 있다. 빨리, 먼저, 앞서 가게 하는 것이 부모 역할이라 착각한 결과다. 때를 앞당겨 과잉 공급하는 바람에 스스로 자라고 싶은 욕구를 꺾어 버렸다. 최악의 정원사처럼 말이다. 예를 들면 이런 식이다. 씨앗을 뿌려 놓고 싹도 트기 전에 비료를 듬뿍 준다. 그러면 영양 과잉으로 썩어 버린다. 이제 겨우 싹이 하나 움텄는데 큰 화분으로 옮긴다. 싹을 틔우기도 버거웠던 어린 화초는 새로운 환경에 적응하느라 싹 틔우기를 포기한다. 또 때로는 살짝 고개 내민 싹을 빨리 자라라고 손으로 뽑아 올린다. 이러니 뿌리가 내리기도 전에 죽는다. 숙성 재배가 아니라 속성 재배다.

좀 더 오래 기다려야 하는 나무도 있다. 중국산 대나무는 성장이 더뎌 죽은 것처럼 보인다. 이 나무의 씨앗은 땅에 심는 즉시 수

면에 들어간다. 햇빛, 물, 흙, 영양 모두 최상으로 공급하고 온갖 정성을 기울여도 잠에서 깨어나지 않는다. 자라는 기미조차 없다. 죽은 것처럼 보인다. 수면 상태는 지속되다가 정확히 5년이 되면 대나무는 깨어난다. 이후 1년 동안 급속히 자라나 자그마치 18미터나 되는 큰 나무가 된다.

수년간 눈에 띄는 성장이 없는 나무이지만, 그럼에도 다른 씨앗과 마찬가지로 양분을 필요로 한다. 수면 기간에 적절한 보살핌을 받지 못하면 결코 큰 나무가 될 수 없다. 이 사실을 알고 있는 정원사는 아무것도 보이지 않지만 돌보는 일을 계속하면서 때가 찰 때까지 기다린다. 때가 되면 스스로 자란다. 반드시 자란다.

식물도 이럴진대 사람의 자식은 어떻겠는가? 정확한 하나님의 시간표를 따라 정해진 때에 스스로 자라난다. 머리털 하나도 바꿀 능력이 없는 부모들이다. 하나님이 자라게 해야 자녀는 자란다. 그럼에도 이 때를 못 기다린다. 자기가 자라게 하는 줄 착각한다. 하나님의 권한과 영역을 아무렇지도 않게 침범한다. 열 달을 뱃속에 품었던 엄마들은 더 심한 착각에 빠진다. 내 배를 빌려서 이 땅에 태어났을 뿐인데 마치 내 것인 양 행세한다. 탯줄을 끊어내고 이 땅에 내 던져지는 순간, 이제 하나님의 손에 맡겨야 한다는 사실을 망각한다. 꽃을 피게 할 수도, 열매를 맺게 할 수도, 자라게 할 수도 없다는 사실을 말이다. 남들보다 빨리, 앞서, 먼저 가라며 영양을 과잉 공급한다. 때를 기다리는 것보다 때를 앞당기는 것이 더 쉽다고 생각한다. 아니, 앞당길 수 있다고 착각한다. 직권남용이다. 영역침해다. 속성양육이다.

❋

그 결과, 배부른 아이들이 넘쳐난다. 원하는 건 뭐든 알아서 채워 주니 결핍을 모른다. 한발 앞서서 넘치도록 공급하니 배고픔을 느낄 새가 없다. 배고픔이 무엇인지조차 모른다. 만성적인 포만상태다. 이러니 배부름을 향한 간절함도, 배부름을 얻어 내려는 치열함도, 배부름의 소중함도 없다.

일본의 나구모 요시노리 박사는 공복 상태에서 '꼬르륵' 소리가 나면 생존 유전자인 시르투인이 작동한다고 말한다. 부모는 자녀 속에 잠자고 있는 이 생존 유전자를 최대한 끌어내야 한다. 무분별한 공급을 중단하고 아무것도 하지 않고 기다리면, 자녀는 결핍을 느낀다. 배가 고파야 비로소 스스로 하려는 의지가 생겨난다.

더 빨리 흐르라고 강물을 떠밀지 말자. 강물은 나름 최선을 다하고 있다. 하나님의 때가 차기를 기다리는 것, 숙성양육이다. 흐르는 강물에 내 맡기며 조급함을 흘러 보내야 한다.


## 책 임 지 는
## 연 습

바울은 오네시모가 빌레몬에게 진 빚을 대신 갚아 주겠다고 말했다. 오네시모가 갚아야 할 빚이 있다는 사실을 뻔히 알면서 그를 받아들이라고 말하는 것이 무책임한 행동이라 여겼다. 빚진 오네시모가 아니라 오네시모만 보내고 싶었다. 바울은 영적인 아들 오네시모의 영적인 아버지로서 책임을 나누어지려 했다. 빌레몬 혼자 짐을 지도록 떠넘기지 않았다.

"그가 만일 네게 불의를 하였거나 네게 빚진 것이 있으면 그것을 내 앞으로 계산하라 나 바울이 친필로 쓰노니 내가 갚으려니와 네가 이외에 네 자신이 내게 빚진 것은 내가 말하지 아니하노라"몬 1:18-19

친필로 썼다는 것을 강조할 정도로 강한 의지를 보였다. 말만 하지 않았다. 행동하는 책임 있는 양심이다. 책임 회피가 아니라 책임 분담이다.

현대 가정에는 책임 회피가 판을 친다. 문제가 생겨난 원인, 결과를 처리하는 과정, 둘 다에서 '내 탓'은 찾아볼 수 없다. '네 탓'만 있다. 이를 '귀인'attribution이라 한다. '사건의 원인이 어디에 있다고 생각하느냐'는 문제다. 귀인에는 두 가지가 있다. 하나는 '내부 귀인'internal attribution, 다른 하나는 '외부 귀인'external attribution이다. 내부 귀인이란 행동이나 사건의 원인이 행위자 자신에게 있다고 생각하는 것이다. 반면 외부 귀인이란 행동이나 사건의 원인이 행위자 이외의 다른 요인, 즉 상대방이나 상황에 있다고 생각하는 것이다.

무엇이든 지나치면 문제가 된다. 사건의 원인이 모두 자신에게 있다고 생각하면 우울증이 찾아온다. 남편이 바람을 피워도 "다 내가 못난 탓", "내조가 부족한 내 탓", "내가 모자란 탓"이라고 한다. 외도한 남편은 당당하고 아내만 죄인이다. 반대로, 사건의 원인을 모두 내가 아닌 상황이나 상대방 탓으로만 돌리는 경우가 있다. 예를 들어, 아내의 지속적인 성관계 거부가 남편외도의 원인임에도 절대 인정하지 않는다. 결국 이혼으로 발전한다. 문제는 근본적 귀인 편향이다. 다른 사람의 행동에 대해서는 내부 귀인하고 자신의 행동에 대해서는 외부 귀인 한다. 즉 내가 잘못하면 상대방이나 상황 탓이고, 상대방이 잘못하면 그의 인격 탓이라 생각한다.

어느 부부가 있었다. 아내가 문지방에 놓여 있는 유리컵을 잘못해서 발로 차 깨뜨렸다. 지켜보던 남편이 화를 내며 말했다.

"아니, 좀 제대로 보고 다니지, 사람이 왜 그렇게 덜렁대?"

며칠 뒤 똑같은 장소에 또 유리컵이 놓여 있었다. 이번에는 남편이 지나가다 발로 차서 깨뜨렸다.

"아니, 컵을 여기 두면 어떻게 해? 정리 좀 해!"

책임 전가 싸움이다. "나에게 책임을 묻지 말라", "내 잘못이 아니다", "나는 피해자일 뿐이다"라는 말로 남을 탓하고 핑곗거리를 찾는다.

이와 같이 책임 전가의 대상과 상황을 찾음으로써 죄의 무게를 덜어보려는 인간의 본성은 인류의 조상 아담과 하와에게서 그 뿌리를 찾아볼 수 있다. 선악과를 따 먹은 후 아담은 하와에게, 하와는 뱀에게, 그리고 결국 그들은 하나님께 책임을 전가시켰다. 한마디로 내 잘못이 아니라는 것이다.

현대 가정안에는 현대판 아담과 하와가 판친다. 한마디로 책임전가싸움터다. 딸 키운 부모들은 도대체 아들을 어떻게 키웠기에 저밖에 모르냐며 혀를 끌끌 찬다. 아들 키운 부모들은 무슨 여자가 그렇게 드세냐며 사돈 탓을 한다. 부부들은 서로 옆구리를 찌르며 "너 잘들어!"로 시작해 "너 잘 들었어?" 하다가 "너나 잘 해!"로 한판 전쟁을 벌인다. 책임분담이 절실하다.

어느 날, 어머님이 쓰러지셨다. 자칫 위험할 뻔했는데, 다행히 다리 움직임이 불편한 정도의 상태까지 회복되셨다. 당시 미국에 머물던 나는 소식을 접하고 발을 동동 굴렀다. 서둘렀음에도 위험한 고비를 넘긴 후에야 뵐 수 있었다. 그 미안함을 이렇게 표현했다.

"어머님, 힘들 때 곁에 있어 드리지 못해 죄송해요."

어머님은 며느리의 미안함을 자신의 미안함으로 가져가셨다.

"무슨 소리냐? 이 못난 시어미 탓에 네가 마음고생이 많았지. 몸 관리 하나 제대로 못해 자식들 걱정만 끼쳤제."

어머님은 결코 당신 탓이 아님에도 당신 탓이라 하셨다. 나는 몸 둘 바를 몰랐다. 어머님은 늘 그렇게 당신 탓이라 하셨다. 손자가 아파도 당신 기도가 부족한 탓이라 하셨고, 아들 사업이 잘 안 되어도 공부 못 시킨 당신 탓이라 하셨으며, 아들네가 싸워도 잘못 가르친 당신 탓이라 하셨다.

심리학에서는 모든 것의 원인을 자기 잘못으로 돌리면 우울증이 유발될 수도 있다고 말한다. 그러나 어머님은 언제나 평화로우셨다. 어머님 앞에서는 며느리인 나도, 손자들도, 아들, 사위들 모두 평화로웠다. 심리학을 뛰어넘는 영적 진리다.

"다 내 잘못이제"라는 그 한마디는 내 탓, 네 탓의 전쟁을 종식시켰다. 거기에 평화가 깃들어있다.

# 편 견
## 깨 부 수 기

"이후로는 종과 같이 대하지 아니하고 종 이상으로 곧 사랑받는
형제로 둘 자라 내게 특별히 그러하거든 하물며 육신과 주 안에서
상관 된 네게랴"몬1:16

바울은 빌레몬에게 오네시모에 대한 과거의 시각, 현재의 시각,
그리고 미래의 시각을 제시하고 있다. 과거에 오네시모는 빌레몬
에게 종이었다. 현재는 바울에게 사랑받는 형제다. 미래는 빌레몬
에게 사랑받는 형제가 될 것이다. 왜냐하면 바울인 나한테도 종 이
상의 사랑받는 형제였는데 상관된 너한테는 오죽하겠냐는 것이
다. 바울에게는 과거의 시각으로 인한 편견이 없다. 그러나 빌레몬
은 다르다. 편견을 가질만한 충분한 이유가 있다. 도둑질한 사기
꾼, 종, 도망간 비겁자, 배신자 등. 이 사실을 누구보다 잘 알고 있
는 바울은 빌레몬의 편견을 적극적으로 교정해주고 있다. 스스로
편견이 없음을 보여주면서 말이다. 편견이 존재하는 한, 오네시모
를 받아들이기 어렵다. 관계 건축은 불가능하다. 건축물로 치면 이
물질이다. 바로 이 걸림돌을 제거한 것이다.

편견은 공정하지 않고 한쪽으로 치우친 생각을 말한다. 현재, 미
래는 무시한 채 과거에만 의존해서 바라보는 시각이다. 극히 제한
적인 시야로 전체를 판단한다. 좁은 시각으로 상대방의 행동을 평
가한다. 코끼리 코를 만지면서 코끼리는 길쭉하게 생겼다고 말하
는 것과 같다. 편견을 고칠 생각은 하지 않고 네가 틀렸으니 내 식

대로 고치라고 한다. 과거의 경험뿐만 아니라 나의 취향, 성격 특성, 선호도, 문화 등이 편견의 발생지다. 세상을 바라보는 시각에 끼이는 이물질들이다.

아들이 공부를 한다고 책상 앞에 앉았다. 가관이다. 사방팔방이 기계천지다. 귀에는 이어폰, 오른쪽에는 스마트 폰, 왼쪽에는 먹을 거리, 눈앞에는 노트북. 한쪽 귀로는 음악 듣고 다른 쪽 귀로는 통화하면서 손으로는 키보드를 두드리다가 입으로는 연신 먹을 것을 집어넣는다. 보고 있던 나는 슬슬 화가 났다. 기어코 한마디 했다. "얘, 넌 도대체 지금 뭘 하는 거니? 이게 공부하는 거야? 한 가지만 해! 한 가지! 그리고 다른 건 그렇다 치더라도 음악을 들으면서 어떻게 공부를 하니? 음악소리 때문에 집중을 할 수 없잖아? 공부할 것 같으면 음악부터 꺼!"

아들은 정색을 하고 말했다. "엄마, 나는 멀티 플레이어multi-player라구요. 엄마처럼 한번에 한 가지만 못해요. 요즈음이 어떤 시대인데 한 번에 한 가지씩 해요? 그리고 멀티플레이어가 유능해요? 한 번에 한 가지밖에 못하는 게 유능해요? 나한테 음악은 공부를 방해하는 소음이 아니라, 집중을 도와주는 소음차단기에요. 음악을 안 들으면 그릇 달가닥 거리는 소리, 전화 받는 소리, 엄마 말하는 소리 다 들린단 말이에요."

며칠 뒤 신문에 실린 기사는 내 말이 정확히 틀리고, 아들의 말이 정확히 맞음을 입증했다. 독일 수업 규범협회AHS에 따르면 아이들이 숙제를 할 때 클래식이나 록발라드와 같이 리듬이 다소 느린 음악을 들려주면 집중력이 높아진다는 것이다. 게다가 배경음악은 외부에서 들려오는 잡음을 막아 주고, 학습 동기를 부여할 뿐만 아니라, 감성에 민감한 우뇌를 자극하여 적극성까지 길러준다는 것이다.

아들 고칠 생각만 하고 편견 고칠 생각을 못했다. 나는 꼼짝없이 편견을 내려 놓았다. 편견에 눈이 멀어 자칫 아이의 장점을 놓칠 뻔 했다. 아이를 거부할 뻔했다. 아찔했다. 나와 다른 어머니도 있다.

닥종이 인형작가 김영희 씨의 글에 둘째 아들 장수가 등장한다. 그는 동생의 큰 눈을 부러워하며 묻는다.

"엄마, 봄누리는 더 많이 볼 수 있지?"

"아니야. 작은 눈이나 큰 눈이나, 그리고 중간 눈이나 다 똑같이 보여요. 내가 생각하기에는 작은 눈은 더 세밀하게 걸러서 볼 수 있지 않을까? 그저 듬뿍 보지 않고…"라고 답한다. 그리고 그 눈이 작은 아이가 대학진학 대신 디자인 과정을 선택한다. 재봉틀 앞에 앉아 꼼꼼히 바느질을 해내어 마침내 3년 수료 재봉사 자격증을 따내고 집에 들어섰다. 엄마는 말했다.

"장수야, 너는 눈이 작아서 사물을 덤벙거리지 않고 찬찬히 보니, 바느질도 잘하지…"

아들은 어릴 적 엄마에게서 많이 듣던 말이기에 피식 웃는다.

아름다운 엄마다. 자식이 스스로에게 가지는 선입견과 편견을 장점으로 바꾸어준다. 바울은 혹시 빌레몬이 가질지도 모를 편견을 교정해준다. 스스로 편견이 없기에 가능한 일이다.

❋

# 욕구를 자극하여
# 행동을 수정하다

사람이 가진 가장 큰 욕구는 인정받고 싶은 욕구, 자아실현의 욕구다. 살아 있는 인간이라면 누구나 가지고 있는 기본적인 욕구다. 이 욕구를 충족시키고 싶은 마음은 매우 강렬하다. 바울은 빌레몬 속에 있는 이 욕구를 자극했다.

"오 형제여 나로 주 안에서 너로 말미암아 기쁨을 얻게 하고 내 마음이 그리스도 안에서 평안하게 하라"몬1:20

이 말을 빌레몬의 편에서 보자. 아마도 '내가 오네시모와의 관계를 회복하면 사랑하고 존경하는 바울에게 기쁨과 평안을 선물할 수 있겠구나'라는 생각이 들 것이다. 바울이 원하는 행동을 해야겠다는 의욕이 활활 불타오를 것이다. 속에서 잠자고 있던 욕구가 꿈틀대며 일어나 행동 개시를 할 것이다.

욕구는 만들어 넣는 것이 아니다. 그럴 필요가 없다. 아니, 그럴 능력도 없다. 엄마라고, 아내라고 할 수 있는 일이 아니다. 이 욕구는 죽으면 없어진다. 어떤 자극도 소용없고 어떤 말도 통하지 않는다. 이 모두는 하나님의 영역이다. 하나님의 설계이기 때문에 하나님의 선하신 뜻이 있다. 남편이나 자식을 좀 더 수월하게 변화시키라고 준 선물이다. 욕구버튼을 누르기만 하면 된다.

그런데 우리는 이런 버튼이 있는지도 모른다. 누를 생각조차 못한다. 엉뚱한 버튼을 계속 누르면서 왜 움직이지 않느냐며 엉터리 기계 취급하면서 발로 차고 망가뜨린다. 그러다 설계사인 하나님을 원망한다. 이것은 살아있는 사람을 죽은 사람 취급하는 것과 마찬가지다. 하나님이 창조하신 사람을 내 멋대로, 내 방식대로 움직여보겠다는 것과 마찬가지다. 이렇게 해서는 절대 안 움직인다. 안 변한다. 특히 남성, 남편은 자아실현 욕구에 목말라 한다. 훌륭한 남편이 되고 싶어한다. 괜찮은 남성이고 싶다. 아내의 마음에 들고 싶다. 잘하고 싶다. '나는 형편없는 남편이고 싶다. 못난 남자이고 싶다. 나쁜 사람이고 싶다'라고 생각하는 사람은 세상에 단 한명도 없다. 인간이기 때문이다. 아무리 나쁜 남편이라도, 아무리 형편없는 자식이라도 말이다.

가끔은 형편없고 못나고 나쁜 사람이고 싶은 마음이 들 때가 있다. 아니, 정말 그런 사람이 되기도 한다. 인정받고 싶은 욕구가 연속적으로 좌절되었을 경우다. 분노가 생기면서 반작용으로 엇박자를 놓는다. 남성들의 경우, 말 안 하기, 밥 안 먹기, 집에 안 들어오기, 자식 괴롭히기, 소리 지르기, 생활비 안 주기, 분노 폭발하기, 외도하기 등의 반작용이 있을 수 있다. 자녀들의 경우 말 안 듣기, 공부 안 하기, 교회 안 나가기, 집에 안 들어오기, 오락하기 등이 있을 수 있다. 이 엇박자 행동들을 보면서 좋은 사람이고픈 욕구조차 없다고 해석해서는 안 된다. 형편없는 사람이라고 공격하면서 욕구 좌절을 연속적으로 경험시키면 더욱 안 된다.

이것은 하나님의 욕구 설계도를 위반한 사이클이다. 엇박자 행동을 변화시키고 싶어하면 먼저 인정의 욕구를 충족시켜 주어야 한다. 그러면 행복이 올라오고 인정받고 싶은 욕구로 다시 충만해진다. 엇박자가 아닌 정박자 행동을 한다. 이것이 하나님의 욕구

설계도에 따른 사이클이다.

연년생 형제를 키우는 한 엄마가 찾아와 하소연했다.

"지겨워 죽겠어요. 못살겠다니까요! 아이들이 날마다 싸워요. 한순간도 조용한 때가 없어요. 회초리를 들어도 소용없어요. 그 꼴을 보고 있자니 정말이지 화가 나서 미치겠어요. 어떤 때는 엄마를 골탕 먹이려고 태어난 게 아닐까 싶어요."

일단 마음을 읽어 주었다.

"많이 속상하시겠어요. 그럴 때는 어떻게 하셨어요?"

"혼냈죠."

"어떤 식으로요?"

"어휴, 지겨워 죽겠네. 너희들은 왜 만나기만 하면 싸우는 거니? 형제 맞아? 둘 중에 하나 내다버릴까? 이렇게 말하죠."

"그럼 말을 들어요?"

"아뇨, 안 듣죠. 말을 들으면 이렇게 원장님께 하소연하겠어요? 그런 날이면 더 싸워요."

전형적인 욕구 설계도 위반 사이클이다. 엄마가 아이들에게 만들어 준 이미지는 '만나기만 하면 싸우는 나쁜 아이들'이다. 사이 좋은 아이들로 변화시키고 싶었지만 사이 나쁜 아이들로 낙인찍었다. 아이들은 좋은 형제가 되어 엄마한테 인정받고픈 욕구가 좌절되었다. 화가 났고 인정받고 싶은 욕구는 사라졌다. 다시 엇박자 행동을 했다.

나는 정색을 하고 물었다.

"어머니, 아이들이 정말 날마다 싸워요? 안 싸우는 때는 없어요?"

"글쎄요, 잘 모르겠네요."

나는 과제를 주었다.

"오늘 집에 가서 잘 관찰해 보세요. 틀림없이 안 싸울 때가 있을 거예요. 그때를 포착해서 표현하세요. 아이들 때문에 생긴 긍정적 감정을요."

과제를 받은 엄마는 잘 살펴보았다. 온종일 치고받고 싸우는 아이들에게 하고 싶은 말이 산더미 같았지만 참았다. 저녁을 먹었다. 그런데 웬일인가? 둘이 베란다로 가더니 레고를 가지고 재미있게 노는 것이다. 정말, 사이좋게 지내는 순간이 있었다! 기쁜 마음에 이렇게 말했다.

"우와, 너희 둘이 안 싸우고 신나게 노니 엄마 마음이 정말 평안해! 진짜 기쁘고 행복해."

그 순간, 아이들은 '아, 우리도 잘 지낼 때가 있구나'를 깨달았다. 사이좋은 형제라는 이미지가 만들어졌다. 자기들 때문에 엄마가 행복해하는 모습을 보면서 좋은 아들들이 된 것 같아 뿌듯했다. 난생 처음 엄마에게 인정받은 것이다. 인정의 기쁨을 맛본 아이들은 이 맛을 잊지 못해 또다시 인정받을 만한 행동을 했다. 결국 사이좋은 형제가 되었다.

인정의 욕구를 자극해 좋은 관계를 만들어서 행동을 수정하는 바울의 언어는 놀랍다. 바울은 욕구의 실현자였다.

# 긍 정 적
# 자 기 암 시

바울은 빌레몬에게 순종할 것을 확신한다고 썼다. 한 걸음 더 나아가, 단순히 내 말에 순종만 하는 것이 아니라 순종 이상을 할 것이라고 말했다. 빌레몬의 인품과 자질과 능력이 어느 정도인지 안다는 말이다. 이를 '긍정적 자기 암시'라고 말한다. 이렇게 확신하는 사람을 누가 실망시키겠는가?

"나는 네가 순종할 것을 확신하므로 네게 썼노니 네가 내가 말한 것보다 더 행할 줄을 아노라"몬1:21

어떤 암시를 입력하는가에 따라 입력된 것이 행동으로 나타난다. 긍정적인 것을 입력시키면 행동도 긍정적으로 나온다. 그 속에는 신뢰와 인정이 담겨 있다. 인정해 준 사람에게 보란 듯이 인정받을 만한 행동을 한다. 당신의 말이 틀리지 않았음을 증명해 보인다. 인정에 대한 보상이다. 심지어 더 인정받고 싶어서 또 인정받을 일이 무엇인지 찾는다. 결국은 머릿속에서 긍정적으로 상상한 일들이 현실화가 된다. 자발적 선택에 의한 행동을 유발하기에 이보다 더 효과적인 언어는 없다. 뿐만 아니라 긍정적 자기 암시를 듣는 순간, 긍정적 정서가 생겨난다. 자긍심, 신뢰감, 따뜻함, 행복감, 자존감, 열정은 관계를 부드럽게 하는 윤활유와 같다.

한 아내의 이야기다. 집에 손님들을 모시게 되었다. 숫자가 너무 많아 혼자서는 도저히 감당할 수 없을 것 같아 출근하는 남편에게 부탁한다.

"여보, 당신 오늘 조금만 일찍 와서 도와주면 좋겠는데…"

남편이 퉁명스럽게 대답한다.

"하늘이 두 쪽 나도 안 돼!"

아내는 그런 남편의 뒤에 대고 다정하게 말한다.

"하늘이 두 쪽 나도 당신이 올 수만 있다면 얼마나 좋을까. 아냐, 내가 장담하건대 당신은 틀림없이 올 거야. 그게 당신이니까…"

회사에서 일하던 남편은 퇴근 시간이 다가오자 일이 손에 잡히지 않는다. 회식 약속은 잡혀 있는데 아내의 말이 계속 뒤통수를 때린다. "하늘이 두 쪽 나도 당신은 올 거야." 머리를 흔들어도 소용없다. 기다리고 있을 아내 모습이 떠오른다. 이토록 신뢰하는데 배신을 때릴 수는 없는 노릇 아닌가? 결국 약속을 취소하고 회사를 나선다. 아내는 반색을 하며 맞이한다.

"역시, 당신이야. 이래서 내가 당신을 존경한다니까."

신이 난 남편은 휘파람을 불어가며 시키지 않은 일까지 나서서 아내를 돕는다.

긍정적 자기 암시의 반대는 부정적 자기 암시다. 부정적인 것을 입력시키니 행동도 부정적으로 나온다. 상대방이 나를 확실히 불신한다고 느끼는 순간, 부정적 정서가 생겨난다. 수치심, 분노, 거절감, 열등감, 불행감, 좌절감은 관계를 파괴하는 악성 바이러스다. 신뢰 회복을 위해 노력하려는 마음을 상실시킨다. 그 결과, 부정적 행동을 하게 한다. 결국 암시한대로 불신할 수밖에 없는 행동을 한다.

특히 아내들은 남편, 혹은 자녀와의 관계에서 행동 수정이 뜻대로 되지 않을 경우, 너무 쉽게 남발한다.

"너, 학원 마치고 또 PC방 들렀다 올 거지? 안 봐도 뻔하다, 뻔해. 넌 도대체 믿을 수가 없는 애라니까.", "너 그런 식으로 공부했다가는 지방대도 못 갈걸? 지방대가 뭐야? 전문대도 가기 어려워!", "너 결혼하면 꼭 너 같은 애 나올 걸! 아니면 내 손에 장을 지진다.", "하는 꼴 보니 기말고사 또 망치겠구나."

이런 식의 부정적 자기 암시를 접수하면 할수록 자녀는 자기 존재에 대해 '나는 말도 안 듣고, 믿을 만하지도 않고, 인정받기란 불가능한 사람이야'라며 부정적 확신을 갖는다. 자기 불신과 불만으로 이어지는 순환 고리는 결국 불신할 수밖에 없는 아이를 양산해 낸다. 말 안 듣는다고 야단만 칠 일이 아니다. 세상에 말 안 듣고 싶은 아이는 단 한 명도 없다. 말 안 듣고 싶도록 말하는 부모가 있을 뿐이다.

남편과의 관계도 마찬가지다. 길에서 부부 싸움이 났다. 남편은 화를 참느라 얼굴이 빨갛게 달아올랐다. 꽉 쥔 주먹이 부르르 떨리는데, 아내는 계속 남편의 화를 부추겼다.

"또 목소리 커진다. 얼굴 표정 바뀌는 것 좀 봐! 성질 나오겠네. 좀 있으면 소리 지르고 뭐라도 집어던지겠어. 어디 한번 해 보시지, 던져 봐! 당신 성질 어디가겠어?"

말이 끝나자마자 남편은 아내를 향해 고함을 치더니 들고 있던 우산을 바닥에 내팽개쳤다. 아내는 아랑곳하지 않고 남편을 부추겼다. 고개를 치켜들면서 덤비는 아내의 말에 남편은 이성을 잃었다. 차마 눈 뜨고 못 볼 몸싸움이 벌어졌고, 경찰이 출동해서야 싸움은 끝이 났다.

부정적 자기암시는 분노 폭발로 발전했다. 긍정적 자기암시를 사용했으면 어땠을까? "많이 화났을텐데 참고 있는 당신 보니 마음 다스리는 대가네!" 분노는 순식간에 가라앉고 순한 양이 된다. 화가 났지만 화를 다스리려고 애쓰는 자신의 마음이 인정받았으니 더 이상 화를 낼 이유가 없다. 분노의 뇌관이 제거된 것이다.

긍정적 자기암시는 행동변화의 첩경이다. 이 언어를 자유자재로 구사하는 바울을 일러 언어의 마술사라 부른다. 아니, 예술사다. 관계 건축가인 여성들은 언어를 예술이나 마술까지는 아니어도 기술 수준까지는 끌어올려야 한다.

# 갱년기로
# 다시 태어나다

건축을 하다보면 예상치 못하게 만나게 되는 복병이 있다. 지진, 홍수, 산사태 등의 갑작스런 자연재해부터 회사 부도, 사고, 과도한 건축비 등 인재(人災)에 이르기까지 다양하다. 신속하고 정확하고 현명한 대처가 무엇보다 중요하다. 개입시기를 놓치거나 잘못 대처하면 건축이 지연되거나 중단해야 하는 사태도 발생한다. 갱년기는 자연재해다. 제대로 다루지 못하면 인재로 발전한다. 그러나 건축주의 의도를 파악해서 잘 다루다보면 여성행복건축의 최고 디딤돌이 된다. 알고 보면 꼭 필요한 건축자재다.

*Happiness for Christians*

# 갱 년 기
## 전 조 증 상

한 아내의 고백이다. 어느 날 부엌에서 요리를 하고 있었다. 무를 채 썰고 있는데 남편이 들어오는 소리가 났다. 갑자기 칼질하는 속도가 빨라졌다. 남편의 발걸음 소리가 가까워질수록 칼질은 더 거칠어졌다. "여보, 나 왔어!" 하며 남편이 다정하게 어깨에 손을 올렸다. 갑자기 속에서 불길이 치솟았다. 칼을 도마에 내리치며 고개를 홱 돌렸다. 눈이 마주치자 표독스런 얼굴로 쏘아붙였다.

"왜!"

놀란 남편은 "그러니까, 그게, 응. 아무것도 아냐" 하며 말꼬리를 흐리더니 대꾸도 제대로 못한 채 슬그머니 부엌에서 나갔다. 무슨 말을 그따위로 하냐고 공격이라도 하면 같이 싸울 텐데, 그냥 가니 아내는 후회가 밀려든다.

"휴, 내가 미쳤나봐. 왜 이러지?"

아이들도 물어본다 "엄마 좀 이상해! 왜 그래요?"

왜 이러는지 나도 모르겠다. 내 속에 괴물이 살고 있는 것 같다. 그러고 보니 요즘 내 모습은 발톱을 세우고 할퀼 준비를 하고 있는 암코양이 같다.

괴물의 정체는 호르몬이다. 갱년기가 찾아온 것이다. 여성은 40-55세경이 되면 생리가 중단되면서 여성호르몬 에스트로겐이 급격히 감소한다. 대신, 소량으로 분비되던 남성 호르몬, 테스토스테론은 증가한다. 잠자고 있던 여성성 속의 남성성이 모습을 드러내는 것이다. 이 작은 호르몬의 변화는 여성의 몸과 마음, 영혼 전체를 뒤흔들어 놓는다. 일렁이던 작은 파도가 토네이도로 변하면서 모든 것을 폐허로 만들어 버린다. 호르몬의 대반란이 시작된 것인데, 이를 '갱년기 증상'이라 한다.

하루에도 몇 번씩 이유 없이 짜증과 신경질이 난다. 갑자기 몸에 열이 확 오르고 얼굴이 화끈거린다. 마음에 커다란 구멍이 뚫린 것처럼 썰렁한 바람이 넘나든다. 허무감과 깊은 우울증에 빠져든다. 쉽게 피곤하다. 자면서 땀을 많이 흘린다. 피부가 건조하고 관절 여기저기가 쑤신다. 가사일로부터 벗어나고 싶다. 혼자있고 싶다. 건망증은 심해지는데 상처받은 기억은 갈수록 또렷해져 불쑥불쑥 화가 치밀어 오른다. 여자로서 삶이 끝난 것 같은 무기력감이 찾아든다. 내면이 일상의 권태로움, 불만, 의욕 상실, 무가치감, 불안감, 자기 연민, 적개심까지 온갖 부정적인 감정 쓰레기의 온상이 된다. 영적으로도 감사와 기쁨을 잃어버린다. 하나님에 대한 원망이 생기면서 끊임없는 가정불화와 우울증 등으로 신앙생활 자체에 회의를 느끼기도 한다.

갱년기 여성이라면 누구나 겪는 이 증상은 치료가 필요한 질병이 아니다. 누구나 겪는 정상적인 과정이다. 그럼에도 이 모든 증상은 여성을 극도의 혼란과 고통 속으로 밀어 넣는다. 그래서 중년을 '인디언 서머'Indian summer에 비유하기도 한다. 인디언 서머란 가을에 찾아드는 심술궂은 한여름 날씨를 빗댄 말이다. 더위가 한풀 꺾이면서 선선한 가을이 오는가 싶었는데, 갑작스런 더위가 사람을 물고 늘어져 지치게 만든다. 그 특징은 이렇다. '그냥 지나치는 법이 없다. 갑자기 시작된다. 뜨겁고 강렬하다. 방심했을 때 찾아온다. 심술궂다. 한번 걸렸다 하면 된똥 싼다.'

인디언 서머와 달리 갱년기는 심술궂은 자연의 장난이 아니다. 선하신 창조주 하나님의 섭리다. 여성의 몸은 정교한 하나님의 예술품이다. 여성의 의지와는 상관없이 여성호르몬을 주신 이도, 도로 빼앗아 가시는 이도, 다시 남성 호르몬을 주시는 이도 하나님이시다. 그러므로 몸을 설계하신 설계자의 의도를 알아야 한다.

한마디로 갱년기는 애벌레에서 누에고치로, 누에고치에서 나비로 변화하기 위한 성장통이다. 예전에는 대부분의 여성들이 폐경이 되기 전에 사망했지만 오늘날은 평균수명 100세 시대다. 폐경기 이후에도 30~40년을 더 산다. 제2의 인생이 기다리고 있다. 더 이상 중년은 끝이 아니다. 새로운 시작이다. 그래서 새롭게 태어나는 중년, 즉 '갱년기'更年基다. 낡은 옷을 입고 새로운 삶을 살 수는 없다. 탈바꿈의 고통이 마무리되면 나비로 날아오를 것이다. 생텍

쥐페리의 고백을 기억하자.

"나비를 맞이하기 위해서 몇 마리 벌레쯤은 견뎌내야 하는거야."


## 엇 박 자 난
## 호 르 몬 의   사 용 수 칙

갱년기는 호르몬의 엇박자로 시작된다. 갱년기 이전의 남편은 남성성, 아내는 여성성이라는 양극으로 특징 지어진다. 화성에서 온 남자, 금성에서 온 여자처럼 서로를 이해할 수 없어서 충돌했다. 갱년기에 이르면, 여성은 여성호르몬의 양이 감소하고 소량으로 분비되던 남성 호르몬의 양이 증가한다. 남성은 남성 호르몬의 양이 감소하고 소량으로 분비되던 여성호르몬의 양이 증가한다. 때문에 여성은 여성 속에 있던 남성성 '아니무스'animus가 올라온다. 남성은 남성 속에 있던 여성성 '아니마'anima가 올라온다. 그러므로 남편과 아내는 여성성과 남성성 둘 다를 같이 소유하게 된다. 각기 다른 별에서 온 남녀가 처음으로 같은 별에서 만난다. 더 이상 남성과 여성이라는 이유로 싸울 필요가 없다. 양극이 통합되면서 자연스럽게 균형과 조화를 이루게 된다. 한마디로, 양극성의 조화다. 발달단계로 치자면 최고로 성숙한 시간이다.

그러나 선물 받은 당사자는 이 선물을 어떻게 사용해야 할지 모른다. 새로운 호르몬 시스템에 어떻게 적응해야 할지 본 적도, 배운 적도 없다. 그저 호르몬의 명령에 자신을 내맡기고, 호르몬에 이끌려 산다. 이미 있는 호르몬은 내팽개치고 새롭게 얻은 호르몬만 사용한다. 그러면 갱년기 이전과 같은 엇박자가 또 난다. 갱년기 이전에는 아내 속의 여성성, 남편 속의 남성성이 충돌했다면, 갱년기에는 아내 속의 남성성, 남편 속의 여성성이 또다시 충돌한다. 왜 그러는지도 모르는 채 달라진 서로를 탓하며 상처를 주고받는다. 호르몬이 선물이 아니라 공격용 무기가 된다. 결국 가족 시스템까지 무너진다.

호르몬이 아니라 하나님의 호르몬 설계도를 따라 살아야 한다. 호르몬의 오용과 남용을 당장 중단해야 한다. 호르몬 사용 수칙을 지킴으로써 호르몬으로 인해 오염된 가정을 정화해야 한다.

첫째, 여성 속의 남성성은 남편이 아니라 자신 위해 사용하라. 갱년기라는 단어 'menopause'에는 'pause from men', 즉 '남자로부터 자유로워지다'라는 뜻이 담겨 있다. 남성호르몬을 주신 이유가 남성으로부터 벗어나 독립을 쟁취하기 위해, 혹은 밥 짓고 빨래하고 청소하는 가사일로부터 해방되기 위해서라고 생각한다. 그래서 거칠게 행동하고 고함지르면서 남편과 맞서 싸워 이기기 위해 남성성을 사용한다. 이런 아내를 남편은 이해하지 못한다.

"아내가 변했어요. 남편 말이면 하늘처럼 받들며 살던 순한 사람이었는데 요즈음은 조폭 마누라 같아요. 한마디도 지지 않고 덤벼들어요. 말만 하면 무조건 반대부터 하고, 툭하면 신경질에다 소리도 지르고, 도대체 제가 뭘 잘못했나요? 남편 알기를 우습게 안다니까요? 요즈음은 집에 들어가기가 무서워요."

그것은 재앙이다. 함정이다. 속아 넘어가면 안 된다. 남성 호르몬은 자아를 찾아 떠나는 여행길의 동반자다. 나를 찾고 싶어 하는 여성들을 위한 하나님의 지원사격이다. 갱년기를 맞이한 여성의 첫 질문은 "아이들은 떠났고, 난 누구지? 이제 무엇을 하고 살아야 하지?"다. 한평생 "누구누구의"로 살아왔다. 이제 "누구누구"로 살고 싶다. "그만하면 됐어. 이제까지 가족을 위해 다 바쳤잖아! 내가 할 수 있는 건 다 했어. 지금부터라도 나 자신을 위해 살 권리가 있어. 남은 인생도 그렇게 살고 싶진 않아!" 깊은 곳에서 잠자고 있던 영혼의 울림이 천둥 번개가 되어 뇌리를 친다. 다른 생명을 잉태하느라 빛도 못 본 채 잠자고 있는 나만의 꿈, 끼, 깡이 꿈틀댄다. 남성성은 새로운 나를 잉태하라고 하나님이 주신 선물이다.

둘째, 여성 속의 여성성은 자신이 아닌, 남편을 위해 사용하라. 하나님은 처음부터 사람을 남자와 여자로 창조하셨다.창1:27 원래부터 남자가 있었고, 원래부터 여자였다. 중년기에 남성성이 갑자기 모습을 드러낸다 해서 원래 있던 여성성이 완전히 사라지는 것은 아니다. 하나님이 선물로 주신 원래의 여성성은 아름답다. 부드럽고 따뜻하고 상냥하고 품어주며, 유연하고, 감싸 주며 살려 내고 키워내고 순종하고 도와주며, 공감하고 수용하고 이해한다. 약해진 중년의 남편을 요리할 수 있는 최고의 무기다. 가정을 지켜 낼 마지막 수단이다.

그러나 갱년기 호르몬에 오염된 여성성은 왜곡된 남성성의 특징을 지닌다. 무례하고 뻔뻔하고 거칠고 강하고 불순종하며, 이기적이고 무시하고 공격적이며, 차갑고 폭력적이며, 무감각하고 무성의하고 무정하다. 원래의 여성성으로 이 오염된 여성성을 잠재

위야 한다.

갱년기에 여성은 "my way"를 외치며 고속도로를 달리려 한다. 반면 남성은 "my home"을 외치면서 오솔길을 걸어 집으로 돌아온다. 그러나 대부분의 아내는 전혀 반갑지 않다. 이제 내 시간 좀 가져 보려는데 들어와서 삼시세끼 밥해 달라니 가시 같은 존재다. 남편의 문제는 집으로 돌아왔지만 아빠로서, 남편으로서 자리가 없다는 것이다. 이때 여성성을 활용해 가정을 지켜 내는 아내는 가정을 지켜내느라 수고한 남편을 토닥거리며 이런 말을 할 줄 안다.

"웰컴! 어서 와요. 수고많았어요. 당신 덕분에 애들이 이만큼 자랐네요. 여기 와서 앉아요. 당신 자리 비워 두었어요."

셋째, 남성 속의 여성성은 자신이 아닌, 아내를 위해 사용하라. 중년의 남성은 여성 호르몬을 선물 받는다. 하나님이 주신 원래의 여성성을 활용해 아내에게 치유자로 다가서라는 하나님의 사인이다. 그런데 원래 있던 남성성은 내팽개치고, 왜곡된 여성성을 아내가 아닌 자신에게 활용한다. 소심하고 이기적이고 예민하며, 분별력이 약하고 판단력을 상실하고 잘 삐치며, 의기소침하고 비겁하고 질투하며, 의존적이고 불안정하다. 이러니 아내는 남편을 이해하지 못한다.

"남편이 변했어요. 옛날에는 성질만 있었는데 요즈음은 삐치기도 잘하고 뒤끝까지 있어요. 왜 그렇게 잘 삐치는지…. 아니, 아이들하고 TV보고 있는데 채널을 마음대로 돌려서 한마디 했죠. 그랬더니 일주일째 말을 안 해요. 차려 준 밥도 안 먹고, 내버려 뒀죠. 게다가 며칠 전에는 드라마를 보더니 울어요. 나 원 기가 막혀서.

어디 좀 이상해진 것 같아요."

중년의 남성은 새롭게 선물 받은 여성성을 아내와의 관계 회복을 위해 사용해야 한다. '냉혈 인간'이라는 꼬리표를 뗄 수 있는 절호의 기회다. 저절로 감정이 열리기 때문이다. 대다수 남성들은 중년 이전에 공감 능력 부재로 아내에게 많은 상처를 주었다. 이제 아내의 상처를 보듬어 주어야 한다. 긍휼히 여기고 미안해하며 같이 아파하면서 치유자로 다가가야 한다. 여성성을 잘 활용하는 중년의 남성은 이런 말을 할 줄 안다.

"당신, 고생 많았네. 나 없는 빈자리 훌륭히 지켜 줘서 고마워. 많이 힘들었지?"

공감하는 한마디는 수십 년 묵은 아내의 상처를 치유해 준다. 집으로의 귀환을 환영하며 남편과 아내는 영혼의 친구로 거듭난다.

넷째, 남성 속의 남성성은 자신을 위해 사용하라. 중년의 남성은 하나님이 선물로 주신 남성성이 사라지지 않도록 잘 관리해야 한다. 원래의 남성성은 멋지다. 유능하고 책임질 줄 알고 아내를 사랑하며, 강하며, 흔들리지 않고 옳지 않은 일에 타협하지 않는다. 넓은 안목으로 방향을 제시하며, 포기하지 않고 불가능한 문제를 해결하고 용감하고 믿음직스러우며, 신중하고 대범하다. 가정의 영적 제사장이 아닌가?

멋진 남성성으로 무장한 남편은 갱년기 호르몬이 가정을 마구 흔들 때 견고한 반석이 되어 가정을 지켜 낸다. 갱년기 아내가 한 인간으로 다시 태어나는 산고散苦를 치르는 내내 곁을 지킨다. 그리고 마침내 스스로 걸음마를 시작할 때 새로운 탄생을 축복하고 축하하며 지원한다.

갱년기 호르몬은 가정 해체의 주범이 아니다. 가정을 새롭게 세우시는 하나님의 마지막 지원 시스템이다. 중년이 지나면 노년기다. 자녀라는 완충지대는 사라지고 부부라는 접경지대만 남게 된다. 노년기가 재앙이 될지, 축복이 될지는 부부 행복에 달려 있다. 날마다 싸우면서 오래 사는 것은 분명 재앙이다. 하나님은 단 둘만의 시간이 전쟁터가 아닌 행복놀이터가 되기를 소원하신다.

부부행복은 더 이상 미룰 수 없는 과제다. 회복하라는 강력한 경고다. 갱년기 호르몬의 대반란은 완성된 인격으로 다듬어가는 최고의 훈련장이다.


# 건 망 증 의
# 절 망 에 서  벗 어 나 기

갱년기의 시작을 알리는 단어가 있다, 건망증이다. 돌아서면 잊어버린다. 모 방송국에서 '건망증'을 주제로 방송을 진행하던 중 청취자들로부터 날아온 문자다.

"저는요 머리 찍찍이 말고 출근한 적 있어요. 옆에서 자고 있던 아들을 택시에 두고 내렸어요. 핸드백 끈을 안전벨트인 줄 알고 목에다 매네요, 앞자리에 앉아서 에구! 계란 후라이를 하면서 계란은 휴지통에, 계란 껍질은 후라이팬에… 어찌할꼬? 입술라인만 그리고 립스틱은 안 바르고 출근했네요. 꼭 필요한 전화를 했는데 통화음 울리는 동안 누구한테 전화했는지 고민한답니다. 조기 구웠는데 먹으려다보니 웬 일이예요? 식용유대신 주방세제를 넣은 거예요. 샴푸로 양치질 했어요. 선글라스 끼고 방이 왜 이렇게 어둡냐며 저녁인줄 알고 밥 안쳤어요. 아들 반장 뽑혀서 한 턱 낸다고 설치고 왔는데 옆 반! 휴대폰을 마우스인줄 알고 계속 눌렀지요."

중년여성들이 가장 크게 호응했다. 거의 일상이기 때문이다. 잊어버리기 선수들이다. 특히 단어가 기억나지 않으니 거의 대명사로 말한다. 신기한 건 그래도 다 통한다는 사실이다. "응, 있잖아? 거기 우리 거기 갔잖아? 기억나지? 그 음식점! 그때 갑자기 그 여자가 나타났잖아? 합석했어. 맞지? 그때 시켜먹은 요리가 뭐였더라? 정말 맛있었는데. 오늘도 그 요리 시켜먹자. 그런데 그 사람 알지? 왜 머리 뽀글거리는 남자."

사실 걱정이 된다. 이러다 치매 걸리는 건 아닐까 싶다. 스스로를 자책하기도 한다. 비난하기도 한다. 사실, 걱정할 필요가 없는 일이다. 전 세계 모든 갱년기 여성들이 겪고 있는 현상이다. 나만 비정상이 아니라는 말이다. 지극히 정상이다. 갱년기 건망증은 일상적 건망증이나 치매와는 다르다. 열쇠를 어디 두었는지 기억이 나지 않아 찾으러 다니면 건망증, 열쇠를 손에 들고 이거 어디다 쓰는 물건인가 싶으면 치매다.

일상적 건망증은 기억을 더듬어보면 기억이 나기도 한다. 여러 번 반복기억을 통해 사전에 막을 수도 있다. 그러나 갱년기 건망증은 기억을 더듬는다고 기억나는 것이 아니다. 마치 필름 끊어지듯 기억 자체가 사라지고 없다. 예방하거나 막을 수 있는 건망증은

✳

더더욱 아니다. 왜냐하면 갱년기 호르몬 변화와 밀접한 관련이 있기 때문이다. 호르몬 변화로 점화된 뇌는 체온이 올라가듯 실제로 열을 받는다. 뇌도 새롭게 재편성된다. 지극히 정상적인 과정이며, 하나님의 선한 뜻이 있다. 갱년기가 하나님의 설계이듯 갱년기 증상도 설계도의 일부이다. 건망증을 받아들이고, 건망증을 선물한 하나님의 뜻을 받아들여야 한다.

기억은 사라져도 지혜는 빛난다. 나무가 잘 자라고 멋진 모양이 되려면 필요 없는 가지는 잘라주어야 한다. 나이를 먹으면서 뇌세포가 손실되는 것은 불필요한 가지를 쳐내는 것과 같다. 신경세포 수는 줄어들지만, 신경세포 간 연결은 늘어난다. 뇌도 휴식이 필요한 것이다. 이로 인해 뇌는 더욱 정교하고 능률적으로 변해간다. 복잡하게 얽히고 설킨 정보들이 사라지면 뇌의 기능도 단순화된다. 여기에다 풍부한 경험이 덧붙여진다. 이를 바탕으로 사물을 종합하는 능력, 직관력, 통찰력, 판단력이 증대된다. 갱년기 이후의 삶을 좀 더 지혜롭게 보내기 위해 하나님이 뇌를 재편성한 것이다.

뇌의 재편성은 통합과 조화와 균형이라는 갱년기 미션을 지원하기 위한 과정이다. 뇌의 양극성은 중년 이후의 삶에 최대 걸림돌이다. 우뇌와 좌뇌의 균형은 중년 이후의 삶에 최대 지원군이다. 지나치게 지적인 사람은 좀 더 감성적으로, 지나치게 규칙적인 사람은 좀 더 유연하게, 지나치게 자제심이 강한 사람은 좀 더 본능적이게, 지나치게 꼼꼼한 사람은 좀 더 느슨하게, 지나치게 쾌락적인 사람은 좀 더 자기절제를 이루라는 도전이다.

문제는 일상적 건망증은 심해지는데 심리적 기억력은 갈수록 또렷해진다. 심리적 기억 중에서도 잊어버려야 할 악몽은 또렷해지고 잊지 말아야 할 추억은 희미해진다. 잘못만 기억하고 잘한 것은 잊어버리는 기억의 편향이다. 두고두고 기억해서 반복한다.

한평생 시동생들 거느리며 시집살이 해온 아내다. 이런 사정을 잘 아는 남편은 죽도록 일을 해서 돈을 모았다. 드디어 내 집 마련의 꿈을 이루어 분가를 했다. 몸은 분가했지만, 마음은 분가가 안 된다. 철없을 때 시어머니 편들면서 했던 남편의 말이 새록새록 기억난다. "당신이 그때 그랬지? 책잡히지 말고 잘하라고. 애 넷 데리고 그보다 어떻게 더 잘해?" 아내가 고생하며 힘들게 집 마련해준 큰 은혜는 쉽게 망각한다. 그때 당신이 그랬다며 공격한다. 해준 게 뭐가 있냐며 공방한다.

대개 철이 늦게 드는 남성들은 결혼 초기에 이런 류의 실수들을 저지른다. 수술 내내 대기실에서 기다리다 배가 고파 잠시 밥 먹으러 간 사이에 퇴원한 아내가 남편을 찾는다. 배가 아파 잠시 화장실 들른 사이에 출산했다. 친정 어머니 장례식인데 하필 회사의 사활이 걸린 주요일정 때문에 참석을 못했다. 아픈 아내를 내팽개치고 골프 치러 갔다. 시어머니를 모시고 사는데 시어머니 편만 들었다. 이 외에도 산더미 같은 실수들을 한다. 나빠서가 아니다. 몰라서다. 그런데 아내들은 나쁘다고 비난한다.

중년 이후가 되면 웬만한 남성들은 철이 든다. 가정으로 돌아온다. 아내의 소중함도 깨닫는다. 지난 시절의 실수를 만회해보려 안간힘을 쓴다. 그러다 좌절한다. 잘해주었던 추억거리는 더 많은데, 나쁜 기억거리들만 끄집어 내니 당해낼 재간이 없는 것이다.

✳

은혜는 망각하고 불편은 기억하는 것, 그것이 곧 불행이다. 불편은 망각하고 은혜는 기억하는 것, 그것이 곧 행복이다. 젊어서 부부는 서로 좋아서 살고, 눈코 뜰 새 없이 바빠서 살고, 자식 때문에 살고, 서로 버리지 못해 산다. 나이 들어가며 부부는 세월을 회상한다. 가엾어서 살고, 살아준 것이 고마워서 살고, 안쓰러워 산다. 무엇을 기억하고, 무엇을 망각할지 결정하는 것, 그것은 곧 행복과 불행의 갈림길이다.

기억력은 사라져도 결정하고 판단하는 지혜는 빛난다. 사라져 가는 기억력을 탓하고 걱정하고 복원시키려는 노력은 재편성된 뇌와 엇박자를 놓는 것이다. 재편성된 뇌와 발맞추어 가면 된다. 바로, 그것이 지혜다.


## 남성에게도 갱년기가 있다

아이들과 기러기 가족으로 미국에 머물때였다. 남편은 하루도 빠짐없이 전화나 이메일로 가족들과 연락했다. 그런데 갑자기 전화가 끊겼다. 전화해도 받지를 않았다. 나중에는 신호음조차 떨어지지 않았다. 아예 전화기를 꺼 놓은 것이었다. 이메일에 답장도 없었다. 하루이틀이 지나고 일주일이 흘렀다. 워낙 자상한 데다 배려가 탁월한 사람이 갑자기 연락두절이니 걱정이 되어 잠을 이룰 수가 없었다. 틀림없이 무슨 일이 있다는 생각이 들었다. 답답한 나머지 남편에게 가려고 비행기를 예약했다. 다행히도 그날 전화가 왔다. 한국 시간으로 새벽 3시쯤 되었다. 전화를 받자마자 남편은 자조 섞인 목소리로 퉁명스럽게 딱 한마디 했다.

"여기 찜질방이다. 여기 나 같은 놈들 수두룩하다!"

그러고는 입을 다물었다. 일절 말이 없었다. 전화선을 통해 무거운 침묵이 흘렀다. 가느다란 호흡만 이어지고 있었다. 가슴을 짓누르는 알 수 없는 무엇이 우리 둘 사이를 갈라놓고 있었다. 남편은 일방적으로 전화를 끊었다. 그리고 얼마 후 가족들이 있는 곳으로 왔다.

남편은 변해 있었다. 말을 하지 않았고 웃지도 않았다. 낮에는 웅크리고 잠을 잤다. 한순간이 아까워 시차 적응 같은 건 필요 없다면서 가족과 시간을 보내던 사람이었다. 그러던 그가 눈만 뜨면 짜증을 부렸다. 그것도 사소한 일로 말이다. 차를 타고 가다가 아이들과 재미있게 깔깔대고 웃으면 화를 냈다.

"시끄러워! 뭐가 재미있다고 웃고 그래? 그리고 공통의 주제로 대화해야지, 왜 사람을 소외시켜? 하여튼 에티켓이 없어, 에티켓이!"

나와 아이들은 줄지에 남편을 왕따시킨 꼴이 되었다. 불편한 심기를 건드리고 싶지 않아 다들 입을 다물었다. 남편은 그것도 못마땅해했다.

"뭐야? 내가 지적 한번 했다고 지금 이러는 거야? 하여튼 무슨 말도 제대로 할 수가 없어. 가족들이 좀 편해야 하는데 말이야…"

더 이해되지 않는 것은 아무것도 아닌 일로 남과 비교하는 것이었다. 예배를 마치고 돌아오는 길에 아들이 말했다.

✳

225

"아빠, J목사님 설교 진짜 좋죠? 언제 들어도 은혜가 된다니까요."

그날 남편은 종일 침울해했다. 저녁 먹을 때 즈음 나 들으라는 듯 혼잣말로 중얼거렸다.

"아니, 그게 설교야? 뭐가 좋다 그래? 딱딱하기만 하고 논리는 하나도 없고 내 설교에 대해서는 아무 소리도 안 하더니. 짜식, 이제 아빠 설교는 별로란 말이지."

천하의 송길원이 아닌가? 국민일보 선정 명설교가에도 뽑혔던 양반이 뭐가 모자라서 스스로를 남과 비교한단 말인가? 나는 어이가 없었다.

이후에도 남편은 뭐든 부정적으로 해석했다. 눈이 오면 눈 치워야 한다며 투덜, 온도 높이면 난방비 낭비한다고 투덜, 온도를 낮추면 남편이 오랜만에 왔는데 소홀하다고 투덜, 반찬 가짓수가 많으면 살림 좀 잘하라며 투덜, 가짓수가 적으면 먹을 것이 없다며 투덜, 그렇게 남편은 종일 투덜댔다. 그만 좀 투덜대라고 한마디라도 하면 화를 폭발했다. 꼭 하는 말이 있었다.

"아, 화도 마음대로 못 내?"

끝도 없는 불평불만에 지쳐 갈 때쯤 남편이 서글프게 말했다.

"여보, 나도 이제 힘들어. 지쳤다고. 언제까지 이렇게 살아야 해? 왜 나만 이렇게 고생해야 해? 왜 나만 참아야 하는 거지? 이런다고 애들이 알아주기나 할까? 다 쓸데없는 것 같아. 요새는 다 포기하고 싶어."

다음 날 아침, 도착한 신문을 집어 들었다. "남성 갱년기"라는 제목이 눈에 들어왔다. 읽어 보니 남편의 증상과 똑같았다.

"보도 위에 바짝 마른 낙엽들이 이리저리 뒹굴고 옷 속으로 파고드는 가을바람의 서늘함이 싫어진다. 어쩌다 한 번씩 갖는 아내와의 잠자리도 그저 심드렁하고 부담스럽기만 하다. 성욕만 그런 것이 아니다. 잦은 피로감, 식욕 부진, 피로, 안면홍조, 두통, 탈모, 전립선 질환 등의 육체적 증상과 우울, 불면, 의욕 상실, 소외감, 무의미감, 폐쇄성, 분노, 무기력, 외로움, 자신감 상실, 신경과민, 기억력 감퇴 등의 신경성 증상들이 나타나기 시작한다."

이러한 남성 갱년기는 대개 40대 중반 이후에 찾아온다. 고환에서 남성 호르몬을 만들어 내는 기능이 급격히 떨어져 남성 호르몬의 분비가 급감하고 여성호르몬의 분비가 급증한다. 남편은 갱년기를 앓고 있는 것이었다.

"아, 갱년기구나. 그래서 그랬구나!"

생각지도 못했다. 남성들은 갱년기가 없는 줄 알았다. 생리도 없는데 무슨 갱년기? 아니었다. 심리적 갱년기를 여성과 똑같이 겪는다. 남편은 가족도 없이 혼자서 겪고 있었던 것이다. 모든 수수께끼가 풀렸다.

낙타의 눈물이 떠올랐다. 낙타는 울까? 울지 않는다. 그러나 낙타의 눈은 늘 눈물에 젖어 있다. 그래서 울지 않는 것처럼 보일 뿐이다. 남성들은 울까? 울지 않는다. 그러나 남성들의 눈도 늘 눈물에 젖어 있다. 속울음이다. 외로움, 소외감, 우울, 열등감, 책임감의 무게로 지친 남성들의 눈물이다. 그래도 소리 내어 울 수 없다. 남자니까, 가장이니까.

갱년기를 지나면서 남성 호르몬이 걷히니 여성 호르몬이 얼굴

✻

을 내미는 것이다. 그래서 속울음이라도 우는 것이다. 짜증 부리고 불평하고 우울해하는 것, 이 모두가 남편의 눈물이었다.

가슴이 저릴 정도로 아파왔다. 나는 즉시 아이들에게 알렸다. 아빠가 너희들에게 화가 난 게 아니라 호르몬의 공격을 받아 마음이 아픈 상태라고 말이다. 각자에게 마음 지킴이 역할을 부여했다. 그리고 나는 남편에게 편지를 썼다.

"여보, 제가 도와드릴게요. 당신이 스스로를 연구 대상으로 삼아야 하듯, 저 역시 중년기의 당신을 새로 알아 가야 해요. 예전부터 알아 왔던 당신이 아니라 중년의 늪을 걸어가야 하는 당신 말이에요. 그리고 그 길을 결코 홀로 걷게 하지 않을 거예요. 함께 걸어가요. 넘어질 것 같으면 넘어질 것 같다고 말하고 도움을 구해요. 그렇게 함께 손잡고 건너가요. 미안하다는 말은 어울리지 않아요. 미안해서, 약한 모습 보이기 싫어서 강한 척 괜히 큰소리치다가 혼자 동떨어져서 아무도 내 마음 몰라준다며 외로워하는 것보다 약하면 약한 대로, 마음이 뒤틀리면 뒤틀리는 대로, 통제 불능이면 통제 불능인 대로, 그렇게 있는 그대로 내놓고 이야기해 주면 돼요.

"벌거벗었으나 부끄러워하지 아니하니라"라는 말씀처럼 말이에요. 그 모습조차 사랑하기 위해 기다리고 있는 가족들이 있음을 기억하면서 말이에요."

그렇게 남편은 가족들의 손을 잡고 갱년기의 늪을 함께 건넜다.

# 여자와 다른
# 남성 갱년기

남성 갱년기는 여성처럼 광범위하지 않고 기간도 짧지만, 분명 찾아온다. 그러나 여러 가지 면에서 여성과 다르다. 그동안 인간관계, 특히 가족 관계가 우선이었던 여성들은 갱년기를 기점으로 가정으로부터 벗어나 외부 세계로 향한다. 반면 일 중심의 사회적 관계가 우선이었던 남성들은 가족 관계 우선으로 전환한다.

역할 변화도 다르다. 남성은 은퇴라는 복병을 만나 서서히 삶의 치열한 전쟁터에서 물러날 준비를 한다. 가정을 가장 바람직한 은신처로 생각한다. 여성은 공부나 사업 등 새로운 일을 시작한다. 남편이 역할 변화에 잘 대처하는 경우에는 아내를 격려하고 도울 수 있지만, 그렇지 못할 경우에는 자기만 돌봐 달라고 아우성치면서 방해할 수 있다.

갱년기 증상에 대처하는 방식도 다르다. 여성들은 사전 학습을 해서 미리 마음의 준비를 한다. 인정하고 드러내고 떠든다. 주변에 도움도 구하고 나름의 해결책도 있다. 지원 그룹도 다양하고 자연스럽게 도움을 받는다. 가족에게서 벗어난다. 그러나 남성들은 사전 학습 없이 갑자기 직면한다. 부인하고 감추며 속으로 삭인다. 강해야 한다는 자기 인식 때문이다. 갱년기인 줄도 모른 채 홍역을 치른다. 혼자 해결하려 하나 방법이 없다. 지원 그룹이라고는 오직 배우자밖에 없다. 가족에게 의존한다. 가장 큰 차이는 여성은 우울증으로, 남성은 분노로 표현된다는 것이다.

갱년기에 대한 오해도 많다. 남성들은 어쨌든 존재 자체를 부정하면서 합리화한다. 제약회사들의 상술이라느니, 남성을 여성화하려는 의도라느니, 참으면 저절로 해결된다느니, 피할 수 있다느니 등 다양하다. 그러나 부정한다고 사라지는 것이 아니다. 어차피 겪어야 할 과정이다.

반면 여성들은 갱년기를 부인하지는 않지만 지나치게 부정적인 이미지를 가지고 있다. 과도한 사전 학습 때문에 '갱년기=우울=고통'이라는 등식을 갖고 있다. 생리가 끝난다는 뜻의 '폐경'이라는 단어를 듣는 순간, 여자로서 끝이라는 생각이 든다. 인생의 종말이 온 듯 좌절한다.

이런 많은 차이들에도 불구하고 공통점이 있다. 남성과 여성 둘 다 갱년기를 지나며 갱년기 증후군을 혹독하게 겪는다는 사실이다. 증상은 둘 다 매우 비슷하다. 외로움, 소외감, 불안감, 우울감, 의욕 상실 등이다. 생애 발달단계 중 이때처럼 부부의 마음이 맞닿아 있는 적이 없다. 갱년기 이전에는 여성 혼자 출산의 고통을 겪었다. 생리 우울증, 임신 우울증, 산후 우울증, 육아 우울증 등을 오롯이 혼자 감내했다. 힘들다 하소연해 봤자 말귀 못 알아듣는 남편 때문에 우울증이 더 악화되었다. 사실 바깥을 맴도는 남성은 도저히 이해할 수 없는 세상이었다. 그러니 이런 소리를 했던 것이다.

"집에서 애 보는 게 뭐가 그렇게 힘들다 그래? 그리고 당신만 힘들어? 나도 힘들어! 그럼 당신이 나가서 돈 벌어와! 애는 내가 볼테니."

통하는 구석이라곤 손톱만큼도 없는 부부로 살기 십상이다.

갱년기 여성은 더 이상 아이를 출산하지 않는다. 대신 자신을 잉태하고 출산한다. 아내에서 여성으로, 인간으로 다시 태어나기 위한 진통을 겪는다. 하나님은 이 산고를 중년기 남성도 함께 겪도록 설계하셨다. 남자에서 남편으로 태어나기 위한 진통이다. 누가 더 아프고, 누가 더 고통스러운지는 중요하지 않다. 속으로 우느냐, 겉으로 우느냐의 차이일 뿐이지 고통의 세기, 강도, 빈도 모두 똑같다. 이 고통을 함께 느끼고 나누고 알아주고 도닥거려 주면서 남편과 아내는 영혼의 친구로 다시 태어난다. 손잡고 출산의 긴 터널을 함께 헤쳐 나오는 동안 서로가 서로에게 치유자가 된다. 이제 나란히 같은 방향을 본다. 더 이상 남성과 여성으로 갈등할 필요가 없다. 남성성과 여성성이 각자 안에 공존하는, 성숙하고 통합된 남녀가 평화롭게 노년기를 맞이한다.

인생은 종종 축구 경기에 비유된다. 25세까지는 연습 기간, 50세까지는 전반전, 75세까지는 후반전, 100세까지는 연장전이다. 전반전까지는 남녀의 차이 때문에 갈등하느라 부부애가 아닌 전우애로 살면서 소모전을 치른다. 갱년기에 이르러 두 사람은 영혼의 친구로 만난다. 후반전이나 연장전에서 결승골이 터질 것을 기대해도 좋다. 갱년기는 부부를 하나 되게 하시기 위한 하나님의 전폭적인 지원 시스템이다.

# 낡음과 닳음과
# 늙음

"날이 밝아 온다. 새벽 공기가 쌀쌀하고 눅눅하다. 잠자리에서 박차고 나와 하루 일과를 시작하기가 자꾸만 더 어려워진다. 무릎과 어깨가 쑤시고 결린다. 몸을 긁을 때마다 건성이 된 피부에서 얇은 비듬 조각들이 떨어진다. 일어나 앉았지만 하루를 맞이하기가 꺼려지고, 팔과 다리의 불룩불룩 튀어나온 핏줄들과 발과 손등에 있는 갈색 반점들이 유난히 눈에 띈다. 멍하니 피부에 나타난 변화들을 바라본다. 지난해 쓸개를 제거할 때 생긴 흉터가 아프다. 혈압과 콜레스테롤 수치를 생각하면 순간적으로 깜짝 놀란다. 어젯밤에 잠자리에 들면서 오늘 아침에 해야 할 일들을 생각해 두었는데 생각이 나지 않는다. 화장실 거울 앞에 서는 것이 무섭다. 뚱뚱한 몸에 축 처진 이중 턱, 얼굴의 잡티와 기미, 입가에 또렷하게 새겨진 팔자 주름, 눈가에 잡힌 쪼글쪼글한 잔주름, 희끗희끗한 머리카락들, 그 사이로 훤히 보이는 정수리 바닥…. 저 사람이 누구지?"

이런 질문을 하루에도 몇 번씩 한다. 거울에 비친 중년기의 나는 생소해 보인다. 어색하다. 거울 보는 게 두렵다. 사진 찍는 게 제일 싫다. 얼굴에 새겨진 세월의 흔적을 내 눈으로 확인해야 하니 고문이다. 현상된 사진 속의 나는 더 이상 예쁘지 않다. 아무리 활짝 웃어도 소용없다. 오히려 눈가 잔주름만 더 잡히고, 입가 팔자 주름이 더 깊이 파인다. 더 이상 미소가 삭아 가는 외모를 보완해 주지 않는다.

그렇다고 화장을 진하게 하면 나을까? 그것도 아니다. 표시 난다. 삼류 서커스 공연단 여배우처럼 천박해 보인다. 20대가 해야 화장이지, 30대가 하면 분장이요, 40대가 하면 변장, 50대가 하면 환장, 60대가 하면 끝장이란다. 그렇다고 젊은이들처럼 최대한 자연스럽게 화장을 하면 아예 안 한 것처럼 추해 보인다.

머리카락은 또 어떤가? 숱 없고 가늘고 힘없이 축 처지는 머리카락을 살리려고 숱한 실험을 한다. 힘 주려고 파마했더니 안 그래도 가는 머리카락이 부서져서 푸석거린다. 머리카락을 펴면 윤기가 난다고 해서 매직 파마를 한다. 찰랑거리기는 하는데, 문제는 머리카락이 얼굴에 착 달라붙어 버린다. 보는 사람마다 어디 아프냐고 묻는다. 다시 볶을 수도 없고, 할 수 없이 또 미용실을 찾아간다. 머리카락이 너무 없어서 그렇다며 두피 케어를 하라고 한다. 모공을 열어 주어 머리카락이 자라게 한다는 데 1년은 꾸준히 해야 효과를 본다고 한다. '어느 세월에?' 한번만 받아 보라 간청해서 머리를 맡겼는데 시원하긴 하다. 머리에 돈을 쏟아붓고 미용실을 나오는데 저만치 여대생이 찰랑이는 생머리를 나풀대며 걸어간다. 부럽다 못해 시샘이 난다. 생머리는 꿈도 못 꾸고, 퍼머하면 잠시 예쁘다가, 퍼머해도 안 예쁜 내 신세를 한탄한다. 몸은 늙어 가는데 늙고 싶지 않다. 얼굴은 추해지는데 계속 예쁜 여자이고 싶다. 아줌마 소리는 더 듣기 싫다. 몸과 마음이 계속 엇박자를 놓는다.

젊음을 되돌리려는 중년 여성들의 심리를 겨냥한 상술이 판을 친다. 갱년기 증상을 완화하려는 처방이 아니다. 젊음을 되돌리려는 처방이다. 리프팅, 보톡스 주사, 붙이는 호르몬제, 바르는 호르몬제, 태반 주사, 다이아몬드 필링, 주름살 제거 수술, 가슴 성형, 지방 흡입술, 안면 윤곽 수술 등 수도 없이 많다. 상위 1%의 전유물이 보통 사람들의 소유물이 된 지 오래다. 보톡스를 너무 맞아 표정을 잃어버려도 잠깐의 탱탱한 느낌 때문에 또 맞는다.

젊음에 집착하는 중년 여성의 모습은 초라하다. 발달단계상 중년기 부모와 청소년기 자녀는 같은 지점에서 만난다. 사춘기思春期와 사추기思秋基의 충돌이다. 이 둘의 차이점이 무엇인가? 사춘기는 '봄 춘春'자를 쓴다. 사추기는 '가을 추秋'자를 쓴다. 봄은 꽃봉오리가 맺히는 시기로, 잠시 후면 꽃이 활짝 피어난다. 여성호르몬의 분비가 가장 왕성한 시기다. 아이에서 여성으로 전환하면서 가장 젊고 싱싱하고 예쁘고 매력적인 모습이 된다.

가을은 꽃잎이 시들해지다가 떨어진다. 앙상한 가지만 남는다. 여성호르몬의 분비가 감소하면서 여성으로서 매력이 상실되는 시기다. 그럼에도 꽃에 집착한다. 이것은 떨어진 낙엽을 주워서 빨강, 노랑, 연분홍색 칠을 한 다음 앙상한 가지에 매달아놓은 것과 같다. 결코 아름답지 않다. 얼마나 우스꽝스럽고 촌스럽고 조악한가?

중년은 더 이상 꽃의 아름다움이 아니다. 꽃이 떨어진 후 남는 열매의 아름다움이다. 꽃은 보는 아름다움이 있지만 생산성은 없다. 열매는 먹는 아름다움이다. 풍성한 영양소가 있다. 꽃은 지면 그만이다. 그러나 열매는 씨앗을 품고 있어서 다시 수많은 꽃을 피울 수 있다. 비록 화려한 색채도, 고귀한 자태도, 유혹하는 향기도 없지만, 이 모두를 탄생시킬 생명을 품고 있다. 열매의 아름다움은 꽃의 아름다움이 결코 흉내 낼 수 없다.

이제는 꽃의 아름다움에 대한 미련을 버려야 한다. 중년 여성은 인생의 혹독한 시련끝에 살아남았다. 그 긴 세월 끝에 인내, 지혜, 포용력, 유연성, 창조력의 열매가 주렁주렁 맺혀 있다. 외모의 화려한 자태는 내면의 찬란한 아름다움에 빛을 잃는다.

중년은 노년을 준비하는 시간이다. 노년은 육신의 옷을 벗는 시간이다. 그러니 중년은 육신의 옷을 벗을 준비를 하는 시간이다. 아무리 애를 써도 잠시 늙음을 연기할 수는 있겠지만 늙음을 막을 수는 없다. 이제 늙음과 낡음과 닳음을 받아들여야 한다. 이것들과 더불어 살아가는 법을 배워야 한다. 열매의 아름다움으로 새로 사랑해야 한다. 나누어 주고 베풀고 먹이고 채워 주면서 꽃보다 아름다운 중년의 행복을 만끽해야 한다. 그래서 중년은 축복의 선물이다.


# 중년의 성性을 리모델링하다

부부 성 클리닉 중이었다. 남성들만의 토론이 한창 무르익을 즈음, 한 사람이 불만을 토로했다.

"여태껏 세 번밖에 못했어요, 세 번! 세탁기 돌리는 횟수보다 적다고요!"

또 다른 남성의 하소연이다.

"1년에 한두 번도 안 해요. 아내가 자궁근종 수술을 했거든요. 여자로서 기능이 끝났다고 생각하는지 근처에도 못 오게 해요. 이제 포기하고 살아야 하나요?"

이 말에 동의하는 남성들의 항의가 이어졌다.

"아예 다른 방에 가서 잔다니까요. 덥다고 핑계 대지만 다 알죠. 건드릴까 싶어서 그러는 거.", "다른 데 가서 해결하고 오래요. 바람피우란 이야기죠. 미치겠어요.", "어떤 때는 화가 나서 견딜 수가 없어요. 굶주린 개 보듯 쳐다보면 머리 뚜껑이 확 열려요. 다 때려 부수고 싶죠.", "너도 한번 당해 봐라 싶은 생각이 들어요. 아내가 뭐라 말하든 들은 척도 안 하죠."

여성들도 하소연을 한다.

"하고 싶은 생각이 하나도 안 나요. 몇 달을 안 해도 괜찮다니까요.", "관계할 때마다 아파요. 참으면서 하려니까 너무 힘들고, 그러다 보니 점점 안 하게 돼요.", "몸에서 열이 확확 나는데 어떻게 해요? 살갗 닿는 것도 귀찮고 짜증 나요. 숨이 막힐 것 같아요.", "폐경이 되니까 생리를 할 때 보다 갑자기 늙은 기분이 들어요. 여자로서의 생명이 끝난 것 아닌가요?", "젊을 때 그렇게 속 썩여 놓고 이제 와서 하려고 하면 몸이 말을 듣겠어요? 손만 닿아도 싫어요.", "어디 한 군데 성한 곳 없이 몸이 아파요. 그러니 못하죠. 남편도 그런 줄 알고 있고요."

저절로 이끌리는 신혼의 성과는 다른 중년의 성. 정말 넘을 수 없는 산일까?

남성은 성냥개비 하나를 들 힘만 있어도 성관계가 가능하다. 그러나 여성은 틈만 나면 거부한다. 실제로 여성은 폐경기가 되면 일시적으로 성욕이 감퇴한다. 한 연구에 따르면 폐경기 여성의 60%

가 성적으로 문제가 있는 것으로 나타났다. 이유는 여러 가지였다. 첫째, 호르몬의 변화에 적응하는데 대부분의 에너지를 사용하기 때문이다. 둘째, 요통이나 관절통, 디스크, 자궁근종, 유방암 등 실제로 성생활을 방해하는 질병을 경험하기 때문이다. 셋째, 갱년기 우울증으로 인한 에너지의 저하 때문이다. 넷째, 가장 중요한 성기관은 뇌인데 남편으로부터 받은 상처가 회복되지 않았을 경우, 뇌의 기억이 성생활을 거부한다. 다섯째, 갱년기에 이르면 성관계 시 분비되어야 하는 윤활유가 부족해서 통증이 있기 때문이다. 여섯째, 피로감 때문이다. 현대인의 분주한 삶으로 인해 누적된 피로가 성생활에 대한 부담으로 작용하는 것이다. 일곱째, 성관계 후 즉시 등 돌리고 자거나 신체를 비하하는 말을 내뱉는 등 남편의 배려 부족 때문이다.

이처럼 성을 거부하는 여성의 이유는 산더미 같다. 더구나 중년의 성은 종족 보존과도 상관이 없는 데다 호르몬의 방해 공작까지 있다. 성호르몬 감소와 함께 성생활도 '굿바이'한다. 그럼에도 성을 나누어야 하는가? 답은 그렇다. 부부 연합을 위해서다. 성경은 둘이 한 몸을 이루라고 명령한다.창2:24 영어 성경에는 "They will become one flash"라고 표현되어 있다. 몸이 하나 되면 어떤 일이 일어나는가? 사랑 호르몬인 옥시토신, 행복 호르몬인 엔도르핀 등이 분비되어 부족한 여성호르몬의 빈자리를 채워준다. 부드럽고 따뜻한 여성성이 회복된다. 거칠고 공격적인 남성성의 일방적인 독주를 막을 수 있는 유일한 길이기도 하다. 하나님이 원래부터 선물로 주신 여성성을 내팽개치지 않고 리모델링해서 사용하는 것이다.

무엇보다 중년 남성은 부드러운 여성성을 그리워한다. 아내를 품에 안으며 남성임을 확인한다. 그런 남편은 아내를 위해 목숨을 바친다. 남성에게 있어 마흔은 불혹의 나이가 아니라 '유혹의 나이'다. 아직도 살아 있음을 확인하고 싶어 한다. 성은 남자의 자존심이다. 아내에 의해 성적 자존심이 손상당하면 자존심을 채워 줄 다른 여인을 찾아 떠난다. 아내는 남편을 성적 유혹으로부터 지켜 낼 의무가 있다. 성은 중년 이후의 부부 관계를 조율하는 최고의 자원이다.

뿐만 아니라 의미 있는 신체접촉은 그 자체로 치유력이 있다. 반드시 성으로 진입하지 않더라도 터치, 포옹과 같은 다양한 접촉이 필요하다. 피어나는 몸이 아니다. 늙어 가는 몸이다. 사그라지는 몸이다. 더 이상 매력적이지 않다. 외면하고 싶은 몸이다. 그럼에도 누군가가 이 몸을 만진다. 그가 남편이고 아내다. 쓰다듬고 토닥이고 어루만진다. 작아진 유방, 늘어난 배, 주름진 손등, 굳은 살 박힌 손마디 속에 새겨진 삶의 흔적이 손 끝에 닿는다. 고생했구나 싶다. 안쓰럽고 애잔하다. 때문에 접촉 행위는 그 자체가 사랑의 표현이다. 조건적인 사랑이 아니다. 무조건적 사랑이다. 갱년기 이전에 서툰 말로 주고받았던 상처가 몸의 언어를 통해 회복된다. 부부는 함께 늙어 가며 새로 사랑하는 법을 배운다.

뿐만 아니라 중년 여성에게 주로 찾아오는 요실금이나 자궁근종이 예방된다. 요실금은 괄약근이 느슨해져 생기는 병인데, 괄약근은 성관계를 나눌 때 자주 사용되는 근육이다. 근육은 사용하지 않으면 탄력성을 잃는다. 녹슬지 않게 자주 사용하는 것이 괄약근을 단련할 수 있는 유일한 방법이다. 내팽개치면 잡초만 무성하게 자란다.

중년의 성을 리모델링해야 한다. 호르몬과 반대편으로 가라. 따로 자고 싶을 때 일부러 옆에 눕고, 만지고 싶지 않을 때 일부러 만져라. 안고 싶지 않을 때도 일부러 안아라. 원하지 않더라도 일정한 날을 정해 정기적이고 규칙적으로 성을 나누라. 호르몬이 결코 파괴할 수 없는 부부 연합이 이루어진다.


## 해결되지 않은 감정을 처리하다

한평생 가부장적 사고에 젖어서 자기밖에 모르는 이기적인 남편과 살아온 여성이 있었다.

"완전히 나만 손해 본 느낌이에요. 이제 만사가 귀찮고 참고 싶지도 않아요. 나이 오십에 할 말도 못하고 사는 게 어디 사는 거예요? 요즈음은 매일 싸우게 되네요. 얼마 전에는 남편한테 말했죠. 평생을 이기고 살았는데 딱 한번만 져 주면 안 되냐고요. 그랬더니 온갖 욕을 다 하면서 고래고래 소리를 질러 대는데, 뚜껑이 확 열리는 거예요. 울화가 치미는데, 더는 못 참겠더라고요. 미친 듯이 같이 소리를 질러 댔죠. '나한테 잘해 준 게 뭐가 있어? 한평생 마누라 고생시켰으면 이제 좀 잘해야 할 것 아냐? 평생 이겨 먹었으면서 한번 져 주는 게 그렇게 어려워? 당신이 그러고도 인간이야? 남자야?' 삿대질에다 발까지 굴러가면서 소리소리 질렀죠. 한 평생 참고 살았으면 됐지 이 나이에도 참아야 돼요? 애들 봐서라도 참고 살았는데 이제 더는 못 참아요. 안 참아요. 차라리 이혼하고 홀가분하게 혼자 사는 게 낫지. 더는 그 인간 꼴 보고 싶지 않다고요."

갱년기에는 속으로 삼켰던 내면의 소리가 바깥으로 폭발한다. 부당한 대우, 인격 모독, 무례한 언행을 더 이상 참지 않는다. 할 말 다한다. 소리치고 악쓴다. 남성 호르몬의 지원을 받아 어마어마하게 파괴적인 에너지가 분출된다.

갱년기 호르몬의 변화는 뇌를 민감하게 만든다. 걸핏하면 신경질과 짜증이 난다. 매사가 못마땅하거나 침울해진다. 초조, 불안, 걱정, 우울한 감정들이 순간순간 교차한다. 울화가 치밀고 명치끝이 답답하다. 속에서 뭐가 항상 부글부글 끓고 있다. 폭발 일보 직전의 상태다.

이러한 갱년기 증상과 미해결된 감정이 결합한다. 미해결된 감정은 현재의 감정이 아니다. 갱년기 이전에 '누구누구의'로 역할을 감당하면서 차곡차곡 쌓아 온 상처받은 감정이다. 미처 돌보지 못하고 처박아 두어 실타래처럼 엉켜 버린 감정 더미다. 집 안에 물건을 정리하지 않고 쌓아두면 무덤을 이룬다. 옷 무덤, 구두 무덤, 가방 무덤…. 감정도 쌓아두면 무덤이 된다. 산더미처럼 쌓여서 마음을 가득 메우는데, 그대로 방치하면 무덤 같은 삶을 살게 된다.

재고 정리를 해야 한다. 남성 호르몬이 이 작업을 지원 사격한다. 우물에서 물을 퍼 올리듯 깊숙이 저장해 두었던 미해결된 기억과 감정이 수면 위로 치솟도록 펌프질을 한다. 상처를 바라볼 용기가 생겼고 맞서서 속을 비워 낼 힘이 생겼다.

가슴을 가득 메우다가 입안 가득 담긴다. "그때 그랬지"를 시작한다.

"그때 암 수술하고 온 날, 집에 먹을 게 하나도 없어서 혼자 라면 끓여 먹었어. 그날 당신은 회식하고 밤늦게야 배 두드리며 들어와서는 밥먹었냐 물어보지도 않고 잤어. 둘째 녀석 대학 입시 떨어지자 나를 호되게 몰아붙였지. 그때 당신이 뭐라 그런 줄 알아? 어미 노릇도 제대로 못한 여자 필요 없다고. 그날 난 밤새도록 울었어. 얼마 뒤 딴 여자 생겼을 때, 그때 난 죽고 싶었지. 어떻게 참았나 몰라. 애들 불쌍해서 견뎠지. 지금 같으면 안 참았을 거야. 엄마 돌아가셨을 때도 회사 일 바쁘다고 장례식에 참석 안 했어. 어쩜 그럴 수가 있지? 사람이라 할 수가 없어. 내 동생 회사가 부도나게 생겨서 돈 좀 빌려 달라는데, 당신 그때 뭐라 그랬어? 개망나니 같은 처남한테 돈 떼일 일 있냐며 매몰차게 거절했지. 그 돈으로 주식 사서 다 날리고…."

감정 쓰레기들을 대대적으로 치워야 한다. 갱년기 이후부터는 다른 사람을 위한 집이 아닌 나를 위한 집을 지어야 한다. 새집을 지으려면 땅부터 정리하고 다지는 게 순서다. 때가 차매 내 몸이 스스로 벌이는 마음의 정화 작업이다. 김두식의 저서에는 "지랄총량의 법칙"이 나온다. 누구나 채워야할 지랄의 양이 정해져있다는 법칙이다. 일정 양을 채우면 잠잠해진다. 덜 채워지면 언제라도 채우기 위해 지랄을 떤다. 갱년기는 바로 이 지랄의 양을 채우는 공식적인 시기이다.

또한 갱년기는 상처를 치유할 수 있는 지원 체계를 구축하는 시기다. 누군가를 찾아가 이야기를 하라. 해묵은 상처 부위를 드러내고 햇볕을 쪼여야 한다. 혼자 골방에 들어가 분노를 쏟아 내야 한다. 더 이상 눈물이 나오지 않을 때까지 울고 또 울다 보면 마음에 빈 공간이 생긴다. 상처 준 사람을 용서할 여유가 생겨난다. 용서는 가해자를 위한 것이 아니라 피해자인 나 자신을 위한 것이다. 용서를 경험한 중년은 평화롭다.

지랄의 양이 채워지고 재고 정리가 끝나 마음 탱크가 말갛게 비워지면 고요와 평화가 찾아온다. 어둠 속에 고요히 머물다 보면 내 이름 석 자가 뚜렷이 올라온다. 너덜너덜해진 내 몸과 마음이 보인다. 다시 찾은 존재로서 나 '○○○'이 엄마, 아내, 며느리, 시어머니, 싱글맘이라는 역할의 이름으로 살아온 나 '○○○'을 끌어안고 마음껏 위로해 준다. 듣고 싶은 말을 해 준다. 러빙유에 참가한 여성들이 스스로에게 하는 말들이다.

"많이 아팠지? 힘들었을 거야. 수고했어. 잘했어. 대단하다. 어떻게 견뎌냈니? 이제 괜찮을 거야. 사랑해. 못 돌봐서 미안해. 자랑스럽다. 주님이 기뻐하실 거야."

감정 대청소를 끝내며 한결 성장한 중년 여성은 이제 나를 향한 여행을 시작한다. 가정을 지켜냈건, 지켜내지 못했건 상관없이 꿈을 향한 걸음마를 시작한다. 존재의 이름으로 다시 태어난 중년은 축하하고 축하받아야 한다.

# 꿈설계
# Dreamweaver

지붕까지 씌우고 나면 건축이 완성된다. 인테리어는 완공된 건물의 품격을 더해준다. 색깔, 모양, 위치, 조명 하나하나는 통일된 의미를 지니게 된다. 무엇을 담아 낼 것인가? 꿈은 행복건축의 마무리 인테리어다. 꿈이 더해지면 건축물이 빛을 발한다. 빛을 보는 순간, 건축하며 겪었던 고난이 새로운 의미로 다가온다. 꿈이 없으면 수고와 고난도 의미가 없다. 꿈이 있어서 넘어졌다가도 일어선다. 꿈은 포기를 포기하게 하는 힘이다.

*Happiness for Christians*

# 탈 진 으 로 부 터
# 탈 출 하 다

"좀 쉬었으면 좋겠다." "차라리 다리라도 부러져서 병원에 입원했으면…." "내일이 안 오면 좋겠어. 이대로 주말이 계속됐으면…." "이대로 영원히 눈감으면 얼마나 좋을까."

누구나 한 번쯤은 해 본 말이다. 다시 시작되는 월요일이 두렵고 귀찮다. 한국인의 연간 근로 시간은 무려, 2,556시간으로 OECD 국가 중 가장 높다. 방치하면 좀 더 발전한다.

고학력에 성공 가도를 달리는 전문직 여성의 고백이다.

"갑자기 어느 날부터 회사에 나가기 싫은 거예요. 매일 작성하는 보고서 쳐다보는 것도 괴롭고, 의자에 앉아 있는 게 고역이더라고요. 요즈음은 자주 멍해요. 안 하던 실수도 막 하고. 내가 직장을 너무 오래 다녔나 보다 싶어서 1년 정도 휴가를 쓰려고도 했죠. 그런데 집에 있는 것도 싫어요. 아이 보는 것도 싫고, 집안일은 더 쳐다보기도 싫고, 그냥 '내가 왜 사나? 이렇게 살면 뭐하나?' 이런 생각만 들어요."

심지어 어떤 날은 출근 시간에 동네 공원을 빙빙 돌고 있는 자신을 발견하고 깜짝 놀란 적도 있단다.

전문직 여성뿐만 아니라 전업주부도 마찬가지다.

"지겨워 죽겠어요. 치워도 치워도 끝이 없고 돌아서면 어질러져 있고.", "밥하고 빨래하고 청소하는 일을 하루 종일 반복하면 내가 바보가 된 느낌이에요. 한 푼이라도 아끼려고 더운 여름에 에어컨도 안 켠 채 땀 뻘뻘 흘리며 마루를 닦고 있는데, 갑자기 나 왜 이러고 사나 싶더라고요. 뭐 하나 제대로 풀린 것도 없고…. 어떤 때는 다 때려치우고 어디 멀리 떠나고 싶어요. 요즈음은 종일 잠만 자요. 멍하니 TV만 보고 있든지. 설거지고 뭐고 다 귀찮아요."

이런 상태를 '번아웃 증후군'burn-out syndrome이라 한다. 주어진 일에 지나치게 몰두하다가 신체적, 정신적으로 모든 에너지가 소진된 상태를 말한다. 불타버린 연료와 방전된 배터리처럼 무기력해진 것이다. 사전적 의미로는 '자신이 기대하는 분야에서 헌신했는데 기대에 미치는 반응을 얻지 못했을 때 겪는 정신적 충격'이다. 꿈을 향한 날갯짓을 꺾는 최대 변수다.

번아웃에 대해 크리스티나 마슬락은 이렇게 말했다. "탈진, 이 말은 꺼려지고 가물거리는 불꽃을 연상케 한다. 빈 껍질, 싸늘하게 식어가는 재, 한때 다른 사람들과의 관계에서 열정을 불태웠고 자신의 모든 것들을 남을 위해 주었지만 결국 나중에는 더 이상 내

어 줄 것이 없는 상태가 되어버린…물이 다 증발한 주전자, 건전지
가 나간 상태….”

번아웃은 어느 날 갑자기 찾아온다. 그렇다고 해서 증상이 갑자
기 몰려오는 것은 아니다. 충전된 배터리가 단 몇 시간 만에 방전
되거나 활활 타오르는 장작불이 갑자기 꺼져버린 재가 되는 것은
아니다. 이미 서서히 진행되고 있었는데, 단지 갑자기 알아차릴 뿐
이다. 번아웃은 3단계를 거쳐 진행된다. 장작불에 비유하자면, 1단
계는 에너지 충전 단계다. 불쏘시개가 필요 없을 만큼 불꽃이 활활
타오른다. 모든 것을 불태울 정도다. 회사를 살리고, 가정을 지키
고, 성공할 수만 있다면 내 한 몸 불사르겠다는 열정이 넘친다. 무
슨 일이든 해낼 수 있다는 자신감으로 가득 차 있다. 온종일 일에
매달려도 신바람이 난다. 결과를 보면 뿌듯하다.

2단계는 에너지 고갈 단계다. 불꽃이 차츰 사그라진다. 모든 것
을 불태우기에는 화력이 약해진 상태다. 태울 수 없는 것도 있다
는 사실을 인식한다. 태울 수 있는 것만 태운다. 가끔씩 한계를 느
낀다. 권태와 상실감이 찾아온다. 신바람이 줄어든다. 재미가 없다.
불현듯 ‘이렇게 사는 게 맞아?’ 하는 의문이 생긴다. 예전과 달리
쉽게 뛰어들지 못한다. 주저하게 된다. 무모한 실패를 줄이고 선택
과 집중을 이루는 상태이기도 하다. 불쏘시개를 넣어 주면 다시 불
꽃이 살아난다.

3단계는 에너지 방전 상태다. 불꽃이 완전히 사라졌다. 장작불
이 잿더미로 변했다. 불태울 수 있는 화력이 전혀 없다. 불쏘시개
로는 화력을 살릴 수가 없다. 자신이 불탄 사실을 발견한다. 이런

자신을 보며 좌절하고 실망한다. 무기력감이 찾아오고 자신감이 상실된다. 신바람이 사라진다. 삶의 의욕이 없어진다. 포기하고 싶다. '이렇게 살아서 뭐하나?', '다 때려치우고 싶다', '어디 멀리 도망가고 싶다' 등의 생각이 머릿속에서 떠나지 않는다. 소외감과 우울감에 빠진다. 타인에 대해 무관심해지고 감정 조절이 힘들어진다. 심하면 불면증, 알코올중독, 자살 충동 등 병리적 현상으로까지 발전한다.

각 단계에서 나타나는 증상은 3가지로 정리된다. 무기력, 불안, 짜증, 허무감, 귀찮음, 자기혐오 등을 느끼는 '정서적 탈진',emotional exhaustion 다른 사람에 대해 부정적이고 냉소적인 감정을 갖는 '이인증',depersonalization 업무에 대해 무의미하게 느끼는 '성취감의 결여'reduced personal accomplishment다.

이처럼 번아웃은 열심히 일하는 단계에서 일하기 싫은 단계로, 일하기 싫은 단계에서 아무 일도 할 수 없는 단계로 서서히 발전한다. 중요한 것은 중간 점검이다. 정확한 진단을 토대로 재충전을 해야 한다.

# 혹시 나도
# 번아웃?

당신은 지금 활활 타오르는가? 서서히 꺼져가고 있는가? 잿더미로 변했는가? 당신의 번아웃 상태는 어떠한가? 탈진은 질병이 아니다. 그러나 탈진상태가 장기간 지속되면 질병으로 발전할 수 있다. 대수롭지 않게 생각하면 안 된다. 타이밍을 놓치면 안 된다. 재충전 시기가 언제인지 번아웃 상태를 수시로 점검해보아야 한다.

## 번아웃 증후군 체크리스트

| no | 질문 | 점수 |
|---|---|---|
| 1 | 전보다 잘 지치고, 피로가 쌓여 있다, 일과를 마치면 녹초가 된다. | |
| 2 | 지금 일에 흥미가 없어졌다. | |
| 3 | 일에 대체로 의욕이 없다. | |
| 4 | 매사에 싫증을 잘 낸다. | |
| 5 | 자신이나 타인에 대해 더 비관적이고 비판적이고 트집을 잡는다. | |
| 6 | 약속이나 마감일 등을 잘 까먹고 그것에 대해 신경을 쓰지 않는다. | |
| 7 | 예전보다 더 많은 시간을 친구나 가족, 직장 동료와 떨어져 혼자 지낸다. | |
| 8 | 평소보다 화를 잘 내거나 적대감을 갖거나 공격적이 되는 일이 잦다. | |
| 9 | 유머 감각이 두드러지게 감소했다. | |
| 10 | 예전보다 감기 같은 질병에 자주 걸린다. | |
| 11 | 평상시보다 머리가 자주 아프다. | |
| 12 | 위장 상태가 나쁘다. 위통, 만성 설사, 대장염 등 | |
| 13 | 아침에 심한 피로감을 느끼는 상태에서 일어나는 날이 잦다. | |
| 14 | 예전에는 주위에 있어도 신경쓰이지 않았던 사람들을 일부러 피한다. | |
| 15 | 성욕이 감퇴했다. | |

| 16 | 다른 사람을 마치 인격이 없는 물질처럼 무신경하게 다룬다. | |
|----|------------------------------------------------|---|
| 17 | 업무상 의미있는 결과를 전혀 내지 못한다고 느끼거나<br>무언가를 바꿀 힘이 없다고 느낀다. | |
| 18 | 혼자 있을 때 아무 것도 하지 않고 몇 시간이고 보낸다. | |
| 19 | 매일 업무나 사람 사귀는 일, 과거의 일을 떠올리며<br>걱정하는 시간이 길다. | |
| 20 | 한계를 느끼고 있거나 기력이 쇠약해져 있다. | |

## 결과

| 0-5점 | 번아웃 증후군 걱정 없음. 인생이나 일에 무관심할 수도 있음. |
|--------|----------------------------------------------|
| 5-10점 | 번아웃 증후군 증상이 약간 나타남.<br>라이프 스타일을 주의깊게 재검토해야 할 필요 |
| 10-15점 | 당신은 번아웃 증후군. 증상을 완화하기 위해 지원 필요.<br>현재 라이프 스타일을 재평가하고 개선해 나가야 함. |
| 15-20점 | 극심한 번아웃 증후군. 서둘러 증상을 완화할 필요.<br>현재 상태에선 건전한 몸과 정신을 유지하기가 어려움. |

# 탈 진 은
# 죄 가  아 니 다

탈진은 누구에게나 찾아온다. 성경 속 위대한 인물들도 탈진상태
에 빠졌다. 사명을 상실한 채 나약함, 무기력, 우울, 원망감, 복수심
실패를 드러낸 채 울부짖고 있다.

✳

모세에게도 탈진이 찾아왔다. 그는 책임감의 무게에 짓눌려 사명까지 내팽개치려 했다. 출애굽은 모세 개인의 꿈이 아니었다. 하나님의 명령이요, 미션이었다. 출애굽의 과정은 결코 쉽지 않았다. 그러나 난관에 부딪힐 때마다 하나님이 도우셨다. 이스라엘 백성들은 하나님의 손길을 직접 목도하고 체험한 사람들이다. 그럼에도 믿음이라고는 찾아볼 수가 없다. 문제가 생길 때마다 불평을 한다. 한두 명이 아니다. 수많은 백성들이다. 지도자는 한명이다. 수만 명의 불평이 한 명인 모세에게로 쏟아진다. 그때마다 달래고, 얼르고, 다독이고, 설득해왔다. 기도로, 하나님의 도움으로 문제를 풀어내며 전진해왔다. 그러나 틈만 나면 어리석은 백성들은 범죄했다. 그때마다 분노하고 책망하면서 회개를 촉구했다.

출애굽의 여정은 불평, 범죄, 회개 패턴의 반복이었다. 모세에게 출애굽은 축복이 아니라 악몽이다. 누려야 할 축제가 아니라 풀어야 할 숙제다. 힘들게 여기까지 끌고 왔다. 그런데 고기 달라며 또 불평한다. 이러니 모세도 탈진이 온 것이다. 백성들의 불평을 받아주다 지친 모세가 하나님께 불평한다. 오죽하면 이런 기도를 하겠는가?

"어째서 주의 종에게 이런 괴로움을 주십니까? 어째서 주 앞에 은혜를 입게 하지 않으시고 이 백성의 짐을 나에게 지우셨습니까? 그들이 나의 자녀들입니까? 내가 그들의 아버지라도 됩니까? 어째서 나에게 유모가 젖 먹는 아기를 품듯 이 백성들을 품고 그들 조상들에게 약속하신 땅으로 들어가라고 하십니까? 이 모든 백성이 먹을 고기를 내가 어디서 구할 수 있겠습니까? 그들은 지금 울면서 고기를 달라고 아우성치고 있습니다. 이 백성에 대한 책임이 너무 무거워 나 혼자서는 이들을 데리고 살 수 없습니다. 주께서 나를 이렇게 대하시려거든 차라리 나를 죽여 나의 이 비참한 모습을 보지 않게 해 주십시오. 이것이 나에게 은혜를 베푸시는 길입니다."민수기11:11-15

한마디로 더는 못하겠다는 것이다. 내 자식도 아닌데, 아버지도 아닌 내가 왜 이런 책임을 져야 하는지 모르겠다는 것이다. 의미의 상실이다. 소명의 망각이다. 이스라엘 백성들은 더 이상 구원해야 할 영혼이 아니다. 모세를 힘들게 하는 골치덩이다. 언제까지 배고프면 울고, 밥 안주면 소리치고, 밥 주면 헤헤거리기를 반복하는 어린아이들을 품고 가야 하는지 이제 지겨워서 안 하고 싶다는 말이다. 이러니 책임감이 무겁다는 소리가 나온다. 자신의 힘으로 이룬 기적도 아닌데 마치 혼자 한 것처럼 하나님을 잊어버렸다. 하나님의 도움으로 수차례 기적을 행한 사람이 하나님에 대한 믿음마저 상실하고 있다. 이스라엘 백성들과 하나 다를 게 없다. 하나님의 의도를 곡해한다. 이런 식으로 대할 것 같으면 차라리 죽여 달라고 협박까지 한다. 죽는 게 낫겠다는 것이다.

과업에 대한 탈진이다. 소명 상실이다. 소명의식이 있으면 소명 중에 당하는 고난의 이유를 안다. 고난의 이유를 알면 고난을 이길 수 있다. 고난의 이유를 모르니 고난이 곧 불평거리다. 피하고 싶은 부담감이다. 피할 수 있는 유일한 길은 죽음이다. 여기서 모든 것이 파생된다. 신바람은 사라지고 칼바람만 분다. 무능력감, 무의미감, 권태, 지겨움, 열등감, 자포자기, 짜증, 우울 등. 칼바람 끝에 죽음에 이른다.

홍해의 기적을 이룬 모세와 죽여 달라고 울부짖는 모세! 절대 공존할 수 없을 것 같은 양면을 성경은 적나라하게 보여주고 있다. 연약한 육신의 옷을 입고 있기에 탈진으로부터 자유로울 수 있는 사람은 없다. 그 누구도 예외는 아니다.

보통사람과 다를 바 없어 보이는 모세! 그는 탈진한 상태에서 하나님이 이전에 도우셨고, 지금도 도우시며, 앞으로도 도우실 것이라는 믿음마저 상실했다. 그러나 그는 보통사람과 달랐다. 탈진한 모습 그대로 하나님을 찾았기 때문이다. 망가진 모습 그대로를 드러내기 때문이다. 소명마저 잃어버린 형편없는 모습을 보여주고 있다. 우아하고 고상하게 기도하지 않는다. 마구 울부짖는다. 쏟아 놓는다. 포장도 없다. 합리화도 없다. 수식도 없다. 괜찮은 척도 없다. 도대체 하나님과 얼마나 허물없고 가까우면 이런 고자질 기도가 가능한가? 그것은 이런 나를 버리지 않는다는 굳건한 믿음 없이는 불가능하다. 이런 모세를 하나님은 여전히 사명자로 세우신다. 그가 위대한 믿음의 영웅인 이유다.

탈진은 죄가 아니다. 그러나 탈진한 채 홀로 있는 것은 하나님의 마음이 아니다. 모세처럼 즉시 하나님을 만나야 한다. 탈진한 상태에서 만나는 하나님의 은혜, 그것은 탈진의 최고 치료제다.

# 상처가
# 사역이다

소명을 상실한 베드로를 다시 소명자로 세워 가시는 예수님의 방식은 감동적이다.

베드로는 예수님의 수제자였다. 그런데 예수님이 돌아가시자 다시 어부로 돌아갔다. 디베랴 바닷가에서 고기를 잡고 있을 때 주님이 나타나셨다. 시몬 베드로를 꼭 집어서 "요한의 아들 시몬아"요21:15라고 부르셨다. 왜 베드로라 부르지 않으셨을까? '시몬'은 그가 예수님을 만나기 전의 이름이고 '베드로'는 예수님을 만난 후의 이름이다. '시몬'은 어부라는 직업인으로서 이름이고, '베드로'는 사람 낚는 어부라는 소명자로서 이름이다. '시몬'은 존재로서 이름이고, '베드로'는 역할로서 이름이다.

그런데 지금 베드로는 소명은커녕 생업에 종사하고 있다. 역할에 실패하고 소명을 상실한 베드로에게 소명과 역할로서 이름을 부르면 얼마나 부끄럽고 창피하겠는가? 질책받는 느낌에 베드로는 도망갔을 것이다. '시몬'이라 부르신 것은 주님의 배려요 위로요 공감이요 격려요 위안이었다.

예수님은 이런 베드로에게 "네가 나를 사랑하느냐?"고 세 번 물어보셨다. 사랑이라는 단어는 한국말로는 하나밖에 없다. 영어에도 'love'밖에 없다. 그러나 헬라어에는 '아가페', '스톨게', '필레오', '에로스' 등 네 종류가 있다. 아가페는 한없이 베푸시는 하나님의 사랑을 의미한다. '스톨게'는 자식을 위해 희생하는 어머니의 사랑이다. '필레오'는 친구 간의 사랑이며 우정이다. '에로스'는 남녀 간의 육체적 사랑이다.

예수님은 베드로에게 "네가 나를 사랑<sup>아가페</sup>하느냐?"고 물으셨다. '아가페'로 물어보셨다. 하나님이 인간을 위해서 독생자를 보내 주신 그 사랑을 말한다. 베드로에게 "네 목숨을 버릴 정도로 나를 사랑하느냐?"라고 물으신 것이다. 그러자 베드로는 '필레오'로 답했다.

"아니요, 주님. 저는 당신을 목숨 바쳐 사랑할 능력이 없습니다. 그러나 '필레오' 정도로는 할 수 있습니다."

예수님은 "네가 나를 사랑<sup>아가페</sup>하느냐?"라고 한 번 더 물어보셨다. 아가페적 사랑으로 사랑하느냐는 물음이다. 목숨 바칠 정도로 사랑하느냐는 말이다. 베드로는 다시 '필레오'로 답했다.

"아니요, 주님. 저는 당신을 목숨 바쳐 사랑할 능력이 없습니다. 주님이 더 잘 아시지 않습니까? 그러나 '필레오' 정도로는 사랑할 수 있습니다.

마지막으로 예수님은 단어를 바꾸어서 "네가 나를 사랑<sup>필레오</sup>하느냐?"고 물으셨다. '필레오' 정도로는 사랑하느냐는 말이다. 목숨 바쳐 사랑하지는 못할지언정 친구 사이의 우정 정도로는 사랑할 수 있느냐는 물음이다. 베드로는 역시 '필레오'로 답했다.

"네, 주님. 그 정도로는 사랑할 수 있습니다. 제가 그 정도 능력밖에 안 됩니다."

베드로는 변했다. 예전의 베드로는 약점과 한계를 몰랐다. 지금의 베드로는 약점과 한계를 인정하고 있다. 사명자로서 거듭난 것이다. 예수님이 십자가에 달리시기 전, 베드로는 호언장담했었다. 예수님을 위해 감옥에 갇힐 준비도 되어 있고, 죽을 준비도 되어 있다고 큰소리쳤다. 그때 예수님이 말씀하셨다.

"웃기는 소리 하지 마라. 너는 닭 울기 전에 세 번 나를 부인할 거야."

예수님이 말씀하신 대로 베드로는 세 번 예수님을 부인했다. 마지막 세 번째에는 아예 저주하고 맹세까지 하면서 부인했다. 이때 닭이 울었다. 예수님이 돌이켜 베드로를 보셨다. 베드로는 심히 통곡하며 울었다. 자신의 모습을 본 것이다. 밑바닥까지 떨어진 형편없는 모습을 말이다. 다른 제자들이 다 떠났어도 수제자인 그만은 자리를 지켰어야 했다. 그러나 다른 제자들보다 더 못했다. 저주하며 맹세까지 할 정도로 예수님을 배신했다. 고기 잡겠다고 돌아가는 제자들을 말렸어야 했다. 사람 낚는 어부가 되라는 스승의 가르침을 따르자고 조언했어야 했다. 안 되면 자기만이라도 소명을 수행했어야 했다. 스승을 배신한 죄책감, 형편없는 자신에 대한 자괴심, 밀려드는 후회, '혹시 예수님처럼 죽임당하지 않을까?' 하는 두려움과 공포, 예수님이 떠나시자 아무도 찾아 주지 않는 쓸쓸함, 외로움, 인생의 목표를 상실한 혼란과 공허감, 겨우 고기나 잡고 있는 자신에 대한 무력감 등 상한 감정들이 물밀 듯 몰려왔다. 베드로는 이 모든 감정 덩어리들을 주님 앞에 통곡하며 쏟아 놓은 것이다.

주님은 그에게 반석이 되라고 말씀하셨다. 그러나 반석은커녕 흔들리는 갈대와 같은 모습이었다. 보고 싶지 않다. 피하고 싶고 덮어두고 싶었다. 그럼에도 자신을 바라보고 인정했다.

"주님, 맞습니다. 이게 제 모습입니다. 겨우 이것밖에 안 됩니다."

철저한 회개다. 온전한 깨어짐이다. 밑바닥으로부터의 돌이킴이다. 호언장담하던 베드로였다. 펄펄 살아 꿈틀거리던 자아가 죽었다. 자만심을 내려 놓았고 능력의 한계를 깨달았다. 내 모습이 이것밖에 안 되니 나 혼자 할 수 없는 노릇임을 인정했다. 주님과 함께 해야 함을, 주님의 손을 붙잡아야 함을 다시 깨달았다.

아가페 사랑의 차원에는 이르지 못하지만, 필레오 정도의 사랑을 할 수 있다고 말하는 베드로에게 주님은 다시 소명을 주셨다.

"네 양을 먹이라."

그리고 말씀하셨다.

"지금 네가 가진 것, 네가 할 수 있는 것, 그것을 내놓기만 하면 된다."

주님은 보리떡 다섯 개와 물고기 두 마리, 그 보잘것없는 것을 내놓은 어린 소년의 작은 헌신을 받아 주셨다. 주님 손에 들린 순간, 5천 명을 먹이는 기적이 되었다. 주님 손에 들린 베드로의 삶역시 바뀌었다.

진정한 예수님의 제자로 거듭났다. 이방을 다니며 복음의 증거자가 되었다. 죽을 때까지 주님의 양을 먹이고 치는 사명을 감당했다. 또 탈진할 때가 왜 없었겠는가? 주님 손에 붙들렸기에 걸어갔던 것이다. 그 길의 끝은 순교였다. 그 너머에 찬란한 금빛 면류관이 기다리고 있다. 주님이 기다리고 있다.

지금 이 순간에도 역할의 무게에 지칠 대로 지친 여성들이 통곡하며 말한다.

"주님, 더는 못하겠습니다. 할 만큼 했다고요! 죽을힘을 다했습니다. 제가 할 수 있는 것은 여기까지! 이제 더 이상 힘이 없습니다. 일어설 수가 없다고요. 포기하겠습니다. 손 놓겠습니다. 정말이지 더는 못하겠습니다."

포기하겠다고 선언한 대상에는 지체장애인 자녀, 외도한 남편, 독한 시어머니, 말썽 부리는 사춘기 아들, 정신병을 앓고 있는 딸, 사이비 종교에 심취한 아들, 폭력을 휘두르는 남편, 심지어 자기 자신이 포함되기도 한다. 그 마지막은 가정이다. 지켜내고 살려 내려고 버티다 번아웃되었다. 결국 포기하려 한다.

주님의 관심은 '역할'이 아니라 '존재'였다. 역할에 실패했다 해서 존재마저 실패한 것은 아니다. 실패한 것처럼 여기는 존재 때문에 통곡할 때 주님은 "왜 이것밖에 안 되느냐?"고 질책하지 않으신다. "왜 이 모양이냐?" 하며 비난하지 않으신다. 따뜻한 목소리로 "요한의 아들 시몬아" 하고 부르신다. 손 내미신다. "사랑하는 딸아, 손잡아 줄게. 내 품에 안기렴. 혼자 가지 마라. 나와 함께하자. 나하고 같이 가자"라고 말씀하신다.

내 힘으로만 하려니 못하는 것이다. 내 힘으로는 할 수 없으니 주님 손을 붙잡아야 한다. 역할 포기가 아니라 역할 위임이다. 그 순간, 역할은 소명이 된다. 역할 수행에서 역할 탈진, 역할 상실, 역할 위임, 소명 회복에 이르는 내내 주님은 우리를 따스한 시선으로 보고 계신다.

# 하나님의 꿈에
# 접속되다

초등학교 교사가 질문을 던졌다. "너희들의 꿈은 뭐니?" 한 아이가 확신에 찬 목소리로 대답했다. "저는 정치가가 될 거에요. 그래서 국민들이 행복한 나라를 만들 거에요." 또 다른 아이가 답했다. "선생님, 저는 변호사가 될 거에요. 그래서 억울한 국민들을 도울 거에요." 경쟁이라도 하듯 아이들은 자신의 꿈을 소리쳤다. "저는 기업가가 되어서 국민들을 잘 살게 할 거에요. 저는 경찰이 되어서 국민들을 안전하게 보호할 거에요…" 꿈은 메아리처럼 울려 퍼졌다. 그런데 그 중에 한 아이가 한마디도 하지 않는다. 궁금해진 선생님이 물었다. "네 꿈은 뭐니?", "네, 선생님, 제 꿈은 국민이 되는 거에요."

맞다. 국민이 되면 될 것을. 엉뚱함에 웃다 다시 생각하니 약삭빠름에 씁쓸해진다. 혜택만 누리겠다는 것 아닌가. 남의 꿈에 얹혀 가는 건 꿈이 아니다.

청년 시절, 나에게는 꿈이 없었다. 병원에 취업했는데 출근하고, 일하고, 퇴근하는 일상의 반복이었다. 첫 직장인 데다 원래 대충 하지 못하는 성격이라 혼신의 힘을 다했다. 그것이 인생의 성공이라 여겼다. 새벽 6시에 출근해서 홀로 사무실을 청소하고, 꽃병을 꽃으로 장식하고, 커피 끓여 놓고, 서류 준비까지 마친 후 상사를 맞이했다. 퇴근 후에도 홀로 남아 못다 한 일을 처리하고 다음 날을 준비했다. 밥 먹는 시간도 아까워서 비스킷과 커피로 식사를 대신하며 일에 매달렸다. 결국 폐결핵에 걸렸다.

질병은 나를 멈추어 서게 했다. 열심히 살기는 했지만 왜 열심히 사는지는 몰랐다. 내 꿈이 없으니 남의 꿈에 얹혀 살았던 것이다. 그것도 주인의식으로 주인의 꿈에 동참한 것이 아니었다. 종업원 의식으로 주인의 꿈을 훔쳐 먹고 살았던 것이다. 주인에게 얹혀간 꿈이니 내 꿈은 아니었다.

꿈에는 네 종류가 있다. 내가 선택한 꿈, 남이 선택해 준 꿈, 얼떨결에 등 떠밀려 남에게 얹혀 가는 꿈, 하나님께 얹혀 가는 꿈이다. '내가 선택한 꿈'은 내가 주체다. 타자, 특히 부모와 분리되어 있다. 부모의 바람과 나의 바람이 정확히 구분되어 있다. 하나님이 설계하신 원래의 '나'를 잘 안다. 나를 알기 때문에 내가 무엇을 하고 싶어 하는지도 안다. 가슴 뛰는 심장의 박동 소리를 들을 수 있다.

'남이 선택해 준 꿈'은 타인이 주체다. 타자, 특히 부모와 분리되어 있지 않다. 부모의 바람과 나의 바람이 뒤엉켜 있으니 내 바람이 무엇인지 파악하기 어렵다. 하나님이 설계하신 원래의 '나'를 모른다. 나를 모르니 내가 무엇을 하고 싶어 하는지도 모른다. 마구잡이로 끼어든 타인의 목소리를 따라 타인이 원하는 삶을 산다. 내 꿈을 찾기란 불가능하고 가슴 뛰는 일은 결코 없다.

'남에게 얹혀 가는 꿈'은 주체가 없다. 삶의 주인이 없으니 외부 환경이 이끄는 대로 끌려간다. 타인의 바람도 나의 바람도 없다. 기계의 일부처럼 반복적이고 습관적인 삶의 연속이다. 나를 알고 싶지도 않다. 알맹이가 없는, 빈껍데기의 삶이다. 가슴은 뛰는지 안 뛰는지 잠잠하기만 하다.

✱

내가 이랬다. 남에게 얹혀 가는 꿈으로 살았으니 밥 먹고 출근하고 일하고 돈 버는, 무의미하게 반복되는 일상이었다. 무관심의 사각지대에 내팽겨쳐진 '나'는 전혀 존재감이 없었다. 공허했다. 허무감이 찾아왔고 무기력으로 발전했다. 날마다 인생무상을 읊조리며 무미건조한 삶을 이어갔다. 내 꿈을 찾고 싶었다.

그때 나는 "나는 선한 싸움을 싸우고 나의 달려갈 길을 마치고 믿음을 지켰으니"딤후4:7라는 말씀을 만났다. 난생처음 스스로에게 물었다.

"달음박질의 종착지가 어디인가? 선한 싸움의 대상은 무엇인가? 어디로 달려가야 하는가? 무엇을 위해 달려야 하는가?"

답이 없었다. 그러나 "푯대를 향하여 그리스도 예수 안에서 하나님이 위에서 부르신 부름의 상을 위하여 달려가노라"빌3:14라는 말씀에 힌트가 있었다. 위를 보라는 말씀이었다. 땅만 바라보다 처음으로 위를 보았다. 그때, 내려다보시는 하나님과 시선이 딱 마주쳤다. '한 영혼', 바로 한 영혼이었다. 한 영혼을 천하보다 귀히 여기는 그 사랑을 전하면 되는 것이었다. 펄펄 끓는 사랑을 품고 계신 주님의 심장과 내 심장이 만났다. 내 심장도 펄펄 끓기 시작했다. 그 꿈이 나의 꿈이 되었다. 하나님의 꿈에 얹혀 보니 내 꿈이 보였다. 그 사랑을 구체적으로 전하는 게 가정 사역이었다. 싸늘하게 죽어있던 심장이 펄떡거렸다. 눈이 빛났고 온몸이 생기로 가득 찼다.

이것이 바로 네 번째 종류의 꿈인 '하나님께 얹혀 가는 꿈'이다. 이 꿈을 안고 살아온 세월을 모아 보니 올해로 31년이 되었다. 술

한 고난의 시간을 지나왔다. 탈진도 여러 번 경험했다. 죽고 싶었던 적이 한두 번이 아니었다. 손 놓고 싶었던 적은 또 얼마나 많았던가? 억울하게 당한 고난에 잠 못 이룬 밤은 셀 수조차 없다.

그럼에도 여전히 눈은 빛난다. 가슴은 뛴다. 축 늘어진 다리를 질질 끌면서도 앞을 향해 걸어간다. 숨이 턱턱 막혀 금방 쓰러질 듯하다가도 다시 일어선다. 아무도 나를 말릴 수 없었다! 꿈이 있기 때문이다. 달음박질의 종착지가 어디인지 알기에 푯대를 바라보고 뛰기 때문이다. 어차피 녹슬고 닳을 몸이다. 녹슨 몸으로는 가고 싶지 않다. 닳은 몸으로 가고 싶다. 그러나 이유도 없고 목적도 없이 닳은 몸은 억울하다. 골인 지점에 주님이 기다리고 계신다. 한 영혼, 한 가정을 돌보다 닳은 몸으로 주님 품에 골인하고 싶다. 이게 내 마지막 꿈이다.

인생이라는 긴 마라톤에서 뜀박질보다 더 중요한 것은 멈춤이다. 그리고 멈춤보다 더 중요한 것은 골인 지점이다. 꿈이 골인 지점이라면 소명은 꿈을 실현시키는 일상의 작업이다. 내게 있어서 한 영혼, 한 가정을 돌보는 일은 소명이요, 닳은 몸으로 주님 품에 골인하고 싶은 것은 꿈이다. 소명이 모이면 꿈이 완성된다. 때문에 꿈은 일상의 설계사다. 꿈은 소명 수행 중 당하는 고난을 이겨 내게 하는 힘이다. 꿈이 없다면 고난의 이유를 모른다. 이유를 모르면서 당하는 고난은 억울하다. 이유가 있어서 당하는 고난은 견딜 만하다. 아니, 고난을 안고 춤추며 갈 수 있다.

무작정 뛰지 말자. 죽을힘을 다해 뛰었다고 주장하지 말자. 달음박질이 헛수고가 되지 않기 위해 잠깐 멈추어 보자. 더 늦기 전에

✽

263

골인 지점을 확인하자. 선을 벗어나 뛰고 있지는 않은지 일상의 소명을 점검해 보자.

꿈은 또 다른 꿈을 낳는다. 그래서 나는 날마다 꿈꾸며 산다. 내 나이 이제 60 중반을 향하고 있다. 이후의 꿈이 있다면, 죽는 순간까지 꿈꾸는 노인이 되는 것이다.


# 꿈 을
# 설 계 하 는   방 법

1남 1녀를 둔 한 싱글맘의 '꿈 찾기 프로젝트'를 진행한 적이 있다. 남편은 결혼한 지 12년이 되었을 때 집을 나갔다. 어느 날 갑자기 예고도 없이, 아무 대책도 없이 종적을 감추었다. 졸지에 두 아이를 기르면서 생계를 책임져야 하는 가장이 되었다. 남편을 원망할 틈도 없었다. 자식을 먹여 살려야 하는 어미의 본능만 시퍼렇게 살아났다. 돈을 벌기 위해 닥치는 대로 일했다. 집에 돌아오면 집안일에 육아까지 거의 초인적인 힘으로 감당했다.

그러다 쓰러졌다. 폐에 물이 찼다. 당뇨 때문에 간에 염증이 생겼고, 눈은 세균에 감염되었다. 산소호흡기 없이는 숨도 쉴 수 없을 정도로 위독했다. 의사는 가족들에게 떠나보낼 준비를 하라고 했다. 다행히 목숨은 건졌다. 대신 한쪽 시력을 상실했다. 두 달 후 퇴원하려는데 대장암이 발견되었다. 임파선까지 전이된 3기였다. 항암 치료 열두 번을 받는 동안 몸은 만신창이가 되었다. 결국 직장을 그만두고 기초수급자가 되었다.

이제는 눈도 보이지 않는다. 힘도 없다. 다리와 손의 감각도 온전치 못하다. 어느덧 대학생이 된 아이들을 보면서 하나둘 질문이 생겼다.

"하나님이 왜 나를 살려 주셨지? 왜 나에게 이런 시련을 주셨을까? 이제 나는 뭘 해야 하나?"

속에서 소리들이 꿈틀댔다. 눈을 감아도, 길을 걸어도, 누군가를 만나도 머리에서 떠나지 않는 물음들이었다. 애써 귀를 막아도 소용없었다. 질문들이 꼬리를 물고 가슴을 파고들었다. 답을 찾아야 했다. 끝이 어디인지 알아야 했다. 그녀는 멈추어 서서 내면의 소리에 귀를 기울였다. 영혼의 탐험이 시작되었다.

꿈 모자이크의 1단계는 '멈추어 서서 질문에 귀 기울이기'다. 물음표가 모이니 하나의 질문이 완성되었다. "하나님이 나를 통해 이루고 싶어 하시는 것은 무엇인가?" 얼마 만에 떠올리는 '나'라는 단어인가? 아이들만 생각하며 사느라 '나'를 생각할 겨를이 없었다. 그녀는 애비 없는 자식이라는 소리 안 듣게 하는 것이 유일한 삶의 목표였다. 이제 이 목표는 완수했다. 아이들은 떠났다. 그리고 만신창이가 된 '나'만 남았다. 이런 나를 통해 하나님이 이루고 싶어 하시는 일이 있다니 그것은 무엇일까?

꿈 모자이크의 2단계는 '가슴 뛰는 일 찾기'다. 그러고 보니 그녀가 최근에 새로 앓고 있는 병이 있다. 가슴이 아픈 병이다. 같은 처지의 싱글맘을 보면 자꾸 가슴이 아프고 눈물이 난다. 어떻게 살아갈까 싶어 안쓰럽다. 힘이 되어 주고 싶고 따뜻한 말 한마디라도 건네고 싶다. 안아주고 싶다. 바로 이것이 가슴이 움직이는 일이었다. 싱글맘들에게 그늘이 되어 주는 사람, 같이만 있어도 힘이 되는 사람이 되고 싶다.

꿈 모자이크의 3단계는 "나는 하나님께 무엇을 드리고 싶어 하는가?"다. 그녀는 한평생 일밖에 모르고 살았다. 식당일, 건물 청소, 파출부, 주방 보조 등 안 해 본 일이 없다. 몸 쓰는 일은 자신 있었는데, 몸이 다 망가졌다. 가진 자원이라고는 망가진 몸밖에 없었다. 이런 몸, 이런 사람도 하나님이 사용하신다는 것을 보여 주고 싶었다. 하나 더 있다. 싱글맘의 가슴이다. 그 속에는 살아남기 위한 치열한 생존 본능, 아파도 아프단 소리 한번 못하고 견뎌 내야만 했던 처절함, 싱글맘이라는 표시를 내기 싫어 애써 밝고 씩씩하게 살아야 했던 세월들이 담겨 있었다. 그 마음이 어떨지 머리가 아니라 가슴으로 안다. 공감 능력은 최고의 자원이다. 생각해 보면 넋두리를 하면서 소리쳐 울고 싶을 때가 어디 한두 번이었던가? 그러지 못했다. 참고 또 참았다. 그 감정의 독소가 암 덩어리가 된 것이다. 모진 세월의 고통을 홀로가 아니라 그 누군가와 함께 나눌 수만 있어도 한결 나을 것이다. 공감의 가슴을 드리고 싶었다.

꿈 모자이크의 4단계는 "극복해야 할 장애는 무엇인가?"다. 그녀에게도 사람, 물질, 학식, 건강, 두려움, 부정적인 생각 등 여러 장애 요소들이 있다. 그중에서도 학식은 반드시 극복해야 할 부분이었다. 하이패밀리 가정사역 MBA과정에 입학했다. 전액 장학생이 되어 무료로 공부하면서 싱글맘 사역자로 준비되고 있다.

5단계에는 "활용 가능한 자원은 무엇인가?"를 생각해야 한다.

가장 큰 자원은 자녀들의 응원이었다. 아이들은 말해 주었다. "엄마, 그동안 고생 많으셨어요. 이제 엄마의 인생을 사세요. 그럴 자격 되세요. 우리가 엄마를 지켜 드릴 테니까 걱정 마세요." 고생한 보람이 있었다. 싱글맘 모임인 다비다 선교회 회원들, 하이패밀리 목사님과 원장님, 함께 공부하는 원우들, 이 모두가 자원이었다. 무엇보다 가장 큰 자원은 하나님이시다. 주님이 계셨기에, 주님이 계시기에 할 수 있었다.

꿈을 설계해 보니 겪어야 했던 시련의 이유도 명확해졌다. 자신밖에 모르는 이기주의자를 단련시키신 하나님의 훈련 학교였다. 석탄을 다이아몬드로 빚어내기 위해서는 압력과 시간이 필요하다. 한 시인은 노래한다.

"일들이 곤란해 보일 때 용기를 잃지 마십시오. 하나님이 항상 폭풍우를 꾸짖으시고 잔잔케 하시지는 않습니다. 반면에 그분은 폭풍에 요동하는 우리의 마음을 항상 안심시켜 주십니다. …그리고 안개가 걷히고 어둠이 사라지고 폭풍이 가라앉는 날에 우리는 임마누엘의 땅, 햇빛 비치는 언덕 위에서 그리스도와 함께 있는 것을 발견하게 될 것입니다. 그때 우리는 하나님의 손이 우리를 다루시는 방법이 영원한 집으로 이끄는 올바른 길이었다는 것을 알게 될 것이고, 구속받은 성도들과 함께 이렇게 노래할 것입니다. '주께서 모든 것을 형통케 하셨나이다.'"

인생의 풀무불은 그녀를 다루는 하나님의 적절한 손길이었다. 그렇게해서 탁월한 싱글맘 사역자 한 명이 탄생되었다. 싱글맘의 그늘이 되고 쉼터가 되어 눈물을 닦아주고 있는 그녀를 보며 우리 모두도 이렇게 노래한다.

"주께서 모든 것을 형통케 하셨나이다."

# 에필로그

애벌레에서 번데기 시절을 지나 나비로 비상한 여성들이 남긴 글이다. 이들 모두는 '러빙유'를 통해 하나님의 행복 설계도를 발견하고 행복의 주인공으로 다시 태어났다. 건물 외벽에 붙어 나풀거리는 메모들을 읽으며 모두들 자기의 이야기이기를 소원하는 마음이 끓어오른다. 행복 대행진은 그렇게 계속 이어진다. 한 여성에서 또 다른 여성에게로…

**Loving You!**

너는 생명의 에너지다. 삶에 지쳐 있는 자에게, 관계 속에서 상처 입은 자에게, 표현되지 못한 자신의 정체성 안에 갇힌 자에게 전해지는 생명수 같은 에너지다. 어둠을 뚫고 나온 새싹의 싱그러움이 전해진다. 들판의 모든 생명들이 'Loving you'에 모여 피어난다. 에너지를 받는다. 발견한다. 회복한다. 그리고 돌아간다. 생명의 에너지를 품고, 행복을 안고, 행복의 전달자 되어.

아픔의 눈물이 기쁨의 눈물로 바뀐다. 상처 입은 가슴에 생명의 빛이 자리한다. 죽음의 문턱에서 몸부림치던 영혼들이 하나님 앞에서 울부짖으며 회복한다. 치유받지 못할 상처는 없다. 하나님이 우리를 보배롭고 존귀하게 여기시고 상처를 치유하기 원하시기 때문이다.

## 다시 시작!

너를 사랑한다! 'Loving you'는 그런 뜻이었네요. 평생 받아 보지 못했던 사랑과 기도, 따뜻하게 쓰다듬는 손길, 가슴으로 뜨겁게 안아 주는 섬김을 처음 받아 보았네요. 그렇게 사랑받고 싶어서 울었고 찾았고 아팠습니다. 그 사랑이 여기에 있었네요. 이제 그 사랑으로 나를 더 사랑해서 행복한 사모가 될래요. 가장 생각나는 사람은 남편이에요. 남편은 한때 내 삶의 모든 것이라 해도 부족한 사람이었는데… 그 사랑, 그 이름, 그 꿈을 이제 다시 찾아가려 합니다.

## 나의 재발견

결혼 13년차, 앞만 보고 치열하게 살아온 시간들이었다. 쉬어 갈 틈도 없이 빡빡한 삶을 살다가 차분하게 내 삶을 돌아보며 문득 '내가 왜 이렇게 치열하게 살아야 하는 거지?'라는 생각이 들면서 회의에 빠지게 되었다. 정신적, 육체적으로 너무 피폐해진 나 자신을 보며 울고 싶은데 눈물조차 나지 않았다. 기도도 안 나오고 말씀도 귀에 들어오지 않았다. 가슴은 돌멩이처럼 단단해져 찬양을 불러도 아무 감동이 없었다.

첫날, 옆 사람과 가슴으로 끌어안고 기도하기 시작하는데, 하나님의 만지심이 느껴지며 하염없이 눈물이 나고 기도가 되었다. 그동안 좋은 며느리, 좋은 엄마, 좋은 아내, 능력 있는 직장인이 되기 위해 얼마나 나 자신을 억압하고 억누르며 살아왔는지를 뼈저리게 느낀 시간들이었다. 내 안 깊이 숨겨져 있던 두려움, 슬픔, 분노의 감정들이 하나씩 올라왔다. 정말 많이 울었다. 모든 울분을 토해 냈다. 그 동안 잊고 살았던 나 자신을 발견하면서 새롭게 태어났다.

## 주님, 감사합니다

시원하고 통쾌하고 상쾌합니다! 이미 치유되고 회복되었다고 생각하며 살았는데, 내 안에는 여전히 분노와 슬픔과 두려움이 자리 잡고 있었습니다. 나의 감정을 있는 그대로 쏟아 내고 펑펑 울며 기도하는 순간, 상처 가득하신 주님이 내 앞에 나타나셨습니다. 내 상처를 안고서… 나를 용서하시고 안아 주시는 주님 품 안에서 감사의 기도가, 감사의 찬양이, 감사의 눈물이 절로 나왔습니다. 용서하렵니다. 품으렵니다. 사랑하렵니다. 주님! 주님! 감사합니다!

## 가득 채운 마음 탱크

몸과 마음의 쉼을 간절히 기대하며 왔다. 모든 프로그램들이 깊은 슬픔과 분노와 좌절로부터 나를 일으켜 세웠다. 나는 아무 문제가 없는 줄 알았는데 미움과 서운함의 찌꺼기가 남아있었다. 주님이 죄의 뿌리까지 뽑아 주셨고, 시원한 생수로 나의 영혼과 육신을 만

져 주셨다. 친정어머니에게 사랑받지 못해 텅 비어 있던 마음 탱크
가 주님의 사랑으로 채워졌다. 그 주님의 품에 안겨서 엄마를 불러
보았다. 지극히 불쌍한 우리 엄마, 이제 살날이 얼마 남지 않은 엄
마를… 이제 열심히, 기쁨으로, 소망으로 살아가리라. 주님을 붙잡
고 살아가리라.

## 하나님 안에서 나는 신데렐라

마음껏, 마음껏 소리 질렀습니다. 마음껏 웃었습니다. 마음껏 남의
눈치를 보지 않았습니다. 마음껏 하고 싶은 말을 했습니다. 마음
껏 울었습니다. 마음껏 사랑과 축복을 받았습니다. 마음껏 안겨 보
았습니다. 안아 보았습니다. 마음껏 나를 사랑했습니다. 마음껏 가
슴속 상처를 꺼내 보았습니다. 마음껏 내 자신을 표현했습니다. 마
음껏 내 몸이 원하는 것을 했습니다. 마음껏 상대방의 아픔과 슬픔
에 몸부림쳤습니다. 마음껏 하나님 아버지의 크신 사랑에 젖었습
니다. 마음껏 하나님 아버지께 내 자신을 맡겨 드렸습니다. 마음껏
하나님 아버지의 크신 사랑을 받아들였습니다. 앞으로 나는 하나
님 아버지 안에서 마음껏 행복하렵니다. 저는 아버지께 신데렐라
입니다.

## 오랜만의 단장

어느 날 갑자기 갱년기가 찾아왔다. 내가 왜 이러는지 나 자신이
혼란스러웠다. 몸은 종합병원이 되었고 그중 제일 힘든 것은 불면
증이었다. 잠을 자고 싶어도 잠이 오지 않았다. 주님의 옷자락을

❋

272

붙들고 단 한 시간만이라도 잠 좀 재워 달라고 처절하게 부르짖었다. 그런 와중에 약 보따리를 한 가방 챙겨 중환자의 몸으로 '러빙유'에 참석했다.

아주 사소한 것으로 여기고 있었던 아버지에 대한 섭섭함이 나에게 그렇게 큰 상처였을 줄은 정말 몰랐다. 분노를 연기하다 터져버린 아버지에 대한 섭섭함이 절규가 되어 흘러 나갔다. 말씀을 통해 용서를 결단하고 그 큰 분노가 나에게서 빠져나간 밤, 정말 깊은 잠을 잤다.

## 분노의 탈을 벗고

나는 하루종일 누워만 있고, 아이들은 방치되고, 문 밖을 출입할 수 없을 만큼 무기력하고 우울한 상태였다. 게다가 아무리 내 마음을 내려놓아도 남편만 바라보면 불끈불끈 솟아오르는 분노를 해결할 방법이 없었다. 기쁨을 잊은 지도, 울어지지도 웃어지지도 않은 지 오래였다.

끊임없이 고민하다 찾아온 '러빙유' 캠프. 조별 모임이 시작되고 몸을 움직이는데, 숨이 막히고 돌아가고 싶은 마음만 들었다. 힘든 첫날을 보내고 둘째 날 새벽 시간, 내가 벼랑 끝에 서 있을 때 나와 함께하셨던 그 하나님을 만났다! 점차 내 얼굴에 기쁨이 스며들었고 사람들과 같이 있는 시간이 부담스럽지 않았다. 그리고 마지막 날, 내 안에 있던 두려움을 만났다. 그동안 내 안에 가득 찬 게 분노라고 생각했는데 아니었다. 두려움이 분노라는 탈을 쓰고 내 안에 있었다. 두려움이 걸림돌이라는 것을 깨달았고, 마음이 말갛게 비워졌다. 남편에 대한 미움이 눈 녹듯 녹아내렸다. 이제 나는 행복할 수 있을 것 같다. 아니, 이제 나는 행복하다!

## 씩씩이병, 괜찮아병

나는 이 병을 앓고 있었어요. 그래서 정말 큰 상처를 받아도 '괜찮아'로 일관하면서 내 가슴에 대못을 박았지요. 하나님은 그런 제가 너무 안쓰러우셔서 이곳을 찾게 하셨어요. 그리고 정말 속에서 올라오는 웃음을 제 얼굴에 찾아 주셨습니다. 건강한 자화상! 몸동작의 터치! 그것은 세상 단어로 표현 못할 부드러움과 강함을 동시에 가졌죠. 내 자리를 찾았습니다.

## 나락의 끝에서

힘들었어요. 너무 고되었습니다. 하나님께마저 버림받은 듯 외로워 그분을 원망하고 반항도 했습니다. 그래도 해결되지 않고 점점 나락으로 빠져들었던 나의 삶. 죽을 생각까지 했습니다. 몸도 마음도 영혼도 만신창이가 되었습니다. 아이들도 상처를 받고 가정도 점차 무너져 내리기 시작했습니다. 우울증에 빠져 햇빛 찬란하고 봄꽃 만발한 바깥으로 나갈 엄두도 못 내고 침침한 집 안에 스스로를 가두고 살았습니다.

그럴 때 '러빙유'를 만났고 내 영혼은 쉼과 평안을 얻었습니다. 이렇게 강력하게 내 영혼을 만져 주고 치유하는 프로그램은 없었습니다. 내 영혼이 소생하고 내 가정에 생기가 부어지는 놀라운 경험을 했습니다.

✳

## 다시 찾은 첫사랑

'러빙유'를 통해 첫사랑이 회복되었습니다. 큰 문제들이 죽은 문제가 되었습니다. 주께서 말씀하셨습니다. "너무 대단한 일 하지 마라. 행복해라. 나와 놀자. 진정으로 행복해져서 너로 인해 한 영혼이라도 더 행복해지면 네가 천국 오는 그날, 나는 버선발로 뛰어나가 맞이하리라. 딸아, 행복해라!" 주신 사명을 다시 회복시켜 주셨습니다. 그 말씀을 붙잡고 큰 불꽃이 아니라 작은 불꽃을 피워 가겠습니다. 내 가족과 성도와 함께.

## 용서하기로 선택하다

많은 분들의 두려움, 슬픔, 분노가 내 안에 있는 것들이었고, 많은 분들의 기쁨, 행복, 평안이 나의 것이 되었습니다. 절대 용서할 수 없다고 했던 그 아이, 집사님, 전도사님, 모두 용서하기로 결정을 내렸습니다.

말씀에 순종하며 용서를 선택하니 내 마음이 가볍고, 속이 뻥 뚫린 것처럼 시원합니다. 깨끗해진 내 영혼을 더러운 사탄이 다시는 넘보지 않기를 소망합니다. 아니, 후에 다시 사탄이 넘본다 하여도 이제는 허락하지 않을 것입니다. 나를 위해서, 나의 행복을 위해서, 이제 나는 그럴 능력이 생겼습니다. 감사합니다!

## 모든 무거운 짐을 떠나보내며

다 내려놓고 어디론가 멀리 훌쩍 떠나고 싶었다. 머리는 무겁고 가슴은 답답하기만 했다. 내 얼굴은 늘 웃고 있었다. 화가 나도 웃고

＊

슬퍼도 웃고. 그러나 깊은 곳에서는 늘 울고 있었다. 그러던 중 어느 사모님의 권유로 참석하게 되었다. 그동안 내 불행이 모두 남편 잘못 때문이라 생각하며 살았다. 억울했지만 참았다. 참고 또 참았다. 그런데 말씀을 통해 남편도 피해자요, 서로 가해자라는 것을 알게 되었다. 하나님은 내가 아파하는 동안에도 함께하셨고, 십자가의 사랑으로 날 사랑하셨다. 언제나 함께하신 그 사랑을 잊어버린 채 남편만 원망했던 나의 모습이 부끄러웠다. 하나님 한 분만으로 충분하다. 이제 그 무겁고 답답한 모든 짐들이 날아갔다. 정말 마음이 가볍다. 고마워, 러빙유!

## 기나긴 터널을 통과하면서

안녕하세요? 밝게 미소 짓는 내 모습이 보이시나요? 이곳에 오기 전에는 상상할 수 없었던 모습이에요. 3일 동안 무슨 일이 일어난 걸까요? 저는 지옥 같았던 과거를 떠올리며 터널을 지났고 그 터널 속에서 분노와 좌절과 배신감, 슬픔을 만났습니다. 한번도 꺼내 놓지 않았던 것들이죠. 돌덩이처럼 나를 누르고 있던 것들이에요. 세상에서는 감히 드러낼 수 없는 아픔들이었지만, 주님 품이었기에 꺼내 놓을 수 있었습니다. "사랑하는 내 딸아, 내 안에서는 내려놓고 자유해도 된단다." 주님의 사랑스런 음성이 있었기에 가능한 일이었습니다.

이제 나는 마음껏 기뻐하며 웃을 수 있게 되었습니다. 이제 나는 사랑 많으신 주님의 위로가 있기에 행복합니다. 이제 나의 행복과 웃음을 전할 수 있을 것 같습니다. 나의 쓴 뿌리를 거두어 가신 주님, 감사합니다.

## 사랑의 확신을 갖다

어머니로부터 받은 거절감을 안고 결혼했습니다. 어느 순간, 남편에게 사랑을 구걸하고 있는 내 모습에 너무 슬펐습니다. 자신이 너무 답답했습니다. 기대하지 않고 이곳에 왔습니다.

그런데 어느 순간, 깊은 데 꼭꼭 숨겨두었던 거절감의 두려움이 처절한 소리와 함께 밖으로 나오기 시작했습니다. 엄마를 처절하게 불러 보았습니다. 주님이 말씀하셨습니다. "너를 사랑한다. 너는 내가 창조한 귀한 딸이다. 나는 너를 버리지 않을 것이다. 너에게 배필로 준 남편의 사랑을 의심하지 말아라. 내가 그를 통해 사랑을 더 깊이 채워 줄 것이다." 그리고 엄마를 용서할 수 있는 마음이 생겼습니다. 하나님이 은혜로 마음을 적셔주셨습니다. 용서했습니다. 평안합니다.

## 사명을 발견하고

43년을 살아오는 동안 나는 무조건적인 사랑을 받아 보지 못했다. 늘 잘해야만 했기에, 잘 버텨야만 했기에 전쟁같이 치열한 삶을 살아왔다. 그러는 동안 나도 아이도 깊은 상처를 받았다. 나는 분노가 폭발할 때마다 베란다 난간에 뛰어올랐다. 하나님을 믿는다면서 이런 행동을 하는 나에게 무참히 상처받았던 아이가 어느 날 베란다 난간에 뛰어올라 내 가슴을 무너지게 했다. 억울했다. 너무 억울했다.

이런 나에게 주님이 손 내밀어 주셨다. "너 혼자 힘으로는 할 수 없어. 내가 할게"라고 주님이 말씀하셨다. 그리고 사명을 주셨다. 너와 같은 자녀를 키우며 울고 있는 싱글맘들에게 힘을 주라고. 그들의 친구가 되어 주고 복음을 전하라고. 큰 분노 덩어리를 빼낸 마음에 사랑을 채워 주셨다. 긍휼의 마음, 평안한 마음을 채워 주셨다. 나의 아버지 그분께서.

**행복 건축 설명서**
크리스천 여성을 위한 행복커뮤니케이션

**초판 인쇄일** 2024년 4월 9일
**초판 발행일** 2024년 4월 19일
**지은이** 김향숙
**발행인** 이기룡
**펴낸곳** 도서출판 담북
**등록번호** 제2018-000072호(2018년 3월 28일)
**주 소** 서울특별시 서초구 고무래로 10-5(반포동)
**전 화** (02)592-0986
**팩 스** (02)595-7821
**홈페이지** qtland.com
**디자인** 이새봄